Von der Nachkriegszeit bis zur Coronakrise

Erinnerungen eines Zeitzeugen an die Jahre 1950 bis 2020

Dr. Ulrich von Pidoll

2020

Bibliografische Information der Deutschen Nationalbibliothek:

Die Deutsche Bibliothek verzeichnet diese Publikation in der Deutschen National-bibliografie; detaillierte bibliografische Daten sind im Internet über http://dnb.dnb.de abrufbar.

Dieses Werk ist urheberrechtlich geschützt. Alle Rechte, auch die der Übersetzung, des Nachdruckes und der Veröffentlichung des Buches, oder Teilen daraus, sind vorbehalten. Kein Teil des Werkes darf ohne schriftliche Genehmigung des Autors in irgendeiner Form (Fotokopie, Mikrofilm oder ein anderes Verfahren) reproduziert oder unter Verwendung elektronischer Systeme verarbeitet, vervielfältigt oder ver-breitet werden.

© 2020 Ulrich von Pidoll

Herstellung und Verlag: BoD - Books on Demand, Norderstedt, 2020

Printed in Germany

ISBN 978-3-7526-4781-5

Danksagung

Dieses Buch wäre nicht möglich gewesen ohne die fleißige Arbeit der vielen ungenannten Mitglieder von wikipedia.de, welche durch ihre vielen online abrufbaren Artikel eine Überprüfung und Ergänzung meiner Erinnerungen überhaupt erst ermöglichten und zahlreiche gemeinfreie, in diesem Buch verwendeten Bilder recherchierten und der Öffentlichkeit zur Verfügung stellten.

Ebenso geht mein Dank an Sylvia Lüttgens, Odenthal, welche dieses Buch korrekturgelesen hat.

Dr. Ulrich von Pidoll

Inhaltsverzeichnis

- 0. Vorwort 8
- 1. Die 1950er Jahre 9
  - 1.1 1950 11
    - 1.1.1 Allgemeines 11
    - 1.1.2 Verkehr 16
    - 1.1.3 Kino und Musik 19
    - 1.1.4 Urlaub und Freizeit 19
  - 1.2 1951 21
    - 1.2.1 Allgemeines 21
    - 1.2.2 Verkehr 24
    - 1.2.3 Kino und Musik 24
    - 1.2.4 Urlaub und Freizeit 24
  - 1.3 1952 25
    - 1.3.1 Allgemeines 25
    - 1.3.2 Verkehr 28
    - 1.3.3 Kino und Musik 29
    - 1.3.4 Urlaub und Freizeit 29
  - 1.4 1953 31
    - 1.4.1 Allgemeines 31
    - 1.4.2 Verkehr 33
    - 1.4.3 Kino und Musik 35
    - 1.4.4 Urlaub und Freizeit 35
  - 1.5 1954 36
    - 1.5.1 Allgemeines 36
    - 1.5.2 Verkehr 37
    - 1.5.3 Kino und Musik 37
    - 1.5.4 Urlaub und Freizeit 40
  - 1.6 1955 41
    - 1.6.1 Allgemeines 41
    - 1.6.2 Verkehr 43
    - 1.6.3 Kino und Musik 45
    - 1.6.4 Urlaub und Freizeit 45
  - 1.7 1956 47
    - 1.7.1 Allgemeines 47
    - 1.7.2 Verkehr 48
    - 1.7.3 Kino und Musik 49
    - 1.7.4 Urlaub und Freizeit 51
  - 1.8 1957 51
    - 1.8.1 Allgemeines 51
    - 1.8.2 Verkehr 55
    - 1.8.3 Kino und Musik 56
    - 1.8.4 Urlaub und Freizeit 57
  - 1.9 1958 58
    - 1.9.1 Allgemeines 58
    - 1.9.2 Verkehr 60
    - 1.9.3 Kino und Musik 60
    - 1.9.4 Urlaub und Freizeit 61
  - 1.10 1959 62
    - 1.10.1 Allgemeines 62
    - 1.10.2 Verkehr 62
    - 1.10.3 Kino und Musik 63

- 1.10.4 Urlaub und Freizeit 63
2. Die 1960er Jahre 64
  - 2.1 1960 65
    - 2.1.1 Allgemeines 65
    - 2.1.2 Verkehr 66
    - 2.1.3 Kino und Musik 67
    - 2.1.4 Urlaub und Freizeit 68
  - 2.2 1961 68
    - 2.2.1 Allgemeines 68
    - 2.2.2 Verkehr 70
    - 2.2.3 Kino und Musik 72
    - 2.2.4 Freizeit und Urlaub 72
  - 2.3 1962 78
    - 2.3.1 Allgemeines 78
    - 2.3.2 Verkehr 79
    - 2.3.3 Kino und Musik 79
    - 2.3.4 Freizeit und Urlaub 81
  - 2.4 1963 82
    - 2.4.1 Allgemeines 82
    - 2.4.2 Verkehr 86
    - 2.4.3 Kino und Musik 86
    - 2.4.4 Freizeit und Urlaub 87
  - 2.5 1964 89
    - 2.5.1 Allgemeines 89
    - 2.5.2 Verkehr 89
    - 2.5.3 Kino und Musik 90
    - 2.5.4 Freizeit und Urlaub 91
  - 2.6 1965 94
    - 2.6.1 Allgemeines 94
    - 2.6.2 Verkehr 96
    - 2.6.3 Kino und Musik 96
    - 2.6.4 Freizeit und Urlaub 98
  - 2.7 1966 101
    - 2.7.1 Allgemeines 101
    - 2.7.2 Verkehr 103
    - 2.7.3 Kino und Musik 103
    - 2.7.4 Freizeit und Urlaub 105
  - 2.8 1967 108
    - 2.8.1 Allgemeines 108
    - 2.8.2 Verkehr 109
    - 2.8.3 Kino und Musik 109
    - 2.8.4 Freizeit und Urlaub 111
  - 2.9 1968 111
    - 2.9.1 Allgemeines 111
    - 2.9.2 Verkehr 113
    - 2.9.3 Kino und Musik 113
    - 2.9.4 Freizeit und Urlaub 114
  - 2.10 1969 118
    - 2.10.1 Allgemeines 118
    - 2.10.2 Verkehr 121
    - 2.10.3 Kino und Musik 121
    - 2.10.4 Freizeit und Urlaub 122
3. Die 1970er Jahre 124

- 3.1 1970 124
  - 3.1.1 Allgemeines 124
  - 3.1.2 Verkehr 125
  - 3.1.3 Kino und Musik 126
  - 3.1.4 Freizeit und Urlaub 127
- 3.2 1971 128
  - 3.2.1 Allgemeines 128
  - 3.2.2 Verkehr 128
  - 3.2.3 Kino und Musik 129
  - 3.2.4 Urlaub und Freizeit 130
- 3.3 1972 133
  - 3.3.1 Allgemeines 133
  - 3.3.2 Verkehr 134
  - 3.3.3 Kino und Musik 134
  - 3.3.4 Freizeit und Urlaub 136
- 3.4 1973 137
  - 3.4.1 Allgemeines 137
  - 3.4.2 Verkehr 141
  - 3.4.3 Kino und Musik 142
  - 3.4.4 Freizeit und Urlaub 143
- 3.5 1974 144
  - 3.5.1 Allgemeines 144
  - 3.5.2 Verkehr 147
  - 3.5.3 Kino und Musik 147
  - 3.5.4 Freizeit und Urlaub 148
- 3.6 1975 151
  - 3.6.1 Allgemeines 151
  - 3.6.2 Verkehr 153
  - 3.6.3 Kino und Musik 153
  - 3.6.4 Freizeit und Urlaub 154
- 3.7 1976 155
  - 3.7.1 Allgemeines 155
  - 3.7.2 Verkehr 156
  - 3.7.3 Kino und Musik 157
  - 3.7.4 Freizeit und Urlaub 158
- 3.8 1977 159
  - 3.8.1 Allgemeines 159
  - 3.8.2 Verkehr 159
  - 3.8.3 Kino und Musik 159
  - 3.8.4 Freizeit und Urlaub 160
- 3.9 1978 161
  - 3.9.1 Allgemeines 161
  - 3.9.2 Verkehr 161
  - 3.9.3 Kino und Musik 161
  - 3.9.4 Urlaub und Freizeit 162
- 3.10 1979 162
  - 3.10.1 Allgemeines 162
  - 3.10.2 Verkehr 162
  - 3.10.3 Kino und Musik 162
  - 3.10.4 Urlaub und Freizeit 163
4. Die 1980er Jahre 164
  - 4.1 1980 165
  - 4.2 1981 170

4.3	1982	175
4.4	1983	178
4.5	1984	180
4.6	1985	183
4.7	1986	187
4.8	1987	190
4.9	1988	192
4.10	1989	196
5.	Die 1990er Jahre	200
5.1	1990	200
5.2	1991	204
5.3	1992	206
5.4	1993	208
5.5	1994	209
5.6	1995	212
5.7	1996	214
5.8	1997	215
5.9	1998	217
5.10	1999	218
6.	Die 2000er Jahre	222
6.1	2000	222
6.2	2001	225
6.3	2002	227
6.4	2003	229
6.5	2004	230
6.6	2005	231
6.7	2006	234
6.8	2007	237
6.9	2008	238
6.10	2009	241
7.	Die 2010er Jahre	243
7.1	2010	243
7.2	2011	248
7.3	2012	249
7.4	2013	250
7.5	2014	253
7.6	2015	254
7.7	2016	259
7.8	2017	263
7.9	2018	265
7.10	2019	268
8.	Die 2020er Jahre	271
9.	Nachwort	277
10.	Verzeichnis der Literatur	279
11.	Verzeichnis der Abbildungen	279

0. Vorwort

Am 8.5.1945 endete der zweite Weltkrieg mit der bedingungslosen Kapitulation des Deutschen Reiches. Zermürbt durch die Bombenangriffe der Alliierten, vertrieben aus den deutschen Ostgebieten, viele Frauen durch die Besatzer vergewaltigt, die meisten Männer in Zwangsarbeit der Siegermächte, konnten die folgenden Jahre nur die Deutschen überstehen, die eine gute Gesundheit und einen ausgeprägten Überlebenswillen aufwiesen.

Mit Beginn des kalten Krieges fand aber schon bald ein Umdenken der Westalliierten statt, und aus den ehemaligen Kriegsgegnern wurden in Freundschaft Verbündete. Die Währungsreform am 21.6.1948 mit dem Entfall der Bezugsscheinpflicht für die meisten technischen Waren war die Zäsur, die in Kombination mit dem Marshallplan und dem Fleiß der Deutschen zum deutschen Wirtschaftswunder in den Westzonen führte.

Ende 1948 wurden die letzten Kriegsgefangenen der Westalliierten entlassen, 1949 Bauvereine für den Wiederaufbau gegründet, und am 23.5.1949 die Bundesrepublik Deutschland als Nachfolgestaat des Deutschen Reiches ausgerufen. Damit begann die beispiellose Erfolgsgeschichte der Deutschen nach dem verlorenen Krieg.

Eines meiner Lieblingsbücher ist das Buch meines Großvaters Ernst Gambs - *Von der industriellen Revolution bis zur Nachkriegszeit – Erinnerungen eines Darmstädters an die 1850er bis 1950er Jahre*. Als bewusster Zeitzeuge der nachfolgenden Jahre hat mich dieses Buch inspiriert, einen Folgeband zu schreiben, der an sein Werk nahtlos anschließt.

Ich möchte daher im Folgenden autobiografisch als Zeitzeuge über die ersten 70 Jahre der Bundesrepublik Deutschland berichten. Hierbei will ich insbesondere darstellen, wie man in den jeweiligen Jahren gelebt und gefühlt hat und die diesbezüglichen technischen, künstlerischen und moralischen Unterschiede und die Veränderungen zu heute unterhaltsam herausarbeiten.

Um bei den Krisen der Neuzeit möglichst neutral zu bleiben, habe ich diese durch zeitgenössische Zeitungsausschnitte aus zahlreichen Zeitungen illustriert. Neben der Entwicklung Deutschlands wird jedoch auch die Entwicklung des Autors nach seinen Schicksalstagen nachvollziehbar dokumentiert.

Obwohl ich auf ein großes privates Fotoarchiv zugreifen konnte, war die Ergänzung durch Bilder anderer Fotografen notwendig. In jeder Legende eines Bilds eines Fremdfotografen ist daher der Name des Fotografen angegeben. Ich weise ausdrücklich darauf hin, dass in Kapitel 11 zu jedem Bild auch die genaue Quelle angegeben ist und die Art der Freigabe des Bildes durch Archiv oder Fotograf.

Folgen Sie mir jetzt auf eine Zeitreise über die letzten 70 Jahre. Ich verspreche Ihnen, es wird sehr interessant.

Braunschweig, Ende 2020

Dr. Ulrich von Pidoll

1. Die 1950er Jahre

Die 1950er Jahre begannen für die meisten Deutschen mit Enge, Hunger und Frieren. Denn in den zerbombten Großstädten war unzerstörter, nicht beschlagnahmter Wohnraum knapp, und deshalb drängte sich in jedes verfügbare Zimmer oft eine ganze Familie. Manche Vertriebene aus den Ostgebieten erhielten von der Stadt eine Parzelle Land, auf dem sie sich eine Baracke bauten und dort mehr draußen als drinnen wohnten. In Darmstadt, wo meine Familie seit 1858 wohnte, entstanden z.B. Flüchtlingssiedlungen im Karree *Täubcheshöhlenweg-Wöhlertweg*, in der *Kastanienallee* und in *St. Stephan*.

Die Innenstadt von Darmstadt war bis auf zwei Gebäude, die allerdings von den Alliierten sofort beschlagnahmt wurden, vollständig zerstört, und die Altstadt Darmstadts war nur noch eine große Wiese mit einigen Trampelpfaden, auf denen oft Schäfer mit Schafen anzutreffen waren.

Abb. 1: Darmstadt, Rheinstraße 1950. Erste Neubauten und Baracken. Stadtarchiv DA

Es herrschte anfangs noch ein deutlicher Mangel an Lebensmitteln, der erst zum 1.5.1950 beseitigt und zur Abschaffung der Bezugskarten für Lebensmittel führte. Man trank Leitungswasser und bestenfalls Caro-Kaffee, ein beliebtes Kaffeeersatzgetränk bis in die 1960er Jahre, nebst etwas Bier, und an Feiertagen auch Wein. Die Kinder tranken Kakao, hergestellt aus Kakaopulver und Milch, oder Pfefferminztee, den ich als Kind im Kindergarten wirklich schrecklich fand.

In meiner Familie gab es zum Frühstück neben Kakao und Caro-Kaffee zwei Stücke Mischbrot für jeden (die einzige Brotsorte, welche unser *Bäcker Reibel* in der Viktoriastraße 96 in zwei Größen neben Brötchen, Kastenweißbrot, Gebäckstückchen, Torten und Süßigkeiten führte), nebst Butter und selbst eingekochter Marmelade aus Einkochgläsern.

Mittags gab es eine Maggi-Suppe, welche damals in kleinen Pappwürfeln verkauft wurde, und ein einfaches Hauptgericht, z.B. Suppenfleisch mit Kartoffeln und Wirsing.

Zum Abendbrot gab es für uns wieder für jeden zwei Scheiben Mischbrot nebst Wurst und Leitungswasser. Hierzu kauften wir alle drei Tage Aufschnitt, Salami und frische Fleischwurst (mit Betonung auf *frische*, das hatten mir meine Großeltern so eingebläut!) von unserem *Metzger Illert* am Viktoriaplatz 8. Wichtig war, dass man als Mengenangabe immer *Pfund*, entsprechend 500 g, angab, denn noch war die Gewichtseinheit *Gramm* in den Geschäften unüblich. Auch erlaubt war es, das Wort *Pfund* wegzulassen. Man bestellte somit z.B. *„Ein Viertel frische Fleischwurst, und ein halbes Pfund Aufschnitt, bitte"*, und erhielt 125 g bzw. 250 g Wurst.

Sonntags aßen wir die teuren Wasserbrötchen, Milchbrötchen, Mohnbrötchen und Mehlbrötchen, aber auch Weißbrot. Letzteres wurde in den späten 1950ern auch mit einem neumodischen elektrischen Toaster getoastet. Dessen Bedienung war allerdings etwas fummelig, denn er toastete nur einseitig, sodass man die Scheibe umdrehen musste, und er hatte auch keinen Thermostat. Es kam somit gleich zweimal auf das eigene Zeitgefühl an, wenn man keinen verkohlten Toast haben wollte. Bei besonderen Anlässen gab es aber auch selbstgebackenen Marmorkuchen und Erdbeer- oder Kirschtorten.

Alle Lebensmittel und Zeitungen wurden in einem kleinen Laden, *Edeka Hummer*, Pallaswiesenstraße 21, gekauft. Zum Aufbewahren verderblicher Lebensmittel hatten wir einen alten Kühlschrank mit Wasserablauf, der täglich mit frischen Eisstangen von einem Eishändler mit einem Pferdewagen gefüllt werden musste. Schreibwaren kauften wir von *Schreibwaren Weißgerber* in der Pallaswiesenstr. 16. Im Nebengebäude war seit Anfang der 1950er Jahre die *Stern Apotheke Dr. Mollenkopf*, Frankfurter Str. 19, mit unserem Zahnarzt *Dr. Mollenkopf*. Da ich schlechte Zähne hatte, musste er bei mir viel bohren und mit Amalgam plombieren.

Unser Hausarzt war *Dr. Tillmann Riemenschneider* in der Bismarckstr. 37. Den sahen wir aber gottseidank nur alle paar Jahre, denn keiner von uns benötigte damals Medikamente. Zum Frisör gingen wir in den *Salon Leder* (Pallaswiesenstr. 27). Ferner nutzten wir den *Schneider Lohrum* (Emilstr. 17), den *Schuster Späth* (Emilstr. 25), den Abholservice der *Wäscherei Bauer*, Malchen, sowie den *Handwerker Wetzstein* (Emilstr. 28).

Das alles war unser vollständiger Geschäfts- und Personenkreis in dem 1950ern bis in die 1960er Jahre. Abgesehen von unserem Hausarzt waren alle Geschäfte im Umkreis von 200 m von unserer Wohnung in der Emilstr. 32, 2. Stock.

Die Ausstattung unserer Wohnung war noch die vollständige Erstausrüstung von 1899. In der Küche gab es ein Waschbecken aus rotem Sandstein, das ringsherum mit weißen Kacheln mit hellblauen Ecken gefliest war. Daneben standen auf einem schwarz-weißen Steinfußboden ein weißer Gasherd der *Gebrüder Roeder* und ein dazu passender Ofen für Festbrennstoff mit Wasserschiff zur Wassererwärmung. Im Bad (1x pro Woche wurde gebadet) befand sich ein gelber Gasdurchlauferhitzer von *Vaillant,* und in jedem Zimmer ein gusseiserner Ofen für Festbrennstoff. Von den fünf Zimmern auf unserer Etage durften wir allerdings nur zwei nutzen, nämlich das Wohnzimmer und das Schlafzimmer, und das auch nur, weil meine Großeltern meine Mutter als separate Familie angemeldet hatten. In den drei anderen Zimmern waren noch viele Jahre drei weitere Familien einquartiert.

Im Winter wurde es bei uns recht kalt, denn wir hatten nur genug Brennstoff, um die Küche heizen zu können. Zimmertemperaturen von 15 °C waren deshalb normal.

Abb. 2: Darmstadt, Emilstr. 32 links und Viktoriaplatz 1 rechts (aufgenommen 2000)

1.1 1950

1.1.1 Allgemeines

Neben der Enge und der gemeinsamen Küchen-, WC- und Badbenutzung war ein Hauptproblem die Versorgung der einquartierten Familien mit Nahrungsmitteln. Bis zum Ende der Bezugsscheinpflicht am 1.5.1950 haben wir alle irgendwie aufgetriebenen Lebensmittel gerecht untereinander geteilt, danach gab es genügend Lebensmittel für alle.

Jeden Abend kam ein Laternenanzünder mit einer Leiter und zündete die Gaslaternen am Straßenrand und einem langen Anzünder an. Alle paar Wochen kam ein Fuhrmann mit einem von zwei Pferden gezogenen Wagen und rief laut auf darmstädterisch: „*Lumbe, Altaise, Babier.*" Kurz vor Winterbeginn kamen mehrere Bauern mit ihren von zwei Pferden gezogenen Wagen und verkauften Kartoffeln. Auch auf dem Markt am Marktplatz konnte man gute Lebensmittel kaufen. Dort gab es auch eine junge Frau, die damals und noch 50 Jahre später Brezeln verkaufte.

Die Arbeitszeit betrug 48 Wochenstunden: von Montag bis Samstag von 8:00 Uhr bis 17:00 Uhr mit einer Stunde Pause. Viele hatten schon Arbeit, denn für den Wiederaufbau wurde jede Hand gebraucht. Ein typischer Lohn war 1,50 DM/Stunde, entsprechend 300 DM/Monat. Davon wurden recht geringe Steuern und Sozialabgaben abgezogen. Zum Vergleich: Unsere 4 Zimmer Familienwohnung kostete seit 1934 180 DM/Monat plus ein untervermietetes Ledigenzimmer für weitere 30 DM/Monat. 1 Kilo Brot kostete 65 Pf, 1 Kilo Kartoffeln 6 Pf und 1 Kilo Fleisch 2 DM.

Gearbeitet haben jedoch nur die Männer und die ledigen bzw. verwitweten Frauen. Die verheirateten Frauen führten den Haushalt für Ehemann und Kinder. Es gab jedoch noch keine Gleichberechtigung der Geschlechter. Mit der Heirat verlor die Frau ihre eigene Meinung und die freie Verfügung über ihr Vermögen. So musste gemäß einem Benimmbuch von 1954 eine gute Ehefrau eine Frage an sie wie folgt beantworten: „*Mein Mann denkt darüber wie folgt….*" Ich habe die damaligen Frauen sehr bewundert. Sie waren unwahrscheinlich warmherzig, geduldig, fleißig und kinderlieb.

Abb. 3: *Meine Mutter Angelika, meine Großeltern Ernst und Margareta und meine Großtante Luise in Schwesterntracht auf dem Balkon Emilstr. 32*

Umseitig Abb. 4: Gültige Zahlungsmittel 1950 (Auswahl)

13

Abb. 5: Briefmarken der Deutschen Post von 1948, bis 1952 im Umlauf

Bemerkenswert waren für mich die kriegsbedingten Biografien der damaligen Männer. So wurde ein ehemaliger Postbeamter nach dem Krieg ein erfolgreicher Schlagersänger: *Willy Hagara*. Ein anderer, ein angestellter Teppich- und Gardinenverkäufer, wurde nach der Ausbombung seines Kaufhauses ein erfolgreicher Entertainer: *Heinz Schenk*. Wieder ein anderer mutierte nach dem Krieg vom Opernsänger zum Schlagersänger: *Gerhard Wendland*. Auch mein Onkel Christian, gelernter Schiffskoch bei der Kriegsmarine, unternahm nach dem Krieg eine Metamorphose und eröffnete eine eigene Metzgerei.

Folgende zeitgenössischen Berufe meines Bekanntenkreises sind mir in Erinnerung geblieben: Arzt; Bäcker; Bankkaufmann; Bauingenieur; Bundesbahninspektor; Elektriker; Fahrlehrer; Feuerwehrmann; Geflügelhändler; Haarschmuck-, Kamm- und Bürstenmacher; Handelsvertreter; Holzschuhfabrikant; Hut- und Mützenhändler; Installateur; Justizinspektor; Kaufmann; Kohlenhändler; Kraftfahrer; Kraftfahrzeughändler; Landwirt; Lehrer; Maurer; Metzger; Pförtner; Polizist; Professor; Sattler; Schmiedemeister; Steinmetz; Süßmoster; Teppichklopfer; Uhrmacher; Zählerableser; Ziegeleiarbeiter.

Apropos Geld: 1950 erhielten die Kleingeldmünzen zu 1 Pf, 5 Pf, 10 Pf und 50 Pf den Aufdruck *Bundesrepublik Deutschland*. Ferner gab es jetzt auch ein Markstück und ein 2 Pf Stück. Die Scheine wurden jedoch trotz der alten Aufschrift *Bank deutscher Länder* nicht verändert und blieben bis Anfang der 1960er Jahre gültig.

1950 haben wir noch viele Briefe an unsere Freunde und Bekannte in anderen Städten geschrieben, denn keiner von uns hatte ein Telefon. Lediglich der Hausbesitzer im ersten Stock unseres Miethauses besaß eines. Hierüber lief auch unser Drahtfunk. Zum Telefonieren befand sich an der Ecke Emilstr./Frankfurter Str. eine gelbe Telefonzelle, die jedoch nur selten und von uns nie benutzt wurde. Welche Privatperson hatte damals schon etwas zu telefonieren?

Müll produzierten wir früher recht wenig. Im Wesentlichen waren es biologische Speiseabfälle wie Kartoffelschalen und Reste vom Gemüseputzen. Alte Zeitungen wurden zum Auslegen der Schränke oder zusammen mit Pappverpackungen gesammelt und im Winter zum Anzünden der Öfen verwendet. Das restliche Papier sowie alle Metalle und Altkleider bekam der Lumpensammler. Für Glasflaschen gab es ein Pfandsystem. Plastikabfälle kannten wir noch gar nicht. Für unser vierstöckiges Haus mit einem Dutzend Familien reichten zwei 120 l Stahlmülltonnen, die wöchentlich geleert wurden.

Abb. 6: Unser damaliges Essgeschirr

Die furchtbaren Erlebnisse der letzten Jahre hatten alle mir bekannten Zeitgenossen traumatisiert. Niemand sprach über Hitler und den zweiten Weltkrieg. Wenn überhaupt, wurde beklagt, dass der zweite Weltkrieg massiv gegen die Zivilbevölkerung geführt wurde und dass man dies als ungerecht empfand.

Alle Alten schwärmten von der goldenen Kaiserzeit bis 1914. Aber jeder war in den letzten Jahren so mit seinem Überleben beschäftigt, dass er gar nicht wirklich realisiert hat, was politisch gerade um ihn herum passierte: Die Deutschen hatten mit der Wahl der CDU/CSU 1949 *Konrad Adenauer* als Bundeskanzler erhalten, der sich für eine enge Bindung Westdeutschlands und Westberlins an die Westalliierten einsetzte. Das bedeutete zwar eine zunehmende Separierung von der sowjetischen Besatzungszone im Osten, aber auch ein Ende der Demontagen in 1950. Letzteres war für uns die schönste Nachricht des Jahres 1950. Von nun an ging's bergauf!

1.1.2 Verkehr

1950 war Darmstadt noch weitgehend zerstört, und es begann gerade ein zaghafter Wiederaufbau. Erfreulich war, dass bereits alle Trümmer weggeschafft waren und der öffentliche Nahverkehr wieder gut funktionierte. Es gab 8 Straßenbahnlinien (1 bis 9 ohne die 4) und 6 Buslinien (H, M, N, O, P, S). Kinderspielplätze existierten noch nicht, und Autos gab es nur sehr wenige: In meinem Viertel 1950 noch kein einziges. Und es gab 1950 auch keine einzige Ampel in ganz Darmstadt, immerhin vor fünf Jahren noch die Hauptstadt von Hessen. Auf belebten Kreuzungen standen vielmehr Schutzpolizisten, welche den Verkehr regelten, und zu Weihnachten hierfür von den Autofahrern Geschenke erhielten.

Seit dem Ende der Bezugsscheinpflicht 1948 konnte man wieder Kraftfahrzeuge neu kaufen. Diese waren allerdings in der Regel nur detailverbesserte Vorkriegskonstruktionen. Allerdings gab es zwischenzeitlich immer mal wieder Stahl- und Reifenmangel. Die zulässige Höchstgeschwindigkeit war jedoch auf 40 km/h innerorts und 80 km/h außerorts beschränkt. Alle Autos hatten seit 1948 die sogenannten Alliiertenkennzeichen mit weißer Schrift auf schwarzem Grund.

Abb. 7: Kraftfahrzeugkennzeichen von 1948 bis 1956. BN79 bedeutet Britische Zone Niedersachsen, Braunlage. Das Darmstädter Kennzeichen lautete AH71 für Amerikanische Zone Hessen, Darmstadt Stadt und AH77 für Darmstadt Land.

Abb. 8: Volkswagen Export 1949/50

Abb. 9: Opel Olympia 1950/53

Ein neues Auto konnten sich jedoch nur die allerwenigsten leisten. Für Gewerbetreibende war ein *Volkswagen Export* mit 24,5 PS und einem Verkaufspreis von 5450 DM das einzig erschwingliche Fahrzeug und deshalb das meist verkaufte Auto 1950. Der *Volkswagen Export* war daher das Traumauto der meisten Menschen, auch von mir! Dies galt umso mehr, als der *Volkswagen Export* 1950 bessere Bremsen, eine weichere Federung, eine verbesserte Luftkühlung und eine bessere Innengeräuschdämpfung erhielt. Von dem einfachst ausgestatteten *Volkswagen Standard* für 4800 DM träumte niemand. Dennoch war jeder froh, der ihn als Dienstwagen von Firmen nutzen durfte,

Am zweithäufigsten wurde der *Opel Olympia* mit 37 PS, Verkaufspreis 6400 DM, verkauft. Er erhielt 1950 eine größere und amerikanisierte Karosserie und wirkte auf mich damals sehr futuristisch. *„Er läuft wie am Schnürchen"* berichteten alle Personen, die ihn fuhren. Zum Beispiel 1951 *Dr. Vieweg*, damals Präsident der PTB.

Unvergesslich ist mir jedoch eine Fahrt im Spitzenmodell von *Mercedes Benz*, ein *Mercedes 170S* geblieben, der unvergleichlich leise und gut gefedert über die damals schlechten Straßen schwebte. Dafür kostete er mit 10.100 DM auch so viel wie zwei *Volkswagen*. Er hatte jedoch mit 52 PS auch mehr als doppelt so viele PS. Alle genannten Fahrzeuge konnten 100 km/h auf Dauer fahren, viel mehr als die damals maximal erlaubten 80 km/h auf Autobahnen.

Abb. 10: Mercedes 170S 1949/51

Der große Wunsch nach einem eigenen Kraftfahrzeug hat jedoch dazu geführt, dass bereits 1950 Fahrzeuge unterhalb des Preises eines *Volkswagens* angeboten wurden. Hierzu gehörte der *Lloyd LP300* für 3334 DM mit einem winzigen 10 PS Zweitaktmotor und einer Karosserie aus Kunstleder. Billig war Autofahren aber dennoch nicht, denn Normalbenzin kostete 60 Pf/l, und eine Werkstattstunde bei Volkswagen stolze 10 DM!

Ebenfalls erwähnenswert war der neue *DKW Meisterklasse* mit einem 23 PS Zweitaktmotor. *DKW* hatte das Weglassen aller unnötigen Autoteile zur Meisterschaft entwickelt, sodass *DKW* Fahrzeuge selten kaputt gingen und durch den Frontantrieb auch gute Fahreigenschaften aufwiesen. Der Verkaufspreis der *Meisterklasse* war jedoch mit 5830 DM nicht gerade meisterlich. Früher mochte ich die *DKW* Fahrzeuge wegen ihres hohen Kaufpreises und ihres Zweitaktqualms nicht. Heute, in Kenntnis der Reparaturanfälligkeit damaliger Fahrzeuge, sind mir die *DKWs* wesentlich sympathischer geworden.

Viel preiswerter als ein Auto und ebenfalls ein nützliches Verkehrsmittel war das Motorrad. 1950 gab es jedoch auf dem Zweiradsektor etwas ganz Neues: Den Motorroller *Vespa 125* mit 4,5 PS und max. 70 km/h und die genauso schnelle *NSU Lambretta* mit 4,3 PS (ab 1954 6,2 PS). Beide Modelle wurden die meistverkauften Zweiräder ihrer Zeit und werden sogar in den 2020er Jahren noch gebaut! Mit einer *Vespa* oder *Lambretta* durfte man sogar auf die Autobahn, was weite Reisen ermöglichte! Aus diesem Grund kaufte mein Onkel Willy sich damals eine *Lambretta*.

1.1.3 Kino und Musik

Die Musik der 1950er Jahre war geprägt durch die Tango-Arrangements von *Alfred Hause*, dem *Altmeister des Tangos*, wie wir ihn damals nannten. Seine Erfolgsserie begann 1948 mit der Neuaufnahme der *Capri Fischer* mit *Rudi Schuricke* und endete erst 1962 mit *Das machen nur die Beine von Dolores* und *Gerhard Wendland* (Neuaufnahme). Bezeichnenderweise war mein Lieblingssong des Jahres 1950 der *Blue Tango* von *Alfred Hause*. Dieser wurde noch als kratzende Schellackplatte mit 78 Upm und eingeschränktem Frequenzgang bis 8000 Hz ausgeliefert. Die meisten anderen Lieder aus dieser Zeit fand ich einfach nur langweilig.

In den 1950er Jahren wurden hauptsächlich Heimatfilme, Komödien und Krimis gedreht. Mein Großvater schwärmte immer von dem Film *Der Dritte Mann* mit *Orson Welles*, den er Anfang der 1950er gesehen hatte. Als Zitherspieler gefiel ihm natürlich auch die Zithermusik dieses Films.

1.1.4 Urlaub und Freizeit

1950 gab es noch keine echten Bekleidungsgeschäfte. Der *Kaufhof* und andere Warenhäuser lieferten vielmehr hauptsächlich Stoffe, welche die Frauen mit ihren Nähmaschinen selbst zu Kleidern genäht haben. Hierfür holten sich viele Frauen Anregungen und Schnittmusterbögen aus den damaligen Modezeitschriften *burda-Moden*, *Constanze* und *Der neue Schnitt*. Gemäß der damaligen Mode waren die Röcke bunt gemustert, weit, das Knie deutlich bedeckend, und taillenbetont. Eine Hose für Frauen wäre 1950 unmöglich gewesen.

Die Männer waren damals durchweg vornehmer gekleidet als ihre Ehefrauen und trugen weiße Hemden mit einem (oft sehr alten) Anzug vom Schneider nebst Einstecktuch und Krawatte, doch gab es in den genannten Zeitschriften auch Schnittmuster für Herrenanzüge. Die gepflegt-kultivierte Kleidung der Herren war die Folge ihres höheren gesellschaftlichen Ansehens.

Großer Wert wurde damals auf gutes Benehmen gelegt. Männer hielten den Frauen die Türe auf und halfen ihnen in und aus dem Mantel. Kinder hielten Eltern und Lehrer für Respektspersonen und benahmen sich entsprechend. Die älteste Person einer Gruppe hat Fremden immer alle anderen Personen vorgestellt. Dabei wurden diese Personen von Männern mit einer Verbeugung (*„Diener"*), von Frauen mit einem *Knicks* begrüßt. Nur zu wenigen vertrauten Personen sagte man *„Du."* Auch gab es noch den angedeuteten Handkuss für die Begrüßung besonderer Frauen.

Kinder und Jugendlichen wurden in Schule und Elternhaus sehr autoritär erzogen. Prügelstrafe bei Ungehorsam oder Vergesslichkeit war selbstverständlich. Daneben gab es auch noch Hausarrest oder Nachsitzen. Die Streichung des Taschengeldes war jedoch unüblich, weil es damals noch kein Taschengeld für Kinder gab.

Zur Unterhaltung lasen wir die Tageszeitung *Darmstädter Echo*, die wir abonniert hatten, sowie weitere Zeitschriften wie die *HÖR ZU* mit dem Radioprogramm. Letztere kostete damals 40 Pf plus 5 Pf Papierzuschlag. Bemerkenswert fand ich, dass die deutschen Radiosender im Radioprogramm immer noch wie vor dem Krieg benannt waren, z.B. *Radio Frankfurt* statt korrekt *Hessischer Rundfunk*.

Der Kopenhagener Wellenplan von 1948, bei dem Deutschland als besiegter Feindstaat alle seine guten Mittelwellen verlor und nur schlechte, weil mehrfach belegte Sendefrequenzen zugeteilt bekam, führte dazu, dass man selbst abends auf Mittelwelle zwar die fernsten europäischen Sender glasklar empfangen konnte, aber auf den deutschen Wellen nur Wellensalat hörte. Es ist mir in Darmstadt selbst abends nie gelungen, den *Norddeutschen Rundfunk* oder *Radio Bremen* zu empfangen. Umgekehrt war bereits in Braunschweig der *Hessische Rundfunk* auf Mittelwelle durch den schwedischen Sender *Sundsvall* gestört.

Aus diesem Grund hatten praktisch alle deutschen Rundfunkanstalten früher auch auf Kurzwelle gesendet und zusätzlich 1950 den UKW Rundfunk in Deutschland eingeführt. Diesen nannte man damals wegen der besseren Klangqualität (obere Grenzfrequenz 15.000 Hz statt 4.500 Hz) *Welle der Freude*. Doch besaßen 1950 nur die allerwenigsten den Spitzensuper *Telefunken T5000*, der 1950 das einzige Radio mit serienmäßigem UKW Empfangsteil war. Häufiger war ein UKW Vorsatzgerät vor einem Vorkriegsradio anzutreffen. Immerhin waren seit 1949 viele neue Radios UKW vorbereitet und benötigten ein zusätzliches UKW-Modul des entsprechenden Herstellers.

Wir hatten 1950 noch den alten kostenlosen Drahtfunk mit dem ersten Programm des *Hessischen Rundfunks*. Dieser sendete damals nur recht wenig Unterhaltungsmusik und schon gar keine Verkehrsdurchsagen. Stattdessen bestand das Programm aus sehr vielen informativen Kurz-Sendungen und werktags drei, sonntags einer Sendepause, z.B.:

- 5:00 Uhr Nachrichten
- Hessenrundschau
- Frühmusik
- Nachrichten
- Frauenfunk
- Morgenmusik
- Schulfunk
- Heimkehrer-Nachrichten
- Krankensendung
- 9:45-11:20 Uhr Sendepause
- Haus und Garten
- Musik am Mittag
- Hessischer Landbote
- Hessenrundschau
- Nachrichten/Wetter
- Musik nach Tisch

- *Schulfunk*
- *Wirtschaftsnachrichten*
- *15:15-15:45 Uhr Sendepause*
- *Kammermusik*
- *Bücherstunde*
- *Modestunde*
- *Zeit im Funk*
- *Für die Frau*
- *Aktuelles aus Amerika*
- *Hessenrundschau*
- *Stunde der Melodie*
- *Hörspiel/Oper/Konzert/Live-Sendung*
- *Nachrichten*
- *Abendstudio*
- *Nachrichten*
- *00:10-05:00 Uhr Sendepause.*

Wir hörten daher nicht den ganzen Tag Radio, sondern waren meistens mit Hausarbeit, einkochen oder Wäsche waschen (in einem großen Waschtopf mit *Persil* gekocht und gerührt) beschäftigt. 1950 begann der *Hessische Rundfunk* mit der Ausstrahlung eines zweiten Programms auf UKW, bestehend aus klassischer Musik und Kultursendungen. Es wurde in unserer Radiozeitung *HÖR ZU* als *UKW Frankfurt* aufgeführt.

Damals hatten die meisten Deutschen genug andere Sorgen, um an Urlaub zu denken. Und so gab es nur wenige Wohlhabende, die im Sommer 1950 mit dem eigenen Auto in Urlaub fahren konnten. Doch trotzdem brach auch so manche ärmere Familie gemeinsam, allerdings mit Fahrrädern, Richtung Süden auf. Beliebte Ziele waren der Schwarzwald und die Schweiz. Die war aber schon damals recht teuer.

Die Freizeit verbrachte man meist mit Spazierengehen. Beliebtestes Ausflugziel war die *Fasanerie* und das *Oberwaldhaus* in *Darmstadt*. Noch hatten die wenigsten genügend Geld für Freizeitaktivitäten wie Schallplatten hören oder Bücher lesen. Allenfalls ein Kinobesuch war gelegentlich möglich. Abends wurde oft gemeinsam musiziert. In meiner Familie unterhielt Großvater die Familie mit Zitherspielen oder Geschichten aus früheren Zeiten.

1.2 1951

1.2.1 Allgemeines

Der Wiederaufbau und das Wirtschaftswunder nahmen langsam Fahrt auf. Doch gab es noch immer Probleme mit der Beschaffung einzelner Produkte. So wurde beispielsweise 1951 mein später erworbener *Mercedes 170S* ohne Reifen ausgeliefert. Wie mir die Erstbesitzerin berichtete, war es nicht einfach, ihr neu gekauftes Fahrzeug in einen fahrfähigen Zustand zu bekommen. Es gelang ihr schließlich mit *Firestone* Reifen *Made in Switzerland*.

1951 gab es erstmals ein 2 DM und ein 5 DM Stück. Ferner erschienen neue Briefmarken: die *Posthornserie*. Die erste Dauerserie, mit der Aufschrift *Deutsche Bundespost*.

Abb. 11: Neue Briefmarken: Die Posthornserie von 1951/52

Abb. 12: Das neue 5 DM Stück

Das wichtigste politische Ereignis des Jahres 1951 war die Gründung der *Europäischen Gemeinschaft für Kohle und Stahl (EGKS)*, auch *Montanunion* genannt. Diese ging zurück auf einen Vorschlag des französischen Außenministers *Robert Schuman*, die Eisen- und Stahlindustrie von Deutschland, Frankreich und anderen europäischen Staaten gemeinsam zu kontrollieren und keine Zölle mehr zu erheben.

Die *EGKS*, der erste Vorläufer der späteren *Europäischen Union*, wurde am 18.4.1951 durch den *Vertrag von Paris* gegründet, welcher am 23.7.1952 in Kraft trat.

Abb. 13: Werbeplakat 1951 für die Europäische Gemeinschaft für Kohle und Stahl
Bundesarchiv

Mitgliedsländer waren Deutschland, Frankreich, Italien, Belgien, Holland und Luxemburg. Da das Ruhrgebiet damals unter der Kontrolle der *Internationalen Ruhrbehörde* in der *britischen Zone* stand, welche die deutschen Anlagen teilweise noch bis 1950 demontiert hatte, wurde die Sicherstellung der Stahl- und Kohlegewinnung im Ruhrgebiet für Deutschland zum Schwungrad des deutschen Wirtschaftswunders.

1.2.2 Verkehr

Auch 1951 bestand für viele Deutsche die Notwendigkeit, mit einem eigenen Verkehrsmittels zur Arbeit zu gelangen. Hierfür standen jedoch auch weiterhin nur begrenzte finanzielle Mittel zur Verfügung, sodass sich viele Arbeiter und Angestellte Krafträder anschafften. Der große Erfolg der Motorroller *Vespa* und *NSU Lambretta* führte dazu, dass Ende 1951 ein weiterer Motorroller, der *Goggo Roller 125 Standard* mit 5 PS und max. 70 km/h für 1370 DM angeboten wurde.

Doch nicht nur die Verkaufszahlen der Zweiräder, auch die Verkaufszahlen der Autos strebten weiter nach oben. Alle Autos erhielten in diesem Jahr Detail-Verbesserungen. Es gab jedoch, abgesehen von der Vorstellung neuer Spitzenmodelle von *Mercedes Benz* (*220* und *300*) und BMW (*501*), keine nennenswerten Veränderungen.

1.2.3 Kino und Musik

Meine Lieblingslieder des Jahres 1951 waren *Pack die Badehose ein* von der kleinen *Cornelia Froboess* sowie *Das machen nur die Beine von Dolores* von *Gerhard Wendland* (Erstaufnahme). Ersteres Lied war zeitgenössisch noch ziemlich einfach arrangiert, aber hinreißend gesungen mit guter Begleitung durch *Heinrich Riethmüller* an der Orgel. Das zweite Lied war der nächste Tango-Hit von *Alfred Hause*. Noch immer fand ich die meisten Schlager dieser Zeit ausgesprochen langweilig,

Im Kino gab es seit Januar 1951 *Die Sünderin* mit *Hildegard Knef*. Ein Film, der in den überaus prüden 1950er Jahren blankes Entsetzen auslöste, da Hildegard in einer Szene kurzzeitig *„nackt und ganz ohne Hemd"* war, wie sie es selbst beschrieb. Aber gerade deshalb wurde der Film ja auch ein großer Erfolg.

1.2.4 Urlaub und Freizeit

1951 waren die meisten neuen Rundfunkempfänger der Mittel- und Oberklasse serienmäßig mit UKW Empfangsteil ausgerüstet. Damit begann der Siegeszug von UKW. Im Gegenzug verlangte die Deutsche Bundespost zum 1.1.1951 erstmals 1,50 DM pro Monat für unseren Anschluss an den Drahtfunk. Das war meiner Familie – Großvater war seit 1951 Rentner – zu viel und so wurde der Drahtfunkanschluss gekündigt. Es begann damit für uns eine radiolose Zeit.

Im September 1951 wurde das erste *Micky Maus* Heft in Deutschland publiziert. Es erschien von da an monatlich und war *für 75 Pf in jeder Buchhandlung und an jedem Zeitungsstand erhältlich*.

Wie mir *Gerda Kuschke*, die Besitzerin von *Haus Gerda* in Kampen berichtete, kamen 1951 die ersten Touristen in nennenswerter Zahl zum Urlaub auf die Insel *Sylt*. Noch war es sehr ruhig, von einem Massentourismus konnte keine Rede sein. Mein Vater, Student der Architektur, konnte sich einen solchen Urlaub aber nicht leisten und machte stattdessen mit dem Fahrrad eine Radtour von *Darmstadt* nach *Lugano/Schweiz*.

Abb. 14: Haus Gerda, Kampen/Sylt, Wattweg, 1951 Ansichtskarte

1951 wurde das erste *Heinerfest* in Darmstadt gefeiert. Das ist die größte Jahrmarktveranstaltung in der Umgebung, die seitdem jährlich wiederholt wurde.

1.3 1952

1.3.1 Allgemeines

Die Besitzer unzerstörter Immobilien hatten Krieg und Währungsreform zumeist ohne Verluste überstanden, während die Besitzer zerbombter Häuser und auch die Vertriebenen aus den Ostgebieten die großen Verlierer waren. Um insbesondere den Vertriebenen beim Aufbau einer neuen Existenz zu helfen, fehlte dem Staat aber das nötige Geld. Zur Beseitigung dieser Ungerechtigkeit wurde im September 1952 das sogenannte *Lastenausgleichsgesetz* geschaffen.

Gemäß diesem Gesetz musste die Hälfte des abgabepflichtigen Gesamtvermögens zum Zeitpunkt der Währungsreform zuzüglich Verzugszinsen in 120 Vierteljahresraten bis 31.3.1979 rückwirkend seit 1.4.1949 in einen Lastenausgleichsfonds gezahlt werden, aus dem Gelder zugunsten der Kriegsgeschädigten gezahlt wurden. Das abgabepflichtige Gesamtvermögen entsprach dabei dem Gesamtvermögen abzüglich Kriegsschäden und einem Freibetrag von 5000 DM, der allerdings mit steigendem Vermögen immer weniger wurde.

Abb. 15: Bundeskanzler Konrad Adenauer 1952 Katherine Young

Oberhalb von 35.000 DM gab es gar keinen Freibetrag. Ferner musste der durch die 1:10 Abwertung entstandene Hypothekengewinn sowie der Kreditgewinn abzüglich eines Freibetrags von 1000 DM vollständig in den Lastenausgleichsfonds eingezahlt werden.

Bürger mit einem Gesamtvermögen von 100.000 DM, darunter ein Mietshaus mit Kriegsschäden in Höhe von 500 DM, mussten somit innerhalb von 30 Jahren 49.750 DM plus Verzugszinsen in den Lastenausgleichfond einzahlen. Eine Haushypothek über RM 10.000 wurde in 1000 DM Hypothekenschulden und 9000 DM für den Lastenausgleichsfonds aufgeteilt. Das Gesamtvermögen meiner Familie betrug jedoch weniger als 5.000 DM und war deshalb nicht abgabepflichtig.

Ein weiteres wichtiges politisches Ereignis 1952 war der *Deutschlandvertrag*, den *Konrad Adenauer* am 26.5.1952 mit den drei westlichen Besatzungsmächten Frankreich, Großbritannien und USA abschloss. Dieser Vertrag betraf die geplante Wiederherstellung der deutschen Souveränität und die Normalisierung des völkerrechtlichen Status Deutschlands und löste das Besatzungsstatut von 1949 ab.

Abb. 16: Das wiederaufgebaute Kaufhaus Henschel und Roperts 1952 Stadtarchiv DA

1952 wurde die Fassade des Kaufhauses *Henschel und Roperts* fertiggestellt, und man begann mit dem Wiederaufbau der Stadtkirche. Der Wiederaufbau *Darmstadts* schritt unaufhaltsam Zug um Zug voran!

Ebenfalls in diesem Jahr gab es erstmals eine 5 DM Silbermünze. Diese hatte die Bezeichnung *Germanisches Museum* und trug als Motiv die goldene ostgotische

Adlerfibel aus dem 5. Jahrhundert. Meines Erachtens eine der schönsten Silbermünzen, die es je gegeben hat.

Abb. 17: 5 DM Sondermünze Germanisches Museum 1952

1.3.2 Verkehr

Trotz der erheblichen Zahlungen der Wohlhabenden als Folge des *Lastenausgleichsgesetzes,* nahm sowohl die Anzahl der Autos als auch die der Krafträder in Deutschland auch 1952 noch zu. Noch immer war es so, dass die großen deutschen Automobilproduzenten *Volkswagen, Opel, Ford* und *Mercedes Benz* bisher nur weiterentwickelte Vorkriegsfahrzeuge anboten.

Abb. 18: Der Autor und seine Kusine 1959 auf dem zweiten Ford 12M Weltkugel seines Onkels Christian

Als erster dieser vier Fahrzeughersteller bot Ford mit dem neuentwickelten *Ford 12M „Weltkugel"*, ein Nachkriegsfahrzeug ohne Trittbretter und Kotflügel mit der sogenannten Ponton-Karosserie an. Der Wagen kostete stolze 7535 DM, besaß 38 PS, und war der Nachfolger des robusten *Ford Taunus („Buckeltaunus")*.

Ich war begeistert. Ein schönes neues, überaus geräumiges Auto mit guter Rundumsicht, das mein Onkel Christian damals kaufte. War der *12M* nicht viel schöner und praktischer als ein *Volkswagen*? Mein Onkel war allerdings etwas skeptischer und fasste seine Erfahrungen wie folgt zusammen: *„Man muss ihn leider nach drei Jahren verkaufen und dann wieder einen neuen kaufen."* Das hat er dann auch genauso gemacht – und ich träumte weiter vom unverwüstlichen *Volkswagen*.

Nachdem die Verkaufszahlen des *Volkswagens* deutlich zurückgingen, präsentierte das *Volkswagenwerk* ab Oktober 1952 *„ein völlig neues Modell des Volkswagens."* Beim *Volkswagen Export* wurden insgesamt 400 Punkte verbessert: weichere Federung, ein Teilsynchrongetriebe, bessere Motorgeräuschdämpfung, bessere Belüftung durch Ausstellfenster, stärkere Stoßstangen, zwei Bremslichter statt bisher eines in der Mitte. Mit diesen Änderungen und einem auf 5400 DM gesenkten Preis erzielte der *Volkswagen Export* wieder Rekordverkäufe. Der *Volkswagen Standard* für 4400 DM blieb ein weiter gebautes altes Modell und ein geschätzter Dienstwagen.

Mein Vater nutzte Ende 1952 ein Sonderangebot der *Fahrschule Zürtz* in der Liebigstraße und machte dort zusammen mit einem Studienfreund den PKW-Führerschein Klasse III zum *Studenten-Sondertarif*. Hierzu bezahlten beide zusammen nur eine einzige Fahrstunde in einem *Opel Olympia*, wobei jeder 30 Minuten fahren durfte. Anschließend wurden sie gleich zur Fahrprüfung angemeldet, die mein Vater wegen des geringen Verkehrs auf Anhieb bestand.

1.3.3 Kino und Musik

Leider war auch 1952 noch ein Jahr mit ausgesprochen langweiliger Unterhaltungsmusik. Am besten gefiel mir die Filmmusik zu *Moulin Rouge*, gespielt von dem Orchester *Percy Faith*.

Nun zu den Kinofilmen. 1952 lief im deutschen Kino der *Alfred Hitchcock* Film *Ich kämpfe um Dich* mit *Gregory Peck* und *Ingrid Bergman*, der bereits 1945 gedreht worden war. Ein äußerst spannender Film der zeigt, wozu eine liebende Frau fähig ist. Ebenfalls 1952 lief *Casablanca* mit *Humphrey Bogart* und *Ingrid Bergman*, wobei der ursprünglich deutschfeindliche Film um die entsprechenden Passagen gekürzt wurde. Bekannt durch ihre bisherigen Heimatfilme, haben sich inzwischen *Sonja Ziemann* und *Rudolf Prack* als Traumpaar des deutschen Kinofilms etabliert.

1.3.4 Urlaub und Freizeit

Das größte kulturelle Ereignis des Jahres 1952 war die offizielle Wiederinbetriebnahme des Fernsehens am 25.12.1952. Im Vergleich zu früher wurde mit einer höheren Zeilenzahl gesendet als von 1935-1944 (625 Zeilen statt bisher 441 Zeilen, vor 1937 180 Zeilen), sodass neue Fernsehgeräte erforderlich waren.

UKW NWDR

Berlin 90,5 MHz — Drahtfunk Berlin 1435 m 209 kHz

7.00 Mit auf den Weg . . . dazw. 7.30 Nachrichten

8.30 :: Nachr., Wetter

8.35 Morgenandacht Pfarrer Hans Specht

8.45 Klaviermusik Fantasie in C-dur. – Arioso mit Variationen in F-dur (C. Ph. E. Bach) Walt. Martin, Klavier

9.00 Schulfunk 9.00 ›Die klassische Sinfonie‹. Beethoven: Erste Sinfonie in C-dur, op. 21 (aus der Reihe ›Schulfunk-Konzert‹, vom 8. Schuljahr an). 9.35 ›Treffpunkt Großstadt‹ (vom 6. Schuljahr an). 9.55 Zwischenmusik. 10.00 ›Bettler und Affen in Marokko‹ (aus der Reihe ›Erlebt – erzählt‹, 6. bis 9. Schuljahr). 10.20 Nachrichten für die Jugend

10.30 Bunte Melodien Rumänisches Konzert (Huber). Konfetti, Walzer (Friebe). Träumender Zigeuner (Reinl). Kleine Stücke aus Wien (Mietzner). Promenade an der Alster (Klaus). Ständchen (Heykens)

11.00 Die Leseprobe aus dem Buch ›Flieger, Schicksalsstunden zwischen Sternen und Erde‹, von Hans Bertram

11.20 Schallplatten Die Petersburger Schlittenfahrt, Galopp (Eilenberg). Nimm die Mütze ab, Stimmungsfox (Bader). Unter dem Lindenbaum, Melodie aus ›Das Kätzchen‹ (Felix). Im Wirtshaus an der Mosel, Walzerlied (Baldamus-Balz). Für dich, Harmonikapolka (Alex). Vis-à-vis, cher ami, Fox aus dem Film ›Der bunte Traum‹ (Jary). Schwalbenromanze (Dinico). Mach mich glücklich, Polka (Drabek). Kuckuckswalzer (Jonasson). Mädel, ich bin dir so gut, Lied (Enders). To each his own, Slowfox (Livingston-Evans). Die Fischerin vom Bodensee, Fox (Winkler). Rusticanella (Cortopassi)

12.00 Nachrichten, Wetter

12.10 ›Wir blättern in Zeitungen‹

12.30 :: **Musik am Mittag** Das große Unterhaltungsorchester, Ltg. Werner Eisbrenner und Georg Haentzschel

Lustspiel-Ouvertüre (Fiedler). ›Kunterbunt-Suite‹ (Dressel). Illusion (Grothe). Burleske und Tarantelle (Hasenpflug). ›The three Elizabeths‹ (Coates)

13.30 Wirtschaftstips

13.40 :: Programmhinweise

13.45 Sendepause

15.00 Neue Lieder und Duette. Kompositionen von Hans Ebert Clara Ebers, Ilse Wallenstein, Ingeborg Schuldt, Sopran; Sybille Ursula Fuchs, Wilma Pleiß, Alt; Horst Günter, Thanos Burlos, Bariton; das Hamburger Rundfunkorchester, Ltg. Walter Martin

15.15 Dramatische Tage in Hitlers Reich. ›Die Polenkrise‹

16.00 Nachmittagskonzert Vom Hessischen Rundfunk

16.45 Erforschte Welt Manuskr.: Norman Alken

17.00 ○ **Orchesterkonzert** Ouvertüre zu ›Märchen von der schönen Melusine‹ (Mendelssohn-Bartholdy). ›Lyrische Suite‹ (Grieg). Slawische Rhapsodie As-dur (Dvorak). Drei spanische Tänze (Moszkowski)

17.50 Lernt Englisch!

18.00 :: Nachrichten, Presse, Wetter

18.15 :: **Die kleine Briefmarkenecke**

18.30 I. ›Aber sonst ist er so nett‹ oder ›Wie fessele ich meinen Mann?‹ – II. Musikalisches Zwischenspiel

19.15 :: **Rund um den Funkturm:** Eine Original-Sendung des Zeitfunks aus dem großen Sendesaal

20.00 :: Nachr. für Berlin

20.15 Wie bei uns Berichte und Gespräche unseres Auslandskorrespondenten

20.45 Für jeden etwas Festouvertüre (Lassen). Altdeutsches Minnelied (Humperdinck). Anitras Tanz, aus der ›Peer-Gynt-Suite‹ (Grieg). Zapateado (de Sarasate). Land so wunderbar, aus ›Die Afrikanerin‹ (Meyerbeer). Gitarre (Moszkowski). Flohlied des Mephisto (Mussorgsky). Intermezzo aus ›Il campiello‹ (Wolf-Ferrari). Kaiserwalzer (Joh. Strauß). Serenade aus ›Millionen des Harlekin‹ (Drigo). Salut d'amour (Elgar). Einmal leuchtet die Sonne, Duett aus ›Balkanliebe‹ (Kattnigg). Ballsirenen-Walzer (Lehár). Bolero (Kattnigg). O Bella amourosa (Dostal). Kadetten-Marsch (Sousa)

Margot Guilleaume, Sopran; August Schneider, Violine; Rudolf Schock, Tenor; Heinrich Schüchner, Cello, am Flügel begleitet von Wilh. Schüchter; Joseph Olah, Bariton; Gerhard Gregor an der Funkorgel; Lisa Jungkind, Sopran; Rupert Glawitsch, Tenor; Herbert Heinemann mit Gerhard Gregor an zwei Klavieren; Esther Rethy, Sopran; der Chor des NWDR Hamburg, Einstudierung: Max Thurn; die Orchester des NWDR Hamburg, Leitung Wilhelm Schüchter, Walter Martin, Wilhelm Stephan und Richard Müller-Lampertz

22.00 MOZARTS VIOLIN-SONATEN III. Sonate in C-dur, KV 296: Allegro vivace / Andante sostenuto / Rondeau, allegro

Norbert Hofmann, Violine; Günther de Witt, Klavier

22.15 Die Schäferkönigin Lieder und Madrigale aus Alt-England Der Wohltorfer Singkreis, Leitung: Hilde Preibisch

22.40 Umschau am Abend

23.00 Nachrichten

23.05 ›Aus unserem Pressearchiv‹

23.10 TANZMUSIK Das Tanzorchester des NWDR Hamburg, Leitung Franz Thon; das Hamburger Radio-Tango-Orchester, Ltg. Alfred Hause; Detlev Lais, Heinz Maria Lins, Vico Torriani und Horst Winter, Gesang

24.00–0.02 Gute Nacht

DER ZAUBERSPIEGEL

Fernseh-Versuchssender NWDR Berlin

Bild: 196,25 MHz — Ton: 201,75 MHz

20.00–22.00

20.00 Nachrichten, Wetterbericht. 20.15 Vorfilm. 20.30 Hauptfilm

Änderungen vorbehalten

BERLIN

383 m Ost 782 kHz
191 m 1570 kHz
1271 m 4.30—15.00 236 kHz
UKW 8.00—22.10 94,5 MHz

4.40 Melodie am Morgen

7.00 Morgenlied

7.20 Volksmusik großer Meister

8.10 Orchestermusik

8.30 Volkstümliches Solistenkonzert

11.30 Musik am Mittag Bunte Operettenklänge

12.10 Mittagskonzert

14.00 Volksmusik

14.20 Kammermusik Ferenc Farkas: ›Der Fruchtkorb‹

17.00 ›Das musikalische Lexikon‹

18.15 Schöne Melodien Frohe Burschen, frohe Mädchen (Sandig). Wir lieben unsere Heimat (Kochen). 's Annerl mit dem Kannerl (schwäb. Volkslied). Ei, was bin i für a lustiger Bua; Mein Christian; Als ich einmal reiste (Volkslieder). Scheine, Sonne scheine (Arndt). Im August, im August blüh'n die Rosen (Frederich). Fritz der Traktorist; Lied der Eisenbahner (E. Schmidt). Zimmermannstanz (Neef). Beim Kronenwirt ist heute Jubel und Tanz (Volkslied). Ringelringelreigen (Werzlau). Wir feiern heute Kirmesfest, aus ›Bauernkantate‹ (Joh. Seb. Bach)

Mitwirkende: Die Solistenvereinigung des Berliner Rundfunks unter Helmut Koch, der Jugendchor des Mitteldeutschen Rundfunks unter Dr. Hans Sandig, die Kulturgruppe unter Fritz Höff, der Jugendchor des Berliner Rundfunks unter Delia Dressel und Chor und Instrumentalgruppe von Kinderradio Berlin

19.00 Abendlied des Kinderfunks

19.25 Musik nach den Wünschen unserer Hörer: Tanzmelodien

20.00 Dorfabend im Kreis Parchim

22.20 Sport

22.25 Leichte Musik

23.20

Orchestermusik

›Russische Romantiker‹

Werke von Michael Glinka und Alexander Glasunow

0.05 Leichte Musik

0.30 KAMMERMUSIK der Gegenwart: Paul Kadosa spielt eigene Werke

SÜDWESTFUNK

295 m 1016 kHz 70 kW
47,47 m 6320 kHz

6.00 Nachrichten, Wetter

6.10 Marktberichte

6.15 Frühmusik Dazw. 6.30 Gymnastik

6.50 Katholische Andacht

7.00 Nachrichten, Wetter

7.10 Zwischenspiel

7.20 ›Waldspaziergang vor Tag und Tau‹

7.30 Musik am Morgen

8.00 Nachrichten, Wetter

8.10 Regionale Nachr.

8.30 Internationale Presse

8.40 Musikal. Intermezzo

9.00 Schulfunk

9.30 Deutschland-Nachr. und Stellenmarkt

9.45 Sendepause

11.30 Programm d. Studios

12.15 Zur Mittagsstunde

12.45 Nachrichten

13.00 Deutsche Presse

13.15 Musik nach Tisch

14.20 Französ. Kursus I

14.30 Kinderliedersingen

15.00 ›Welt und Wissen‹

15.15 Heimische Künstler

15.45 ›Kunstspiegel‹. Es spricht Leopold Zahn

16.00 Nachmittagsmusik Es spielt Walter Fenske mit seinen Solisten

16.30 ›Die Quelle rinnt . . .‹ Aus dem Leben Senecas

16.45 Klaviermusik Sonate As-dur (Haydn). Sonate op. 8 (Schäfer) Solistin: Maria Bergmann

17.15 Der Rechtsspiegel

17.30 Nachrichten

17.40 Programm d. Studios

18.20 ›Jugend spricht‹

19.00 Zeitfunk / Musik

19.40 Tribüne der Zeit

20.00 Unterhaltungsmusik Das Große Unterhaltungs-Orchester des SWF, Ltg. Emmerich Smola

20.30 ›Lob von Rom‹. Hörfolge von Joh. Selbdritt

21.00

Das Prisma

Konzert des Residenz-Orchesters Den Haag, Ltg. Willem van Otterloo; Tibor de Machula, Cello

Ballettmusik Nr. 2 aus ›Rosamunde‹ (Schubert). ›Kol Nidrei‹ für Cello u. Orchester op. 47 (Bruch). Sinfonie Nr. 92 G-dur ›Oxford-Sinfonie‹ (Haydn)

Dazw. Berliner Kulturspiegel von H. H. Stuckenschmidt

22.00 Nachrichten, Wetter

22.15 ›So lebt man im Osten‹

22.30 ›Was ich noch sagen wollte . . .‹ Heitere Verse von Paul Schaaf, Musik von Erwin Mausz

23.00 ›Der Totenkopfschwärmer‹. Erzählung von Georg von der Vring

23.15 LEISE MUSIK

24.00–0.10 Nachrichten

FRANKFURT

506 m 593 kHz
48,47 m 6190 kHz

5.00 Morgengruß. Nachr. Wetter, Hessenrundschau, anschl. Frühmusik

6.10 Wetter, Nachrichten,

6.20 Hessenrundschau

6.30 Frankfurter Wecker Dazw. 7.00 Nachrichten

7.35 Volkstümliche Klänge

8.00 Nachrichten, Wetter

8.05 Frauenfunk-Ratgeber

8.15 Morgenmusik

9.00 Schulfunk

9.30 Heimkehrer-Nachr.

9.45 Sendepause

11.20 ›Haus und Garten‹

11.30 Musik am Mittag

12.25 Hessischer Landbote

12.35 Hessenrundschau

12.45 Nachrichten, Wetter

13.00 Musik nach Tisch

14.00 Pressestimmen

14.15 Schulfunk

14.45 Suchdienst

15.00 Wirtschaftsnachr.

15.15 Sendepause

15.45 ›Deutsche Fragen‹

16.00 Unterhaltungskonzert

16.45 Was Frauen interessiert: ›Der Ehestreit und andere psychologische Fälle‹

17.00 Allerhand aus dem Egerland. Eine bunte Heimatstunde

17.45 Deutschland-Nachr.

18.00 Zeit im Funk / Musik

18.30 Aus der Wirtschaft

18.45 Aktuelles a. Amerika

19.00 Frohe Klänge

19.30 Hessenrundschau, Nachrichten, Kommentar

20.00 Lieblingsmelodien Am Mikrofon: Hans-Joachim Kulenkampff

21.00 Volkstüml. Wissen: ›Haus und Wort‹. Dr. Herbert Nette und Rolf Schroers sprechen über Wortkunde

21.15

Frank Martin

›Et in terra pax‹, Oratorium nach biblischen Texten

Elisabeth Rosenkranz, Margarete Lüddecke, Franz Fehringer, Günther Ambrosius, Helmut Schweebs, Kurt Marschner, Opernchor, Mädchenchor der Elisabethen-Schule, Chor des Cäcilien-Vereins und das Opernhaus- u. Museums-Orchester, Ltg. Bruno Vondenhoff

22.15 Nachr., Aktuelles

22.35 Den Freunden der Dichtung: ›Der Dichter und der Zufall‹. Eine Plauderei mit Beispielen von Dr. Edgar Gross

23.05 TANZMUSIK Das Südfunk-Tanzorchester, Ltg. Erwin Lehn

24.00–0.10 Nachrichten

DEUTSCHLDS.

1620 m 185 kHz 150 kW
49,06/41,96 m 6115/7150 kHz

4.40 Musikalische Morgengrüße für Frühaufsteher. **7.00** ›Froh und heiter‹, Musik nach Wünschen unserer Hörer. **7.50** Orchestermusik. **10.35** Leichte Klänge am Vormittag. **12.10** Frohe Weisen mit der Kapelle Walter Raatzke. **12.45** Mittagskonzert. **14.00** Der Komponist der Woche: Franz Liszt. **15.35** Volksmusik aus der Sowjetunion. **16.00** Bläserkammermusik. **17.40** Musik zum Feierabend. **18.45** ›Wir lieben das Leben‹, großer bunter Abend für unsere Hörer. **21.30** Kantaten und Oratorien. **24.00** Kammermusik der Gegenwart: Paul Kadosa spielt eigene Werke. **0.35** Melodien aus ›Die lustige Witwe‹ von Franz Lehár: Introduktion, Tanz und Viljalied / Da geh ich zu Maxim, Auftrittslied des Danilo / Ich bin eine anständige Frau, Duett / Dummer, dummer Reitersmann, Duett / Weibermarsch. Es singen und spielen: Gertrud Callam, Maria Madlen Madsen, Karl Schmidt-Walter, Heinz Förster Ludwig, Leo Peukert, August Richter, Albert Weikenmeier, ein Chor und das Große Rundfunk-Orchester.

BREMEN

221 m 1358 kHz 20 kW

18.00 ›Probieren geht über studieren‹. **18.15** Abendmusik, dazw. **18.26** Sport. **18.45** Aus Amerika. **19.00** Musik zur Erholung. **19.25** Rundschau. **19.45** Nachr., Kommentar. **20.00** Radio-Magazin. **21.00** Ohne Programm. **21.15** Musik von Gershwin. **22.00** Der Röntgenforscher Prof. Dessauer erzählt. **22.30** Musik v. Mozart: Sechs Nocturnes. – Variationen über ein Menuett von Duport KV 573. **23.00** Nachr., Wetter. **23.15–24.00** s. UKW West.

SAARBRÜCKEN

211 m 1421 kHz 20 kW

17.50 ›Angelus‹. **17.55** Heimatgruß. **18.00** Nachr. **18.40** ›Sag, wie heißt du . . .?‹ **19.00** Von neuen Büchern. **19.15** Klaviermusik, gespielt v. Hans Priegnitz. **19.45** Aktuelles. **20.20** ›Der Tramp‹, Hörspiel von Otto Heinrich Kühner, Regie: Wilm ten Haaf, anschl.: ›Euch zur Freude‹. **22.00** Nachr., Wetter. **22.15** Oboenkonzert (Rich. Strauß). Divertimento Nr. 11 D-dur (W. A. Mozart). Solist: Leon Goossens. **23.00** ›Ein bunter Blumenstrauß‹. **23.45–23.50** Nachrichten.

LUXEMBURG

1293 m 232 kHz 150 kW
49,26 m 6090 kHz

19.33 Roger Nicolas und Henri Salvador unterhalten. **19.39** Trio Hermelin: Melodien-Cocktail. **19.44** ›Familie Duraton‹. **19.53** ›Lied des Tages‹. **20.00** ›Hundert Francs in der Sekunde‹, Funkspiel. **20.31** Charmante Sachen. **20.46** André Claveau und Yvon Alain unterhalten. **21.01** Unterhaltung mit Sacha Guitry. **21.15** Orchesterkonzert: Sinfonie Nr. 6 F-dur (Beethoven). **22.25** Jugendfk. **22.30** Musikal. Gruß. **23.30–24.00** Tanz.

ROM

355 m 845 kHz 100 kW
207 m Neapel II 1448 kHz

17.30 Tanz. **18.45** Allan Jones u. d. Orchester Sidney Torch. **19.00** Schlager. **21.30** Spanische Sinfonie d-moll (Lalo). ›Römische Feste‹ (Respighi). **23.15** Night Club. **23.45–24.00** Zur Nacht.

457 m **Florenz** *656 kHz*
334 m Mailand I 899 kHz

18.00 Das Tanzorchester Ferrari. **18.45** Musikal. Plaudereien. **20.00** Leichte Klänge. **21.45** Berühmte Solisten. **22.00** Hörspiel. **23.00** Musik. **23.15** Tanz. **24.00–0.10** Nachr.

AFN BERLIN

491 m 611 kHz 1 kW

16.02 Unterhaltungskonzert. **17.00** ›Fröhlich um fünf‹. **17.50** Berliner Nachr. **18.00** Musikal. Rendezvous. **18.15** Nachr., Sport. **18.45** Andacht. **19.00** Musik z. Unterhaltung. **20.05** ›Arthur Godfrey stellt vor‹. **20.30** Informationen. **21.00** Europabericht. **21.20** Ratschläge. **21.30** Red Skelton unterhält. **22.05** Hörspiel. **22.30** Baseball. **22.55** Nachr. **23.00** Baseball. **23.30** Tanz- u. Unterhaltungsmusik. **23.55** Nachr. **24.00** Tanz- und Unterhaltungsmusik. **0.55** bis **1.00** Nachrichten.

ROT-WEISS-ROT

215 m Linz 1394 kHz
240 m Salzburg 1250 kHz

19.45 Amerika ruft! **20.00** Aktuelles. **20.15** Wien: Schöne Melodien. Salzburg-Linz: ›Bei uns z'Haus‹. **21.00** Nachrichten. **21.03** Entdeckungsfahrt in Österreich: ›Sensen für Kaschmir‹. **22.00** Nachr., Sport. **22.15** Klaviermusik. **22.30** Über Theodor Escherich. **22.45** New Yorker Interview. **23.00** Nachr. **23.10** Tanzmusik. **24.00** Nachr. **0.05** So etwas gibt's auch? **0.15** Stimme Amerikas. **0.30** ›Für Spätaufbleiber‹. **1.00–1.03** Nachr.

BEROMÜNSTER

567 m 529 kHz 150 kW

17.30 Orchester Cedric Dumont. **18.35** Über Epilepsie. **19.00** Gesänge aus Goethes ›Westöstl. Diwan‹ (Huber). **19.25** Aktuelles. **20.00** C. M. von Weber: Ouvertüre zu ›Freischütz‹. – Andante u. Rondo ungherese. – Vorspiel zu ›Abu Hassan‹. – Aufforderung zum Tanz. – Ouvertüre zu ›Euryanthe‹. **20.40** ›General Jomini‹, Hörspiel von W. R. Beer. **21.50** Streichquartett C-dur op. 54, 2 (Haydn). **22.15** Nachr. **22.20** bis **23.00** Bekannte und unbekannte Musik v. H. Wolf.

PARIS

347 m 863 kHz 100 kW
249 m Bordeaux 1205 kHz

16.40 Schallplatten. **16.45** Religiöse Musik. **17.15** Sendepause. **18.30** Hier New York! **19.00** Unterhaltungskonzert. **19.30** Paris spricht. **20.00** Sinfonische Suite (Milhaud). Gymnopédies (Satie). **20.30** Plauderei. **20.50** ›Die Nachtigall‹, Märchen von Strawinsky. **21.50** Musikal. Neuigkeiten. **22.00** ›Aus Georges Duhamels Werken‹, literarische Sendung. **22.30** Pariser Tribüne. **22.50** Kunstspiegel. **23.15–23.30** Nachrichten.

HILVERSUM I

402 m 746 kHz 120 kW

18.15 Konzert. **18.40** Politischer Sketch. **18.50** Musik der Heilsarmee. **19.05** Plauderei. **19.20** Der holländische Kammerchor singt Chöre von Orlando di Lasso. **19.40** Funk-Magazin. **20.00** Nachr. **20.10** ›Die Gilde feiert‹, großer bunter Abend. Dazw. 21.00 Preisrätsel für die Familie. **22.15** Auslandsschau. **22.35** Schallplatten. **22.45** Andacht. **23.00** Nachr. **23.15** bis **24.00** Nachtkonzert: Missa Cellensis C-dur ›Mariazeller Messe‹ (Haydn).

BBC-DEUTSCH

232/49,59 m 1295/6045 kHz

20.30 Sendung für die Ostzone. **21.00** ›Der jüngere Pitt‹. Hörfolge. **21.15** Briefkasten. **21.40** Parlamentsbericht. **22.00** Nachr. **22.15** Lernt Englisch! II. **24.00** bis **0.15** Nachrichten.

BBC-Home

434/261 m 692/1151 kHz

19.30 Konzert. **20.30** Bunte Stunde mit Ted Ray. **21.00** Nachr. **21.15** Hörfolge. **22.00** ›Take it from here‹, bunte Sendg. **22.30** Wissenschaftl. Vortrag. **22.45** Parlamentsbericht. **23.00–23.03** Nachr.

Umseitig: Abb. 19 Radio und Fernsehprogramm vom Donnerstag, 22.5.1952 HÖR ZU

Diese wurden damals werbewirksam *Zauberspiegel* genannt und waren mit 1000 DM für ein Gerät mit einer Bildschirmdiagonale von gerade einmal 31 cm für Normalbürger unerschwinglich. Es wurden deshalb 1952 nur 4000 Fernseher deutschlandweit verkauft.

Aber, selbst wenn wir damals einen Fernseher gehabt hätten, hätten wir dennoch nicht fernsehen können, denn gesendet wurde vorerst nur für den Bereich des *NWDR*, also Nordrhein-Westfalen, Niedersachsen, Hamburg und Berlin. Und so verpassten wir die Krönung von *Queen Elisabeth II* am 2.6.1953, eine der ersten Fernsehsendungen, welche die Straßen leer fegten.

Bereits am ersten offiziellen Fernsehtag führte eine Fernsehansagerin, die 22jährige Schauspielerin *Irene Koss* (Abb. 28), durch das Programm. Ich liebte ihre angenehme, sympathische Stimme, auch wenn sie trotz ihrer Jugend etwas altjüngferlich wirkte. Am Folgetag, den 26.12.1952, gab es die erste *Tagesschau*, die fortan dreimal pro Woche noch ohne sichtbaren Nachrichtensprecher ausgestrahlt wurde. Sendezeit war täglich von 20:00 Uhr bis 22:00 Uhr, beginnend mit Nachrichten und Wetter: Es folgte Sonntags, Dienstags und Donnerstags ein 15 Minuten Vorfilm, dann ein 90 Minuten Hauptfilm, An den anderen Tagen gab es *Kabarett, Musik, Für die Frau, Tanzstunde* oder *Kulturfilme*. Manchmal gab es sogar ab 17:00 Uhr eine *Kinderstunde* mit *Ilse Obrig*.

Auch beim Hörfunk gab es Veränderungen. Ab 4.5.1952 gab es fortan an jedem Werktagmorgen in den Sommermonaten von 6:30 Uhr bis 7:35 Uhr, später bis 8:00 Uhr den *Frankfurter Wecker*, eine Live-Sendung mit Publikum, Tanzorchester und Schlagersängern, beginnend mit dem anregenden *Weckermarsch*. Durch die Sendung führten abwechselnd *Otto Höpfner*, *Peter Frankenfeld* und *Hans-Joachim Kulenkampff*.

1.4 1953

1.4.1 Allgemeines

Das größte politische Ereignis des Jahres war der Aufstand des deutschen Volkes in der *sowjetischen Zone*, der sogenannten *„DDR"*, am 17.6.1953. Dieser wurde ausgelöst durch eine staatlich angeordnete Erhöhung der Arbeitsnormen um 10%, und dann mit sowjetischen Panzern niedergeschlagen. Meine ganze Familie war sehr bedrückt!

Das größte Darmstädter Ereignis des Jahres war die Eröffnung des neuen *Kaufhof* Warenhauses am 14.10.1953 mit einem Eröffnungsfeuerwerk. Ein besonderes Highlight waren die gegenläufigen, über alle vier Verkaufsetagen laufenden Rolltreppen, die noch in den 2020er Jahren vorhanden sind. 450 Verkäuferinnen waren angestellt, um dem Kaufandrang Herr zu werden. Am gleichen Tag eröffnete auch das *Schuhhaus Brackelsberg* am Marktplatz mit einem Kinderkarussell. Niemals wieder habe ich so viele Menschen in der Innenstadt von Darmstadt gesehen (siehe Abb. 20)!

Abb. 20: Großer Menschenauflauf bei der Eröffnung des neuen Kaufhofs am 14.10.1953 Stadtarchiv Darmstadt

Abb. 21: Wahlplakat der CDU für die Bundestagswahl 1953 Konrad Adenauer Stiftung

Ein weiteres wichtiges Ereignis war die Bundestagswahl 1953, welche die *CDU/CSU* unter *Konrad Adenauer* mit dem Slogan *„Alle Wege des Marxismus führen nach*

Moskau" gewann. In einer Koalition mit der *FDP* und der *Deutschen Partei* hatte *Adenauer* dann eine stattliche Zweidrittel-Mehrheit.

Im Jahre 1953 begann man mit der Installation des neuen Dreileiter Schuko-Systems mit Schukosteckdosen. Ebenfalls 1953 legte mein Vater erfolgreich die Diplomprüfung im Fach Architektur ab. Hierfür fielen jedoch 700 DM an Prüfungsgebühren an, die er sich erst leihen musste. Zum gleichen Zeitpunkt bestand meine Mutter ihre Abiturprüfung. Beide beschlossen daher, 1954 zu heiraten und nach Köln zu ziehen, wo mein Vater eine Stelle in einem Architekturbüro angenommen hatte.

1.4.2 Verkehr

1953 wurden die ersten beiden Ampelanlagen in Darmstadt in Betrieb genommen. Sie standen Ecke *Pallaswiesenstraße/Frankfurter Straße* und Ecke *Heidelberger Straße/Bessunger Straße*. Weiterhin entfielen die bisherigen Geschwindigkeitsbeschränkungen inner- und außerorts für alle Kraftfahzeuge.

Vor allem Lenkung, Bremsen und Übersichtlichkeit der Vorkriegsfahrzeuge waren sehr schlecht. Im Jahre 1953 erschienen endlich die ersten Nachkriegskonstruktionen von *Opel* und *Mercedes*: der neue *Opel Rekord* mit 40 PS für 6410 DM (und auch ein neuer *Opel Kapitän*), und der *Mercedes 180* mit 52 PS für 9950 DM.

Abb. 22: Opel Rekord, 1953, mit Haifischmaul, hier als Cabriolet

Abb. 23: Mercedes Benz 180 auf dem Studentenparkplatz Lichtwiese 1981

Abb. 24: Messerschmitt Kabinenroller

Beim *Volkswagen* entfiel im März der Mittelsteg des bisher geteilten Rückfensters, und ab Jahresende wurde *der große Wunschtraum aller sportlichen VW-Fahrer* erfüllt: eine Leistungssteigerung von 24,5 PS auf 30 PS. Wegen der Optimierung des Zündzeitpunkts durch eine Unterdruckverstellung zusätzlich zur Fliehkraftverstellung war der neue Motor wesentlich spritziger als die Mehrleistung von 20% erwarten ließ: Statt 60 s benötigte man nur noch 38 s von 0 auf 100 km/h, und man erreichte eine Dauergeschwindigkeit von über 110 km/h.

1953 bekamen *Vespa, NSU Lambretta* und *Goggo Roller* Konkurrenz durch einen weiteren Motorroller: den *Heinkel Tourist*. Er hatte anfangs 7,2 PS, war 85 km/h schnell, kostete 1790 DM, wurde bis 1965 gebaut und war der einzige Motorroller mit Viertaktmotor.

Eine weitere Konkurrenz für die genannten Motorroller war der *Messerschmitt Kabinenroller KR175*, ein mit einer Plexiglashaube überdachtes dreirädriges Kraftfahrzeug, bei dem die beiden Passagiere wie bei einem Motorroller hintereinander saßen. Er hatte anfangs einen 10,9 PS Zweitaktmotor mit gerade einmal 175 cm³ Hubraum, war 78 km/h schnell und kostete 2700 DM.

1.4.3 Kino und Musik

Im Jahre 1953 gab es wieder einmal einen Tango-Hit vom Altmeister *Alfred Hause*: *Rote Rosen, rote Lippen, roter Wein*, gesungen von *Rene Carol*. Und es gab endlich auch einmal schwungvolle Lieder: *So viel Wind, und keine Segel*, gesungen vom *Rogers Duo* und anderen Interpreten. Mir gefiel aber auch *Wenn Mademoiselle dich küsst*, gesungen von *Angèle Durant*, einer Frau, die ihr Freund *Lou van Burg* begeistert mit „*Die hat Sex*" beschrieb. Erstmals hört man von dem Nachwuchssänger *Peter Alexander*, der *die süßesten Früchte* besang.

1953 kam der amerikanische Spielfilm *Vom Winde verweht* von 1939 mit *Vivien Leigh* und *Charles Bronson* in die deutschen Kinos und wurde natürlich ein Verkaufserfolg. Ebenfalls erfolgreich war der 1951 gedrehte Western *12 Uhr mittags* mit *Gary Cooper* und *Grace Kelly*. Ein sehr spannender Film und einer der wenigen Western, die mir gefallen.

1.4.4 Urlaub und Freizeit

Am 29.3.1953 nahm der *Hessische Rundfunk* sein Fernsehprogramm auf. Die sehr warmherzige und kinderliebe *Hilde Nocker* (Abb. 28) war die erste Fernsehansagerin. Eine der ersten Sendungen war die *Augsburger Puppenkiste* für die Kinder.

Apropos Kinder: 1953 erschien auch das erste *Fix und Foxi* Comicheft. Waren die ersten Figuren noch ziemlich naturnah gezeichnet, so sind die Füchse und *Lupo* ab Band 250 (1960) stilistisch ausgereift und ausgesprochen sympathisch, sodass das große Verkaufsgeschäft beginnt. *Fix und Foxi* wird zur meistverkauften Kinderzeitschrift der 1960er Jahre.

Inzwischen hatte sich die Enge in den Wohnungen etwas entspannt, und man hatte auch etwas mehr Geld für Lebensmittel, sodass langsam aber sicher eine Fresswelle und eine Urlaubswelle ausgelöst wurden. Erstmals bot ein Reiseveranstalter eine Urlaubsreise nach *Mallorca* an: Bis zur spanischen Mittelmeerküste in einem Kurswagen mit der Eisenbahn, dann mit dem Flugzeug auf die Insel. Nach der strapaziösen Hin- und Rückreise dürfte man aber erst recht urlaubsreif gewesen sein!

1.5 1954

1.5.1 Allgemeines

Das Jahr 1954 war geprägt durch eine Vergrößerung unseres nutzbaren Wohnraums um das ehemalige Kinderzimmer und das ehemalige Herrenzimmer, da die in diesen Zimmern bei uns einquartierten Familien in die brandneue *Kirchtannensiedlung* in Darmstadt Eberstadt bzw. eine andere Neubauwohnung zogen. Nach dem Wegzug meiner Mutter im August wurde ihr Zimmer allerdings wieder an zwei Studenten untervermietet. Das *Schuldorf Bergstraße*, eine völlig neue Gesamtschule, wurde in Seeheim eingeweiht. Bei der Einweihungsfeier war auch mein Vater als Architekt eingeladen.

Abb. 25: Hektische Wiederaufbaustimmung am Darmstädter Markt 1954 Stadtarchiv DA

Noch immer herrschte Wohnungsknappheit in Deutschland, und jeder Mieter musste daher einen sog. *Baukostenzuschuss* bei der Anmietung einer Wohnung bezahlen. Beispielsweise zahlten meine Eltern am 1.11.1954 2000 DM für eine 2-Zimmer Wohnung in *Neu Bottenbroich*, heute *Horrem*, bei *Köln*, wobei ihnen 1000 DM als

Miete angerechnet wurden. Anschließend wurde die Wohnung mit Poggenpohl-Küche, Elektroherd, Kühlschrank, Nierentisch, Couchgarnitur, Wohnzimmerschrank, Schreibtisch und Tulpenlampen neu eingerichtet. Ein Sideboard, ein Schrank für Zeichnungen sowie alle Betten hatte mein Vater bereits selbst angefertigt.

1.5.2 Verkehr

1954 war das erste Nachkriegsjahr, in dem mehr PKW als Nutzfahrzeuge verkauft wurden. Hinter dem *Volkswagen* und dem *Opel Rekord* war inzwischen der *Lloyd LP400*, der seit 1953 als Nachfolger des *Lloyd LP300* gebaut wurde, das drittmeist verkaufte Auto. Dieser Wagen hatte 13 PS, war 75 km schnell und kostete mit 3450 DM deutlich weniger als der *Volkswagen*. Er war zweifellos der beste Wagen unterhalb der Volkswagen-Klasse. Das war Grund genug für den Weltreisenden *Wolfram Block*, 1954 gerade mit diesem Wagen quer durch die USA zu fahren.

1954 gab es einige Veränderungen bei den Automobiltypen. *Borgward* platzierte seine *Isabella* als Nachfolgemodell des *Hansa*, *Mercedes* lockte mit einem *180D* mit Dieselmotor und einem neuen *220* und *300*, *BMW* mit dem neuen Luxuswagen *502*, während *Opel* und *Ford* ihre Modelle wie fast jedes Jahr mit neuen Kühlergrillen und ggf. neuen Rückleuchten ausstatteten.

Da mein Vater ein Kraftfahrzeug benötigte, um zu den von ihm zu beaufsichtigenden Baustellen zu gelangen, kaufte er im Januar die *NSU Lambretta* von seinem Bruder Willy. Dieser kaufte sich daraufhin einen neuen *Messerschmitt Kabinenroller*. Seine Anfangsfreude währte jedoch nur kurz, da er großen Ärger bekam, weil er einmal ein Huhn überfahren hatte. Damit sie sich mit meinem Vater beim Fahren abwechseln konnte, machte meine Mutter den Führerschein Klasse IV, welcher damals für alle Kraftfahrzeuge bis 250 cm³ Hubraum galt.

1.5.3 Kino und Musik

1954 gab es gleich drei technische Neuerungen. Erstens wurden Radios mit zusätzlichen seitlichen Hochtonlautsprechern ausgestattet. Der plastische Klanggewinn war enorm – man sprach von *3D*. Daraufhin schenkte mein Großvater meinen Eltern zur Hochzeit für 300 DM einen brandneuen *Blaupunkt Nizza 3D* Rundfunkempfänger. Ein unverwüstliches Gerät, das seitdem ohne zwischenzeitige Reparatur in den 2020er Jahren immer noch einwandfrei spielt.

Zum zweiten drängten jetzt Leicht-Schallplatten aus Vinyl mit 17 cm Durchmesser und 45 Upm (Singles) sowie 30 cm Durchmesser und 33 Upm (Langspielplatten) mit Mikrorillen M45 bzw. M33 auf den Markt, welche die schweren, zerbrechlichen und knisternden Schellackplatten mit 78 Upm und Normalrillen N78 mit 25 cm und 30 cm Durchmesser ablösen sollten. Hierbei waren die Vinylplatten mit zahlreichen Warnhinweisen versehen (*Nur mit Leichttonarm 8-10 g abspielen; vor Staub und Kratzern schützen* etc.). Schon bald gab es viele Single-Musiktitel in beiden Ausführungen. Die Langspielplatten wurden hingegen erst einmal für Klassik oder Sampler eingesetzt, bis um 1962 nach und nach die ersten LPs von bekannten Gruppen oder Einzelkünstlern aufgenommen wurden.

Abb. 26: 1954 erschienen erstmals Radios mit seitlichen Hochtonlautsprechern, die sog. 3D-Technik. Hier unser Hochzeitsgeschenk: ein Blaupunkt Nizza 3D

Abb. 27: Zerbrechliche 25 cm Schellackplatte, ab 1954 in bester Klangqualität

Neben den Vorteilen von knisterfreier Wiedergabe, geringem Gewicht, Unzerbrechlichkeit und geringerem Platzverbrauch hatten die neuen Platten aber auch Nachteile: Im Gegensatz zu ihren Vorgängern mussten sie vorsichtig und vor allem staubfrei mit einer Hülle gehandhabt werden, sonst wurden sie beschädigt und knackten schlimmer als die Schellackplatten. Ferner gab es früher im Privathaushalt nur piezoelektrische Tonabnehmersysteme, welche die Mikrorillenplatten abnutzten und nur klirrend und kreischend wiedergeben konnten, während die Schellackplatten reiner klangen und praktisch unbegrenzt oft abgespielt werden konnten.

Um den Verkauf der neuen Mikrorillenplatten anzukurbeln, gab es ab 1954 in allen großen Schallplattengeschäften Werbeplatten mit Mikrorillen, auf denen aktuelle Titel angespielt wurden. Diese wurden in den Geschäften an die Kunden verteilt oder mit der Post werbewirksam als *Klingende Post* zugeschickt.

Die dritte Neuerung 1954 war die Einführung des von *Decca* entwickelten *FFRR* (*Full Frequency Range Recording*) für alle Plattenfirmen, sodass endlich auch die Töne über 8000 Hz von den Schallplatten wiedergegeben werden konnten. Ein echter Meilenstein in der Klangqualität! Die Schallplatten klangen jetzt richtig brillant und naturgetreu.

Was waren denn nun die Hits auf den neuen, tollen Schallplatten? Zum Beispiel *Ganz Paris träumt von der Liebe*, gesungen von *Catharina Valente*. Ein Lied, bei dem die verbesserte Klangqualität deutlich bei den Blechbläsern zu hören war. Erstmals tauchen die Namen der beiden Schweizer *Vico Torriani*, dessen Kopfstimme mich faszinierte, und *Lys Assia, die Lady der leichten Muse*, wie man sie damals nannte, in den Schallplattengeschäften auf.

Anno 1954 wurden viele Musikgruppen populär, welche rhythmisch betonten Foxtrott spielten. Die typische Besetzung war Klavier, Elektrogitarre, Kontrabass, und Schlagzeug. Ich fand deren Musik richtig klasse!

Ebenfalls 1954 begann die Ära des Rock'n'Roll mit *Bill Haleys* Aufnahmen von *Rock around the Clock* und *See you later Alligator*. Es dauerte jedoch noch zwei Jahre, bis diese Aufnahmen in Deutschland bekannt wurden.

Im Bereich Klassik hörte man in Deutschland erstmals von *Maria Callas*, welche ich mit ihrer grandios modulierten Stimme mit viel Metall für die beste Opernsängerin der 1950er und 1960er Jahre halte.

Der große Filmstar des Jahres 1954 war die platinblonde *Marilyn Monroe*. Sie hatte in diesem Jahr gleich zwei erfolgreiche Filme in Deutschland: *Blondinen bevorzugt* und *Wie angelt man sich einen Millionär?* Meine persönlichen Favoriten des Jahres 1954 waren jedoch die Hitchcock Klassiker *Bei Anruf Mord* und *Das Fenster zum Hof*, beide mit der jungen *Grace Kelly*. In beiden Fällen ging es um einen perfekt geplanten Mord, bei denen jedoch durch dumme Zufälle der Mörder immer wieder in scheinbar unlösbare Schwierigkeiten geriet, sich dann aber doch wieder durch geniales Verhalten aus dem Mordverdacht rettet.

Auch der Film *Sauerbruch – das war mein Leben* hat mich tief beeindruckt, und ich habe mir deshalb später die Sauerbruch-Memoiren als Buch gekauft. Mit dem Film *Auf der Reeperbahn nachts um halb eins* begann schließlich die Nachkriegskarriere von *Heinz Rühmann* und *Hans Albers*.

1.5.4 Urlaub und Freizeit

Abb. 28: Die Fernsehansagerinnen der ersten Stunde. Von links: Ingrid Ernest, Annette von Aretin, Hilde Nocker, Irene Koss, Helga Hesse, Dagmar Bergmeister, Ursula von Manescul. Die beliebteste Ansagerin war Irene Koss vom NWDR Hamburg. Am edelsten fand ich jedoch Ursula von Manescul vom SWF Baden-Baden, die auch die meisten Heiratsanträge erhielt. ARD

Der Wunsch nach Sonne und Strand ließ ab 1954 Italien mit dem *Lago Maggiore* und dem *Gardasee* das Traumziel vieler Deutschen werden. Erstmals setzte sich in den Sommerferien eine Autokaravane Richtung Süden über die noch leeren Straßen in Bewegung. Wer kein Auto hatte, fuhr mit dem Zug von *München* über *Rosenheim – Kufstein – Wörgl – Innsbruck – Brenner* nach Rovereto und Verona, oder von *Basel SBB* durch den *Lötschberg-Tunnel* bis *Milano Centrale*.

Auch meine Eltern folgten dem Ruf von *Bella Italia*. Nach ihrer Heirat im August 1954 fuhren sie mit der *Lambretta* ihre Hochzeitsreise von *Darmstadt* an den *Lago Maggiore* mit Übernachtungen in *Offenburg* und *Lugano*. Noch ahnte niemand, dass das gegenseitige Heiratsversprechen „*Bis dass der Tod Euch scheidet*" sich schon bald erfüllen sollte.

Der Höhepunkt des Jahres 1954 im Bereich Freizeit und Sport war der Gewinn der Fußballweltmeisterschaft am 4.7.1954 im *Berner Wankdorfstadion* bei *prasselndem*

Regen. Einen wichtigen Anteil daran hatte wohl das Wetter („*Fritz Walter Wetter*"), da die deutsche Nationalmannschaft von der Firma *Adidas* entwickelte Fußballschuhe mit auswechselbaren Stollen, passend für jedes Wetter, trugen, die bei *Fritz Walter Wetter* natürlich von Vorteil waren.

Die Freude in Deutschland war unbeschreiblich, und noch viele Jahre später wurden die letzten 6 Minuten des Spiels, kommentiert von dem *NWDR*-Reporter *Herbert Zimmermann*, immer mal wieder gesendet. Jahre später sollte ich selbst mit dem *VT08* Luxus-Triebwagenzug (nur 1. Klasse), mit dem die deutsche Fußballmannschaft einst nach Deutschland zurückreiste, fahren; er trug noch die Aufschrift *FUSSBALL-WELTMEISTER 1954*.

Abb. 29: Karte mit den Autogrammen der Fußballweltmeister 1954 Wikipedia

1.6 1955

1.6.1 Allgemeines

Die jahrelange verlässliche Partnerschaft von Bundeskanzler *Konrad Adenauer* und den Westalliierten hatte dazu geführt, dass die Westalliierten der Bundesrepublik in den *Pariser Verträgen* eine Teilsouveränität zusicherten. Das wichtigste politische Ereignis des Jahres 1955 war daher die Ratifizierung dieser Verträge am 27.2.1955 und 18.3.1955 durch Bundestag und Bundesrat und ihr Inkrafttreten am 5.5.1955. Gemäß diesen Verträgen wurde die Bundesrepublik ein souveräner Staat, musste aber eigene Streitkräfte aufstellen, der *NATO* beitreten, die Stationierung westalliierter Soldaten auf ihrem Hoheitsgebiet dulden und den Westalliierten ein Vetorecht bei ihren politischen Entscheidungen zugestehen.

Zum damaligen Zeitpunkt waren diese Verträge nicht unumstritten, da diese eine Wiedervereinigung der sogenannten „*DDR*" mit der Bundesrepublik ausschlossen. *Konrad Adenauer* sagte hierzu bereits früher: *„Die Teilung Deutschlands wird eines Tages, das ist unsere feste Überzeugung, wieder verschwinden. Diese Teilung Deutschlands ist herbeigeführt worden durch die Spannungen, die zwischen den* **Siegermächten** *entstanden sind. Auch diese Spannungen werden vorübergehen. Wir* hoffen, dass dann der Wiedervereinigung mit unseren Brüdern und Schwestern in der Ostzone und in Berlin nichts mehr im Wege steht."

Auch die Gründung der Bundeswehr stieß auf heftigen Widerstand („*Wiederbewaffnungsdiskussion*"). In Anbetracht des durch aggressive russische Außenpolitik bedrohten Westdeutschland begründete *Adenauer* sie in der damaligen Kino Wochenschau wie folgt: *"In dieser unserer heutigen Situation gibt es für Deutschland nur eine einzige Rettung: Sowjetrussland muss erkennen, dass ein Angriff Sowjetrusslands auf Deutschland keine Kleinigkeit, sondern eine Gefahr für Sowjetrussland selbst ist."*

Abb. 30: 1955 gab es wieder eine neue Briefmarkenserie. Abgebildet war Bundespräsident Theodor Heuss

Am 7.6.1955 wurde daher das *Amt Blank* in das *Ministerium für Verteidigung* umbenannt und ein Gesetz für Freiwillige in die Bundeswehr geschaffen, Am 12.11.1955 wurden die ersten freiwilligen Soldaten der Bundeswehr vereidigt.

Da die Eingliederung der Bundesrepublik in das Westbündnis NATO letztendlich eine Provokation Russlands war, reiste *Bundeskanzler Adenauer* im September 1955 nach Moskau und erreichte, trotz dieser schlechten Voraussetzung, die Freilassung der letzten deutschen Kriegsgefangenen zwischen Oktober 1955 und Januar 1956. Das war für uns die beste Nachricht des Jahres 1955.

1.6.2 Verkehr

Das meines Erachtens schönste Auto des Jahres 1955 war der neue *Opel Kapitän 56*. Dieser Wagen überzeugte Kunden und Autotester durch Schönheit, Zuverlässigkeit, Platz, gute Federung, einen laufruhigen, drehmomentstarken 6-Zylindermotor, und er war 3000 DM billiger als der allerdings noch bessere *Mercedes 220*.

Abb. 31: Opel Kapitän 56

Der harte Wettbewerb auf dem Motorrollermarkt hat die *Hans Glas Werke* ermuntert, ihren *Goggo-Roller* durch ein kleines Automobil zu ersetzen. Dieses sollte mit der Führerscheinklasse IV (Kraftfahrzeuge bis 250 cm³ Hubraum) fahrbar sein. So entstand das *Goggomobil* mit 13,6 PS, 72 km/h Höchstgeschwindigkeit und einem Verkaufspreis von 3097 DM.

Umseitig: Abb. 32: Goggomobil erste Bauform, darunter Abb. 33: BMW Isetta, zweite Bauform

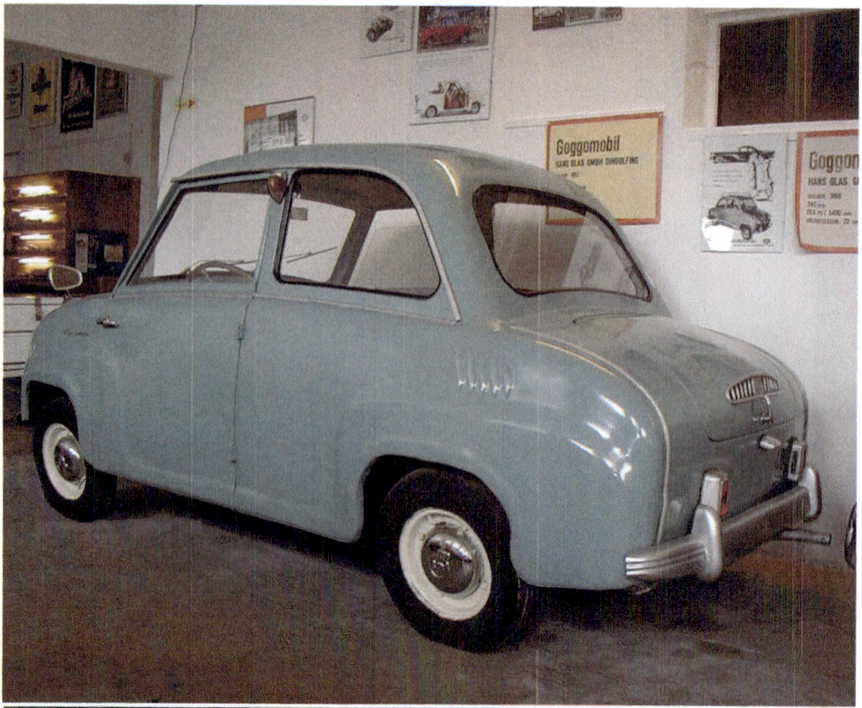
Goggomobil
HANS GLAS GMBH DINGOLFING

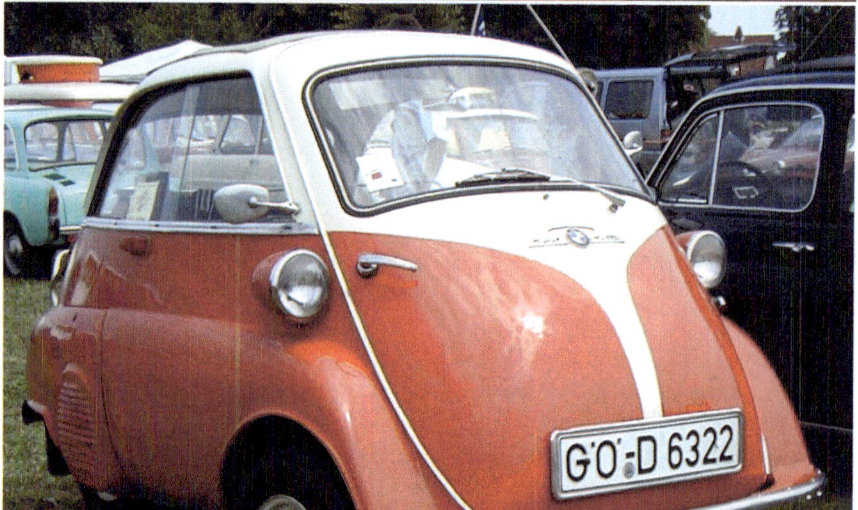
GÖ-D 6322

Das *Goggomobil* war recht eng, und dennoch ab 1957 für vier erwachsene Personen zugelassen. Einen Kofferraum gab es nicht. Durch die weiche Federung wurde man beim Anfahren fest in die Polster gedrückt. Verstärkt durch die tiefe Sitzposition und den kernigen Motorsound kam ein ausgesprochen sportliches Fahrgefühl auf, wenn man mit 35 Sachen durch die Stadt raste. Das war Fahrspaß pur (leider nur, wenn man alleine fuhr!) und erklärt den Verkaufserfolg des *Goggomobils*, der immerhin bis 1969 anhielt.

Noch billiger war die 1955 erschienene *BMW Isetta*, die ebenfalls mit 250 cm^3 Hubraum, aber einem gut schallgedämpften Viertaktmotor mit 12 PS und 85 km/h Spitzengeschwindigkeit zu einem Verkaufspreis von 2580 DM angeboten wurde. Das war die Hälfte eines *Volkswagens Export*. Auch die *Isetta* machte viel Fahrvergnügen mit ihrem kantigen Fahrstil und ihrem Rolldach und wurde deshalb bis 1962 ein Verkaufserfolg für *BMW*. Allerdings war das Einsteigen mit gebeugter Haltung und elegantem Rückwärtsdreh in die Sitzbank nichts für die ältere Generation. Auch das Aufstehen aus der tiefen Sitzbank fiel älteren Menschen recht schwer.

1.6.3 Kino und Musik

Im Jahre 1955 wurde die Musik immer schwungvoller, und so gab es immer mehr Schlager, die mir gefielen. Da damals allerdings ausschließlich deutsche Lieder im Radio gespielt wurden, gelangte der Rock'n'Roll 1955 noch nicht nach Deutschland. Star des Jahres 1955 war *Vico Torriani,* der gleich zwei Hits landete (*In der Schweiz, Grüß' mir die Damen*). Das einzige ausländische Lied, das sich in Deutschland gut verkaufte, war *Memories are made of this* mit *Dean Martin.*

1955 kam *Jenseits von Eden* mit *James Dean* in die deutschen Kinos und wurde ein Kultfilm. Vor allem Frauen gefiel damals *Romy Schneider* als junge Kaiserin *Sissi*, während Männer sich an der lebendigen *Liselotte Pulver* in *Ich denke oft an Piroschka* erfreuten. Die Jugend war hingegen von *Die Mädels vom Immenhof* mit *Heidi Brühl* und vielen Ponys begeistert.

1.6.4 Urlaub und Freizeit

Für alle Darmstädter gab es im Juni 1955 einen Marathon der Feste: Es gab nacheinander die Einweihung von Rathaus, Ludwigskirche, und Marktplatz, dann das *Heinerfest*, und schließlich die *625 Jahr-Feier Darmstadts* nebst weiteren Einweihungen und Richtfesten.

1955 wurde Bundespräsident *Theodor Heuss*, von den Deutschen liebevoll „*Papa Heuss*" genannt, Ehrenbürger von Darmstadt. Sein Besuch am 23.10.1955 löste daher einen Menschenauflauf aus.

Am 2.2.1955 wurde beim Fernsehen eine neue Unterhaltungssendung eingeführt: *Was bin ich?* Ein heiteres Beruferaten mit *Robert Lembke*, einem Rateteam (*Guido Baumann, Annette von Aretin, Marianne Koch* im Wechsel mit *Anneliese Fleyenschmidt* und *Hans Sachs*), Gästen mit zu erratenden Berufen, und einem prominenten Ehrengast.

Lembkes bissige Bemerkungen wie „*Entfernte Verwandte sind gut, aber es ist verboten, sie selbst zu entfernen*" erzeugten in der Sendung die gewünschte Heiterkeit, und es gab viel zu lachen, wenn z.B. Oberstaatsanwalt *Hans Sachs* den Direktor eines Flohzirkus fragte: „*Haben Sie einen besonders gefährlichen Beruf?*", oder auf seine Frage „*Gehe ich recht in der Annahme, dass sie nicht...*" eine falsche Antwort des Kandidaten bekam, die *Lembke* stets humorvoll korrigierte. Heiter wurde es auch, wenn das Rateteam so unglücklich fragte, dass es den Prominenten (z.B. *Heinz Erhardt*) nicht erriet.

Abb. 34: Robert Lembke: „Welches Schweinderl hättens' denn gern?" BR

1955 nahm die Reisewelle nach Italien deutlich zu, doch meine Eltern dachten nicht ans Verreisen in den Süden: Da die *NSU Lambretta* als tägliches Fahrzeug für Baustellen bei Wind und Wetter nicht optimal war, sparten sie auf einen *Volkswagen*.

Im Sommer 1955 kauften sie dann einen 18 Monate alten atlantikgrünen *Volkswagen Export* mit 30.000 km, einer der letzten mit 24,5 PS und deshalb mit 3700 DM besonders preiswert.

Vorher musste mein Vater jedoch noch tüchtig mit dem Wagen seines Cousins Autofahren üben, denn nach nur einer halben Fahrstunde fühlte er sich noch ziemlich unsicher. Die erste Fahrt mit dem neuen Wagen führte von *Neu Bottenbroich* (heute *Horrem*) nach *Darmstadt*. Meine Eltern waren begeistert!

Abb.35: Der Vater des Autors und sein neuer Volkswagen Export

1.7 1956

1.7.1 Allgemeines

Das politisch wichtigste Ereignis 1956 war die Volksabstimmung des Saargebiets bezüglich seines Verbleibs in Deutschland. Die Saarländer entschieden sich gegen Frankreich, und so wurde das Saarland politisch ab 1.1.1957 ein neues deutsches Bundesland. Bemerkenswert war, dass das Saarland als ehemals französisches Protektorat 1948 eine sehr gute Sendefrequenz auf Mittelwelle erhielt und deshalb oft der einzige im Ausland zu empfangende deutsche Mittelwellensender war. Aus diesem Grund nannte sich der *Saarländische Rundfunk* schon bald die *Europawelle Saar*.

Ein weiteres wichtiges politisches Ereignis, das damals heftig diskutiert wurde, war die Einführung einer allgemeinen zwölfmonatigen Wehrpflicht für alle Männer am 21.7.1956. Die ersten Wehrpflichtigen traten am 1.1.1957 ihren Dienst an.

1956 wurde zum Schicksalsjahr für meine Familie: Mein Vater eröffnete am 1.1.1956 ein eigenes Architekturbüro in *Horrem* und wurde Vertragsarchitekt der *Rhein Braun*. Das Jahr begann mit ungewöhnlich tiefen Temperaturen und viel Schnee. Mein Vater hatte deshalb große Mühe, meine in den Wehen liegende Mutter durch den tiefen Schnee ins Krankenhaus nach *Köln-Altstadt* zu fahren, wo ich dann geboren wurde. Die notwendige Babyausstattung war bereits vorher von meiner Mutter gehäkelt worden. Übrigens wurde nur wenige Tage später meine spätere Frau *Ulla* geboren.

Abb. 36: Plakat der KPD zur Wehrpflichtdiskussion 1956 Bundesarchiv

Doch die Freude über meine Geburt währte nicht allzu lange. Meine Mutter verlor ihren Ehering in unserer Wohnung, ein wahrhaft böses Omen, und kurze Zeit später, im September 1956, verstarb mein Vater nach einer Blinddarmoperation. Es herrschte blankes Entsetzen und große Trauer! Meine Mutter löste daraufhin das Architekturbüro auf, verkaufte den *Volkswagen* und zog mit mir zu ihren Eltern nach Darmstadt in ihr altes Zimmer zurück. Den beiden untervermieteten Studenten wurde wegen Eigenbedarf gekündigt.

1.7.2 Verkehr

Die Souveränität Deutschlands 1955 führte dazu, dass mit Gesetz vom 14.4.1956 die alten Besatzungskennzeichen aufgegeben und durch neue weiße Kennzeichen mit schwarzer Schrift ersetzt wurden. Die Umkennzeichnung begann am 1.5.1956 und musste bis zum 30.6.1958 abgeschlossen sein. Im gleichen Gesetz wurde übrigens festgelegt, dass wegen des zunehmenden Verkehrs alle Kraftfahrzeuge einen Außenrückspiegel aufweisen müssen. Ebenfalls seit 1956 müssen alle Kraftfahrzeuge mit einer Wagenheizung aufgerüstet sein. Diese war noch Anfang der 1950er Jahre keine Selbstverständlichkeit!

Bei den aktuellen Automodellen gab es im Wesentlichen nur Detailänderungen. Wichtigste Neuerung war, dass dem bewährten *Mercedes 180* ein besser ausgestattetes und stärkeres Schwestermodell, der *Mercedes 190*, zur Seite gestellt wurde. Auch noch erwähnenswert ist, dass im August 1956 der *Opel Rekord* das Design des *Kapitän 56* erhielt und so meines Erachtens zum stilistisch schönsten *Rekord* der 1950er wurde.

1.7.3 Kino und Musik

Abgesehen vom Autoradio gab es noch keine transportablen Radiogeräte für unterwegs, denn die bisher verwendeten Röhren als Verstärkungselemente erforderten eine hohe Anodenspannung, die nur durch Netzbetrieb oder einen mechanischen Zerhacker im Auto bereitgestellt werden konnte. Das änderte sich erst 1956. In diesem Jahr kamen die ersten batteriebetriebenen Transistor Kofferradios auf den Markt. Sie eroberten schnell die Herzen, denn jetzt konnte man auch bei einem Picknick draußen Musik hören. Bisher ging das nur mit einem sperrigen Picknickgrammophon, schweren Schellackplatten und vielen Muskeln zum Kurbeln!

Abb. 37: Lys Assia, Siegerin d. ersten Grand Prix Eurovision de la Chanson 1956 NDR

1956 gab es erstmals eine große internationale Veranstaltung, die von zahlreichen Fernsehsendern übertragen wurde: Der *Grand Prix Eurovision de la Chanson Européene* in *Lugano*. Es siegte die bereits mehrfach genannte Schweizerin *Lys Assia* mit *Refrain*. *Lys* war mit ihrer sehr schönen Gesangsstimme sicherlich eine der besten Schlagersängerinnen ihrer Zeit. Deutschland war mit *Freddy Quinn* und *Walter Andreas Schwarz* vertreten, denn damals durfte jedes teilnehmende Land gleich zwei Titel vorstellen.

Das Jahr 1956 war die Geburtsstunde des Rock'n'Roll in Deutschland. In diesem Jahr wurde der Film *Die Saat der Gewalt*, der mit *Rock around the Clock* von *Bill Haley* begann und endete, in Deutschland aufgeführt. Es wurde ein großer Erfolg für *Bill Haley*. Er kam mit seinem Rock'n'Roll weltweit so gut an, dass sein Song zur Filmmusik eines zweiten Films *Außer Rand und Band* wurde und bis heute mit 200 Millionen Tonträgern zu den am meisten verkauften Titeln aller Zeiten zählt.

Die 1956 am meisten verkaufte Platte in Deutschland war allerdings *Freddy Quinn* mit *Heimweh*, der deutschen Coverversion von *Dean Martins Memories are made of this* (siehe 1955). Leider war Altmeister *Alfred Hause* mit einem von ihm arrangierten Tango nicht so erfolgreich: *Arrivederci Roma*, gesungen von *Gerhard Wendland*, geriet nur unter ferner liefen, obwohl ich seine Version viel schöner fand als die erfolgreiche Version von *Lys Assia* und *Bela Sanders*.

Abb. 38: *Elvis Presley 1956* NDR

Auf einem Stimmzettel für das Jahr 1956 hätte ich persönlich allerdings etwas ganz anderes gewählt, nämlich den Nachwuchssänger *Elvis Presley* mit seinen damaligen fünf Hits (*Hound Dog, Blue suede Shoes, Don't be cruel, Heartbreak Hotel, Love me tender*). *Elvis* und sein toller Hüftschwung waren allerdings 1956 in Deutschland noch völlig unbekannt. Neben *Elvis Presley* und *Bill Haley* hat mir aber auch die junge, attraktive *Margot Eskens* gefallen.

Der meines Erachtens beste Film im Kinojahr 1956 war der neue *Hitchcock* Krimi *Der Mann, der zuviel wusste* mit *James Stewart* und *Doris Day*. Der Höhepunkt des Films bestand darin, dass der sympathische Hauptdarsteller während eines lauten Beckenschlags in einem Musikstück erschossen werden soll, dieser Zeitpunkt immer näher rückt und eine Verhinderung des Attentats immer unwahrscheinlicher erscheint.

Am zweitbesten fand ich In 80 Tagen um die Welt, ein Abenteuerfilm nach *Jules Verne*. Frauen dürfte hingegen der Film *Königin Luise* mit *Ruth Leuwerik* besonders gut gefallen haben

1.7.4 Urlaub und Freizeit
Das sportliche Highlight des Jahres 1956 waren sicher die Olympischen Spiele in *Montreal, Stockholm* und *Cortina d'Ampezzo*. Mir unvergesslich geblieben ist der Sieg von *Hans Günter Winkler* auf *Halla* im Springreiten. Über diese Goldmedaille sprach man noch Jahre später voller Begeisterung. Ansonsten gab es in diesem Jahr keine berichtenswerten Veränderungen zum Vorjahr.

1.8 1957

1.8.1 Allgemeines
1957 war ein Jahr mit zahlreichen Ereignissen. Das politisch wichtigste Ereignis war die Unterzeichnung der drei *römischen Verträge* am 25.3.1957 durch die sechs Staaten der *Europäischen Gemeinschaft für Kohle und Stahl* (*EGKS*), nämlich *Bundesrepublik Deutschland, Frankreich, Italien, Belgien, Niederlande* und *Luxemburg*. Die Verträge traten am 1.1.1958 in Kraft.

Abb. 39: Unterzeichnung der römischen Verträge durch Bundeskanzler Adenauer und Staatssekretär Hallstein Bundesarchiv, Fotograf unbekannt,

Kernstück des ersten Vertrags war die Gründung der *Europäischen Wirtschaftsgemeinschaft* (*EWG*) mit einem gemeinsamen Wirtschaftsmarkt, der zweite Vertrag schuf die *Europäische Atomgemeinschaft* (*EURATOM*), der dritte Vertrag begründete gemeinsame übergeordnete Institutionen von *EWG*, *EURATOM* und *EGKS* wie das *Europäische Parlament* und den *Europäischen Gerichtshof*.

Ziel der Verträge war die Sicherung des sozialen- und wirtschaftlichen Fortschritts durch eine gemeinsame Politik mit freiem Personen-, Dienstleistungs-, Kapital-, und Warenverkehr und dadurch geschaffenem Frieden in Freiheit.

Abb. 40: Wahlplakat der CDU für die Bundestagswahl 1957 Konrad Adenauer Stiftung

Ein weiteres wichtiges Ereignis war die Bundestagswahl 1957. Konrad Adenauer schaffte es erneut, mit seiner *CDU/CSU* und dem Slogan *„Keine Experimente"* die Bundestagswahl zu gewinnen und erzielte sogar die absolute Mehrheit. An diesem Erfolg hatten seine Wiedereingliederung des Saargebiets und seine Rentenreform wesentlich beigetragen.

Adenauers Rentenreform 1957 bestand darin, die durch die Währungsreform 1948 verarmte Kapitalbasis der Rentenversicherung zu Gunsten eines Umlageverfahrens aufzugeben (*„Kinder kriegen die Leute immer"*). Somit erhielten die Rentner ab sofort in jedem Jahr genau das an Rente, was die Beitragszahler in diesem Jahr eingezahlt hatten. Hierdurch wurde die Rente wesentlich erhöht und gleichzeitig an die zukünftige Bruttolohnentwicklung angepasst. Diese Rentenerhöhung war auch dringend erforderlich, da viele Rentner sowohl ihre Kinder als auch ihr privates Vermögen durch Bomben, Vertreibung und Währungsreform verloren hatten. Die Rentenreform wurde rückwirkend zum 1.1.1957 wirksam und führte zu einer Erhöhung der bisherigen Durchschnittsrente von 62,90 DM auf 100,64 DM.

Abb. 41: Ludwig Erhard und sein Buch „Wohlstand für Alle" 1957 Doris Adrian

Ein weiteres Highlight des Jahres 1957 war die Vorstellung des Buches *„Wohlstand für alle"* von *Ludwig Erhard*. *Erhard* formulierte in seinem Werk das Staatsziel, breiten gesellschaftlichen Schichten Wohlstand zukommen zu lassen. Nach *Erhards* Überzeugung kann nur eine von Kartellen, Monopolen und staatlichen Eingriffen freie Wirtschaft Wohlstand für alle schaffen. Die derzeitige Situation, dass einer dünnen

Oberschicht einer breiten Unterschicht gegenüberstehe, muss überwunden werden. Als Mittel hierzu sah *Erhard* den Wettbewerb.

Das wissenschaftliche Highlight des Jahres 1957 waren der Start der russischen Satelliten Sputnik 1 am 4.10.1957 und Sputnik 2 am 3.11.1957. Jeder Deutsche konnte die piepsenden Kurzwellensignale von Sputnik 1 auf 20,005 MHz mit seinem Radio empfangen oder den Satelliten mit dem Fernglas sehen. Mit Sputnik 2 wurde sogar erstmals ein Lebewesen, die Hündin *Laika*, in den Weltraum geschossen. Die Fernsehbilder von *Laika* im Weltraum erregten große Aufmerksamkeit, bis die Hündin unter anderem wegen einer schlechten Funktion der Temperaturregelung starb.

Abb. 42: Modell von Sputnik 1 NASA

Abb. 43: Rumänische Briefmarke mit Sputnik 2 und Hündin Laika Wikipedia

1957 gab es eine weitere Dauermarkenserie mit *Theodor Heuss*, diesmal allerdings mit einem kleineren Kopf. Das war die erste Dauermarkenserie, die ohne die 2 Pf *Notopfer Berlin* Zusatzmarke (1.12.1948 - 31.3.1956) verwendet werden durfte. Ebenfalls neu war in 1957 ein 2 DM Stück mit dem Physiker *Max Planck*.

Abb. 44: Dauermarke Theodor Heuss mit kleinem Kopf ab 1957. Darunter die Notopfer Berlin Marken, die zusätzlich zur normalen Portobriefmarke vom 1.12.1948 bis zum 31.3.1956 geklebt werden mussten.

Abb. 45: Neues 2 DM Stück mit Max Planck

Die schlechteste Nachricht des Jahres 1957 war das Auftreten der sogenannten *Asiatischen Grippe* mit 29.000 Toten allein in Deutschland.

1.8.2 Verkehr

Zum 1.9.1957 wurde die zulässige Geschwindigkeit innerorts auf 50 km/h begrenzt. Viele neue Kraftfahrzeuge erhielten deshalb in ihrem Tachometer eine rote Marke bei 50 km/h. Außerhalb von Ortschaften gab es aber nach wie vor keinerlei Geschwindigkeitsbegrenzung.

Bei den Kraftfahrzeugen gab es viele Neuerungen. Die wichtigste Neuerung war die Vorstellung eines neuen *Volkswagens* mit vergrößerter Front- und Heckscheibe, einem modernen Armaturenbrett, besseren Bremsen und schnelleren Scheibenwischern bei unverändert hoher Verarbeitungsqualität. Die Autotester waren sich einig: Für den Preis des *Volkswagens* gab es kein vergleichbares Auto.

Abb. 46: Volkswagen Export Modell 1957/58. Noch immer hatte der VW Winker, symmetrisches Abblendlicht, einen Kraftstoffhahn und war gut für viele 100.000 km.

Opel brachte einen neuen *Opel Rekord P* mit Panoramascheiben auf den Markt. *Ford* erwiderte dies mit einem neuem *Ford 17M* mit barocker Karosserieform. Die *Hans Glas Werke* brachten ein niedliches *Goggomobil Coupé* heraus. Der *Lloyd LP400* wurde durch den *Lloyd LP600* ersetzt, den es bereits seit 1956 gab.

Die interessanteste Neuerscheinung des Jahres war jedoch der *Zündapp Janus 250*: Ein symmetrischer Kabinenroller, mit dem 4 Erwachsene bequem Rücken an Rücken oder 2 Erwachsene bequem mit Kinderwagen oder Kühlschrank reisen und sogar übernachten konnten. Dennoch war der *Janus* kein Verkaufserfolg, aber vielleicht eines Tages ein gutes Vorbild für zukünftige Kompaktwagen!

1.8.3 Kino und Musik

1957 endete die Ära der Schellackplatte, die 1896 erfunden und seitdem verkauft worden war. Eine der letzten verkauften Schellacks war die meistverkaufte Platte von 1957: *Cindy oh Cindy*, gesungen von *Margot Eskens*. Auf Platz 2 lag der *Banana boat song* mit *Harry Belafonte*. Sehr gut fand ich auch *Catarina Valente* mit *Tipitipitipso* und *Peter Alexander* mit *Ich weiß was Dir fehlt*. Noch immer tauchte keine Aufnahme von

Elvis Presley in den deutschen Charts auf, aber der deutsche *Elvis* mit Namen *Peter Kraus* saß bereits in den Startlöchern.

In 1957 gab es sehr viele gute Kinofilme: *Alfred Hitchcocks Über den Dächern von Nizza* mit *Cary Grant* und *Grace Kelly*, *Die zwölf Geschworenen* mit *Henry Fonda*, *Zeugin der Anklage* mit *Marlene Dietrich* nebst weiteren Filmen mit *Heinz Rühmann*, *Heinz Erhardt*, *Liselotte Pulver*, *Romy Schneider* und *Heidi Brühl*. Da kam keine Langeweile auf!

1.8.4 Urlaub und Freizeit

1957 fing ich an, auf meinen eigenen Beinen die Welt zu erobern. In den nächsten Jahren werde ich mehr davon berichten.

Abb. 47: Die ersten Gehversuche des Autors Anfang 1957 am Viktoriaplatz

1.9 1958

1.9.1 Allgemeines

Im Jahre 1958 gab es außer dem Papstwechsel *Pius XII* (1939-58) – *Johannes XXIII* (1958-63) keine wichtigen Ereignisse. Der Erfolg der russischen Sputnik-Missionen führte allerdings dazu, dass in Amerika die Weltraumbehörde *NASA* gegründet wurde.

Abb. 48: Bundeskanzler Adenauer und der französische Ministerpräsident Charles de Gaulle 1958 in Bonn. Unvergessen blieb mir de Gaulles Rede „Es lebe Deutschland! Es lebe die deutsch-französische Freundschaft!" Ludwig Wegmann

Ende 1958, zum Weihnachtsfest, beginnen meine ersten Erinnerungen und ich kann daher im Folgenden als Zeitzeuge berichten: Ich sehe mich in meinen ältesten Erinnerungen auf einen Stuhl klettern und aus dem Fenster die Autos auf den Straßen beobachten. Einmal sah ich sogar einen Unfall. Alternativ stand ich vor unserem *Blaupunkt* Radio und hörte Schlager.

16. Januar 1958 — Funk- und Fernseh-Illustrierte — DO

FRANKFURT

HESSISCHER RUNDFUNK

Mittelw.: 505,8 m 593 kHz 100 kW / UKW: 88,5 MHz (5) 93,3 (21) / 95,4 (28)
Von 5.30—7.05, 8.15—14.30 und 16.00—18.15 Uhr: UKW-Sender des Zweiten Programms

5.30 Nachrichten, Wetter
5.35 Musik für Frühaufsteher
6.55 Programmhinweise Zuspruch am Morgen
7.00 Nachrichten, Wetter
7.05 Beschwingte Morgenmusik
8.00 Nachrichten, Wetter
8.05 Ratgeber des Frauenfunks
8.10—8.15 Wasserstände
9.00 Schulfunk
9.30 Straßenzustandsbericht
9.33 Aus dem religiösen Leben
10.00 Sendepause
11.00—11.10 Für Haus und Garten
11.30 Musik zur Mittagspause
St. Hubertus, Ouvertüre (J. Fucik); Handwerker-Suite nach Volksliedern aus alter und neuer Zeit (W. Fussan); Holleischner Bauernländler (J. Smasal); Echo aus dem Wienerwald (E. Spieler); Im Krug zum grünen Kranze, Volksweise; Dem edlen Wein zum Lobe (H. Steinmetz); Traumideale, Walzer (J. Fucik); Anaschka, Polka (J. Smasal); Wo die hohen Tannen rauschen, Lied aus dem Thüringer Wald; Aus dem Egerland (E. Spieler); Lustiger vor dem Tisch, Volkstanz
12.25 Der hessische Landbote
12.35 Rundschau aus dem Hessenland
12.50—13.00 Nachr., Wetter
13.50 Pressestimmen
14.00 Kleine Anzeigen der Hessenrundschau
14.05 Sendepause
15.00 Börsenberichte; Fünf Minuten Außenhandel; Die Wirtschaftsreportage
15.15 Deutsche Fragen Informationen für Ost und West
15.30 Schulfunk
16.00 Karl Goldmark
Symphonie Es-dur op. 26 Die ländliche Hochzeit
16.45 Für unsere Studierenden
17.00 Unterhaltungskonzert
Solist: Hans Hasl (Klavier) Broadway-Impression (H. Mielenz); Wienerisches Intermezzo (L. Troniarsky); Capriccio (H. Risch); Bilder aus Ceylon (C. Schmalstich): Maurischer Tanz (A. Nehring); Intermezzo espagnol (N. Dostal); Valse bluette (W. Keiper); Zwei Minuten Aufenthalt — Ferienkinder — Vergebliche Hast, Zug verpaßt aus der Suite „Treffpunkt Hauptbahnhof" (C. Wüsthoff)
18.00 Nachrichten
18.15 Die Zeit im Funk
18.45 Aus der Wirtschaft
19.00 Guten Abend, liebe Hörer! Musik zur Erholung Der rote Ballon (E. Hamilton); Shi-Boom (S. Keyes); Suite Tropicale (Roger-Roger); Conay (Frank Fox); Yira Yira (E. Disiepolo); O Domani (U. Minucci); Amorado (trad.); Mucho-Mucho (G. Grever) anschl. Programmhinweise
19.30 Rundschau aus dem Hessenland, Nachrichten, Kommentar

20.00 Eine Stunde
für alle Schlagerfreunde

21.00 Ärzte in der Fremde Heilkunst als Exportartikel
22.00 Nachrichten, Wetter Aktuelle Berichte
22.20 Beliebte Ouvertüren
Ouvertüre zur Oper „Wilhelm Tell" (G. Rossini); Ouvertüre zur Oper „Zar und Zimmermann" (Albert Lortzing); Ouvertüre zur Oper „Donna Diana" (E. N. v. Reznicek); Ouvertüre zur Operette „Die Fledermaus" (J. Strauß"); Ouvertüre zur Oper „Hänsel und Gretel " (E. Humperdinck)
23.00 Studio für Neue Musik
Igor Strawinsky: „Der Feuervogel" — „Aagon"
24.00 Nachr., Sendeschluß

UKW — ZWEITES PROGRAMM — UKW

UKW: 89,7 (9) / 91,2 (14) / 92,1 MHz (17)

5.30—7.05 wie I. Programm
7.05 Vor dem Alltag
Musik von Galuppi, Purcell, Mozart, Schubert, Dvorak und J. P. E. Hartmann
8.10 Nachrichten, Wetter
8.15—14.30 wie I. Progr.
14.30 Leichte Kost
Musik für die Hausfrau
15.00 Das Lied
15.30 Blasmusik
16.00—18.15 wie I. Progr.
18.15 Melodie und Rhythmus
Begin the Beguin (C. Porter); Arenas (L. Kletsch); Glückliche Menschen (H. Carste); Sonniger Süden (Potpourri); Jambalaja (Hank-Williams); Ti-Pi-Tin (H. Grever); Poème (Z. Fibich); Ich tanze Swing (W. Dobschinsky); Wenn es schneit im Zillertal (S. Cerwenka); Ein Abend am Traunsee (W. Frank); The Choo-Choo-Samba (Godinho); Erst kommt ein Rendezvous (W. Müller); Ungarisches Lied und Czardas (H. Steinmetz); Per Expreß (G. Ahl)
19.00 Unsere Gutenacht-Geschichte für die Kleinen
19.15 Die internationale Jugendbibliothek — Leistung einer Frau
19.30 Feierabendklänge
Zärtliche Melodie (R. Knöfel); Melodia d'amore (H. Gietz); What is this thing. … dor Foldes (Klavier); der RIAS-Kammerchor; der Berliner Motettenchor; die Berliner Philharmoniker, Leitung: Fritz Lehmann; das Stuttgarter Kammerorchester, Leitung: K. Münchinger
20.45 Das politische Interview
21.00 Rundschau aus dem Hessenland — Nachrichten, Wetter
21.15 Wer ist der Täter?
Eine Kriminalhörspielreihe mit drei Amateurdetektiven von Tony Shryane und Edward J. Mason
Die Notlandung — übersetzt von Marianne de Barde
anschließend: Ermittlung des Täters durch drei Hörer — An der Hammondorgel: Hans Schepior. Regie: H. Müller
22.20 Internationale Rundfunk-Universität
Das Zeitalter der Enzyklopädien von Gaston Berger (Paris) — Die Entwicklung der Welt in der Gegenwart von Prof. Jean-Baptiste Duroselle (Lille) — Die Ordnung der Natur von Prof. Pierre Grassé (Paris)
23.00 Tanzmusik
mit Orchestern und Ensembles vom europäischen Kontinent
24.00 Nachr., Sendeschluß

Straßburg

NDR/WDR

Mittelw.: 309 m 971 kHz / 189 m 1586 kHz / 397 m 755 kHz / 428 m 701 kHz / 577 m 520 kHz / 191 m 1570 kHz / 199 m 1502 kHz / Kurzwelle: 49,38 m / UKW: 87,9 (3) 90 (10) / 92,1 (17) / 93,4 (21) / 95,7 (29) / 97,8 (36) / 98,4 (38) / 98,7 (39) / 99,6 (42) / 99,9 MHz (43)

4.55 NDR Stationsansage Choral
5.00 NDR Nachr., Wetter
5.05 NDR **Musik bringt gute Laune**
5.50 NDR Marktrundschau für die Landwirtschaft
6.00 NDR Nachr., Wetter
6.05 NDR **Unterhaltungsmusik**
6.45 WDR Progr.-Vorschau
6.50 NDR Morgenandacht Ansprache: Prof. Dr. Erich Riebartsch, Hildesheim
7.00 NDR Nachr., Wetter Straßenzustandsbericht
7.10 NDR Gruß an die Zone
7.15 NDR **Unterhaltungsmusik**
7.55 WDR Wasserstände v. Weser, Rhein, Neckar, Main und Mosel
8.00 NDR Nachr., Wetter
8.10 NDR **Unterhaltungsmusik**
8.45 NDR Für die Frau
8.55 NDR Nachr., Wetter Wasserstandsvorhersage für die Deutsche Bucht
9.00 WDR Schulfunk Eigenprogramme:
10.30 NDR Funkbilder aus Niedersachsen
11.30 NDR Von Binnenland und Waterkant
11.40 NDR Seewetterbericht Wasserstandsmeldungen, Straßenzustandsbericht
12.00 NDR **Unterhaltungskonzert**
12.35 NDR Landfunk
12.50 NDR Presseschau
13.00 NDR Nachr., Wetter
13.15 NDR **Leichte Musik**
14.00 WDR Schulfunk (Wdhl.)
15.30 NDR Kurszettel
15.40 WDR Wirtschaftsfunk
15.50 NDR Suchdienst
16.00 WDR **Solistenkonzert**
16.30 WDR **Musik alter Meister**
17.00 WDR Nachrichten
17.05 WDR Werk und Wirkung
17.35 WDR Für die Frau Helena Rubinstein — oder die Kunst, nicht zu altern
17.50 WDR **Gut aufgelegt**
18.30 NDR Blickpunkt Berlin
18.40 WDR Echo des Tages
19.00 WDR Nachr., Wetter
19.15 Kommentar

19.20 WDR **Französisch. Konzert**
G. Pierné: Introduktion und Variationen üb. einen Volkstanz für Saxophonquartett; J. Ibert: Konzert f. Flöte und Orchester; M. Ravel: Histoires naturelles für Sopran und Klavier; Worte von Jules Renard; F. Poulenc: Konzert d-moll für 2 Klaviere und Orchester
20.25 WDR **Mondvögel**
von Marcel Aymé
Übersetzung und Funkbearbeitung: Hartwig Schmidt und Brigitte Jaenisch
Regie: R. W. Schnell
21.45 WDR Nachr., Wetter
22.00 Zehn Minuten Politik
22.05 WDR Auf ein Wort
22.10 WDR **Intermezzo**
23.00 WDR Vesco D'Orio mit seinem Ensemble
23.15 WDR **Musik**
24.00 WDR Nachr., Wetter
0.10 WDR **Barockmusik**
1.00 NDR Seewetterbericht Anschließend: Sendeschluß

UKW — NDR — UKW

UKW: 87,9 (3) / 88,5 (5) / 88,8 (6) / 91,5 (15) / 93 (20) / 93,3 (21) / 93,6 (22) / 93,9 (23) / 94,1 (24) / 95,4 (28) / 96 MHz (30)

6.20 Unterhaltungsmusik Dazw. 7.00 Progr.-Vorschau
7.25 Tips für jedermann
7.30 Nachrichten aus Norddeutschland, Wetter
7.35 Hör mal 'n beten to!
7.40 Unterhaltungsmusik
8.30 Nachrichten aus Norddeutschland, Wetter
8.35 Morgenandacht
8.45 Arthur Honegger
9.00 Unterhaltungsmusik
10.00 Wir erzählen
10.30 Schulfunk auf UKW
12.00 Nachrichten, Wetter
12.05 Blick ins Land
12.10 Tanzmusik
13.20 Aus der Schiffahrt
13.30 Sendepause
15.00 Orchesterkonzert
16.00 Von den Ursprüngen Roms
16.35 Im Tanzstil
17.30 Kleine Musiklehre für jedermann
18.00 Nachrichten aus Norddeutschland
18.10 Aus Bund und Ländern
18.15 Königinnen auf der Empore
18.50 Das Hazy-Osterwald-Sextett
19.10 Gute Nacht, Kinder
19.15 Die Umschau am Abend
19.45 Der Standpunkt
19.55 Nachrichten, Wetter
20.00 Aus Wissenschaft und Technik
20.15 Jazz!
21.00 Opernkonzert
22.30 Nachrichten, Wetter
22.35 Blickpunkt Berlin
22.45 Das Buch meiner Wahl
23.10 Kammermusik

UKW — WDR — UKW

UKW: 89,7 (9) / 90 (10) / 90,3 (11) / 90,6 (12) / 90,9 (13) / 91,5 (15) / 91,8 (16) / 96,6 MHz (32)

7.00 Gymnastik
7.05 Programmvorschau, anschließend Herzlichen Glückwunsch
7.30 Nachrichten, Wetter
7.35 Musikalisches Mosaik
8.00 Bunte Reihe
8.30 Nachrichten, Wetter
8.35 Morgenandacht
8.45 Kammermusik
9.30 Volkslieder u. -tänze
10.00 Miniaturen
10.30 Schulfunk
11.30 Sing- und Spielmusik
12.00 Musik zur Mittagspause
12.30 Nachrichten, Presseschau
12.45 Kunterbunte Mittagsstunde
14.00 Sendepause
15.00 Das Lied
15.30 Blasmusik
16.00 Klaviermusik
16.40 Das neue Buch
17.00 Tanztee
17.45 Westdeutsche Nachrichten
17.55 Wirtschaftsfunk
18.00 Miniaturen
18.10 Der Lebensabend
18.30 Abendkonzert
19.30 Zwischen Rhein und Weser
20.00 Nachrichten
20.10 Von Tag zu Tag
20.15 Aus Zeitschriften des Auslands
20.30 Die tönende Palette Dazwischen 21.15 Der Zebrastreifen
23.00 Nachrichten
23.05 Musik des Biedermeiers
24.00 Programmvorschau

Sowjetzone

Deutschlandsender

1621,6 m 185 kHz / 383,6 m 782 kHz / 340,5 m 881 kHz / Kurzw.: 41,96 m 7150 kHz / Kurzw.: 49,06 m 6115 kHz / UKW: 89,2 (7) / 92,5 (18) / 94,0 / 94,6 MHz (25) / 97,6

15.15 Eins ins andere
16.10 Opernkonzert
17.10 Von der Jugend
17.30 Volksmusik
18.00 Mit dem Funk durch die Stadt
18.35 Unterhaltungsmusik
18.30 Hörerwünsche
19.50 „Der Befehl", Hörspiel
21.00 Operneinführung
21.45 Das Literaturstudio
22.15 Unvergängliche Operettenklänge
23.00 Wissenschaft im Dienste des Friedens
23.35 Konzert zur Nacht

Radio DDR

521,7 m 575 kHz / 412,1 m 728 kHz / 287,6 m 1043 kHz / Kurzw.: 30,83 m 9730 kHz / UKW: 91 (13) / 95,2 (27) /

RIAS

Rundfunk im amerikanischen Sektor Berlins

Ganztägig Mittelwelle: 303 m 989 kHz / Von 0.00-17.45 Uhr: 407 m 737 kHz / 439 m 683 kHz Kurzwelle: 49,94 m 6005 kHz UKW: 88,8 MHz (6) / Von 17.45 bis 24.00 Uhr: UKW 92,1 MHz (17) / Von 5.30 bis 8.30 und 11.45—13.00 Uhr Langwelle: 1735 m 173 kHz

5.05 Frühmusik (I. Teil)
5.30 Kurznachrichten
5.35 Werktag der Zone
5.45 Frühmusik (II. Teil)
Dazw.: 6.00 Informationen aus der sowjetischen Besatzungszone u. 6.05 Jugend spricht zur Jugend
6.30 Nachrichten
6.40 „Der Tag beginnt"
6.45 Stimme Amerikas
7.00 Informationen aus der sowjet. Besatzungszone
7.05 „Klingender Wecker"
Dazw. 7.30 Nachrichten 7.40 Berl. Pressespiegel
8.15 Berlin am Morgen
8.30 Nachrichten
8.40 Haben Sie fünf Minuten Zeit?
8.45 Morgenmusik
9.30 Nachrichten
9.40 Elternhaus und Schule
10.00 Kinderfunk
10.15 Meister der tänzerischen Musik
10.45 Stimme Amerikas
11.00 Kurznachrichten
11.05 „Die bunte Palette"
12.00 Mittagskonzert (I)
12.20 Sendung für die Landbevölkerung
12.30 Nachrichten
12.40 Presseschau
13.00 Mittagskonzert (II)
Gute Laune bei Tisch
13.30 Nachrichten
13.40 Berliner Blitzfunk
13.45 Die Kapelle Benno Bernhard spielt
14.15 Schulfunk
15.00 Berliner Musiknachwuchs
15.15 Querschnitt durch die Politik
15.30 Stimme der Frau
15.45 Musik beim Gelehrten Herrn Mattheson
16.30 Nachrichten
16.40 Fünfzehn Minuten Geschichte
17.00 Teemusik
17.45 Musik zum Feierabend
18.15 Die Zeit im Funk
18.40 Sportnachrichten und Programmhinweise
18.45 Stimme Amerikas
19.00 Nachrichten, der Abendkommentar und „Aus der Zone für die Zone"

19.30 Wer fragt — gewinnt!
20.15 Gäste aus Hamburg
21.00 Nachrichten, Kommentare und Berichte
21.30 „Darüber läßt sich streiten!"
22.00 Arturo Toscanini dirigiert. — Ca. 22.45: Musikkritik am Mikrophon
23.00 Kurznachrichten
23.05 Funk-Universität
23.20 Universitäten und Studenten
23.35 Der Tag klingt aus
24.00 Nachrichten und Kommentar
0.15 Musikal. Roulette
1.00 Nachr., Kommentar
1.15 Aus englischen und französischen Operetten
2.00 Kurznachrichten
2.05 „Nachts an der Seine"
3.00 Kurznachrichten
3.05 Zärtliche Musik
4.00 Kurznachrichten
4.05 Leicht beschwingt

ZWEITES PROGRAMM

407 m 737 kHz / Kurzwelle: 49,94 m 6005 kHz / UKW: 88,8 MHz (6)

10.00 Schulfunk
10.45 Berliner Musiknachwuchs
14.15 Kinderfunk
14.30 Meister der tänzerischen Musik
15.00 Stimme Amerikas
17.45 Die Zeit im Funk
18.10 Sportnachrichten
18.15 Stimme Amerikas
18.30 Nachricht., Abendkommentar und „Aus der Zone für die Zone"

Österreich

Österreichischer Rundfunk
Erstes Programm

Graz 215,2 m 1394 kHz, Klagenfurt 412,1 m 728 kHz, Innsbruck und Lauterach 476,9 m 629 kHz, Salzburg 388 m 773 kHz, Linz 337,1 m 890 kHz, Wien 203,4 m 1475 kHz. — UKW: 95,8 (29), 94,3 (24) MHz Kurzwelle: 25- und 48-m-Band

9.00 Lokalsendungen
10.00 Der Roman f. d. Frau
10.10 (ohn. Tirol, Vorarlberg) Das Hausfrauenmagazin
11.00 (ohn. Tirol, Vorarlberg) Vergnügt um elf
11.45 Lokalsendungen
12.03 Bunt gemischt
12.30 Nachrichten, Wetter
12.40 Lokalsendungen
13.00 Mittagskonzert
13.45 Lokalsendungen
15.45 Der Essay in unserer Zeit
16.00 Gastdirigent bei Radio Wien: Arthur Schmittenbacher
16.30 Wanderer auf der Landstraße des Lebens: Stendhal
17.00 Nachrichten, Wetter
17.10 Ein bunter Melodienstrauß
17.55 Lokalsendungen
18.30 Jugend im Beruf
18.40 Lokalsendungen
19.00 Ihre Lieblingsmelodie
19.05 Die Prilzessin d. Tages
19.30 (ab 19.45 ohne Tirol, Vorarlberg) Echo der Zeit
19.50 Intermezzo
19.55 (ohn. Tirol, Vorarlberg) Wer mehr weiß, hat es leichter im Leben
20.00 Nachrichten, Wetter
20.10 Lokalsendungen
21.50 Sportmosaik
22.00 Nachrichten, Wetter
22.10 Abendkonzert
22.55 Lokalsendungen
23.00 bis Sendeschluß Übernahme vom II. Progr.

Zweites Programm

Graz und Linz 292,7 m 1025 kHz, Klagenfurt, Salzburg und Wien 513,7 m 584 kHz, Innsbruck-Aldrans 576,9 m 520 kHz Kurzwelle: 30- und 41-m-Band

10.15 Schulfunk
10.45 Kleines Konzert
11.05 Schulfunk
11.45 Landfunk
12.03 Autofahrer unterwegs Mit Musik auf Reisen
13.00 Nachrichten, Wetter
13.20 Außer Programm
13.30 Unser Musikfeuilleton
14.15 Bekannte Orchester
14.45 Bericht eines fremden Wesens über die Menschen
14.55 Devisen- und Valutenkurse von heute
15.00 Schulfunk
15.30 Zeitgenössische jugoslaw. Unterhaltungsmusik
16.00 Frauenfunk
16.30 Musik für junge verliebte Leute
17.00 Nachrichten, Wetter
17.10 Kulturnachrichten
17.15 Forscher zu Gast
17.30 Reporter unterwegs
17.40 Italienisch im Radio
17.55 Rhythmisches Kunterbunt
19.00 Nachrichten, Wetter
19.10 Man steht am Fenster
19.20 Außer Programm
19.30 Sie wünschen — wir spielen
21.00 Opernkonzert
22.00 Nachrichten, Wetter
22.10 Blick in die Welt
22.15 Sport aus aller Welt
22.20 Konzertstunde
23.00 Nachrichten
23.05 Echo-Nachtausgabe
23.15 Musik
24.00 Kurznachrichten
0.05 Unsere Nachtsendung

Lokalsendungen im Ersten Programm

Linz, Salzburg: 5.50 Lokalnachrichten. **5.55** Bauernfunk. **6.55** Lokalnachr. **7.55** Arbeitsmarkt, Wirtschaftsfunk. **8.00** Der gute Tip. **8.15** Musik der Meister. **8.43** Linz: Wasserstandsbericht. – Salzburg: Programmhinweise. **9.00** Ein Gruß an Dich! **11.45** Linz: Launiges Intermezzo. **12.40** Lokalnachrichten. **12.50** Bitte, merken Sie vor. **13.45** Roman in Fortsetzungen. **14.00** Für den Schachfreund. **14.10** Speziell für Sie. **15.00** …

Abb. 49: Radioprogramm für Donnerstag, den 16.1.1958 *Funk und Fernsehillustrierte*

Diese wurden damals allerdings nur selten im Radioprogramm gespielt. Im *Hessischen Rundfunk* gab es die diesbezüglich wichtigste Sendung am Donnerstagabend: *Eine Stunde für alle Schlagerfreunde,* moderiert von *Hans Joachim Kulenkampff*. Auch *Peter Frankenfeld* plauderte damals beim *Hessischen Rundfunk,* allerdings nur spät abends, sodass ich ihn nie hören konnte.

1.9.2 Verkehr

Nach drei, für *Opel* Verhältnisse langen Jahren löste der *Kapitän P* mit Panoramascheiben den *Kapitän 56* ab. Ansonsten gab es auf dem Automarkt nur wenig Neues.

1.9.3 Kino und Musik

1958 wurde die Stereotechnik eingeführt, und die ersten Musiktruhen mit Stereolautsprechern kamen auf den Markt. Dabei gab es damals außer Demoplatten noch gar keine Stereoschallplatten, und schon gar keine Stereo Radiosender (die ersten sendeten ab 1963)! Dennoch muss ich heute sagen, war diese Änderung der entscheidende Sprung zu unserer heutigen Aufnahmequalität. Schon bald entstanden zahlreiche sehr gute klassische Aufnahmen, und viele ältere Lieder, darunter auch Songs von *Alfred Hause*, wurden in Stereotechnik neu aufgenommen.

Anfang der 1960er Jahre erschienen endlich die ersten Stereo LPs, Ende der 1960er die ersten Stereo Singles. Es dauerte aber noch bis Anfang der 1970er Jahre, bis sich die Stereotechnik endgültig durchsetzte. Meine letzte Mono-Platte stammt immerhin aus dem Jahr 1975!

Als Kind waren mir Instrumentalhits lieber als Schlager. Meine ersten Lieblingslieder von 1958 waren daher der *River Kwai March* (die Version mit dem schönen Chor von *Arno Flor*), *Sail along silvery moon* (*Billy Vaughn*), der *Mitternachtsblues* (*Bert Kaempfert*), der *Red River Rock* (*Johnny and the Hurricans*) und *Patricia* (*Perez Prado*). Auf Nr.1 der Verkaufsliste stand 1958 allerdings der *River Kwai March* mit *Mitch Miller*. Von den gesungenen Liedern fand ich am schönsten *Buona sera senorita* (*Louis Prima*), *Volare* (*Domenico Modugno*) - der Sieger des *San Remo Festivals 1958,* und *Mit siebzehn* von *Peter Kraus*. Ich mag es eben schwungvoll!

1958 wurde *Elvis Presley* auch in Deutschland bekannt, als er seinen Militärdienst in *Bad Nauheim* antrat.

Das Highlight des Fernsehprogramms 1958 waren die ersten sechs Folgen *Stahlnetz.* Das war eine hochdramatische Krimiserie nach wahren Fällen unter der Regie von *Jürgen Roland*. Ansonsten gab es für die Kinder bereits die *Augsburger Puppenkiste* (seit 1953), *Lassie* (1954-73), *Rin Tin Tin* (1956-64) und *Fury* (1958-69), und für die Erwachsenen *Catharina Valente* (1957-64), *Peter Frankenfeld* (1952-78), und *Otto Höpfner* (1957-65) in eigenen Unterhaltungssendungen, Quiz mit *Hans Joachim Kulenkampff* (1953-87), *Heinz Maegerlein* (1958-69) sowie *Fritz Benscher* (1958-67), und ab 1959 die Westernserie *Bonanza* (1959-73).

Das Jahr 1958 wurde zum Erfolgsjahr von *Heinz Rühmann*, der gleich mit zwei Filmen *Der Pauker* und *Es geschah am helllichten Tag* die deutschen Kinos füllte. Auch *Heinz*

Erhardt fesselte das Kinopublikum mit *Der Haustyrann* und *Immer die Radfahrer*. Letzterer Film war der Auftaktfilm zu einer ganzen *Verkehrsserie* mit *Heinz Erhardt*. Es folgten nämlich in den nächsten Jahren: *Natürlich die Autofahrer*, *Der letzte Fußgänger* und *Drei Mann in einem Boot*. Aber auch Freunde von *Alfred Hitchcock* kamen 1958 auf ihre Kosten: *Vertigo* enttäuschte sie sicherlich nicht. Der erfolgreichste Film des Jahres war jedoch *Das Mädchen Rosemarie* mit *Nadja Tiller* in der Hauptrolle.

1.9.4 Urlaub und Freizeit

Abb. 50: Der Autor Anfang 1958 auf dem Südbalkon Emilstr. 32

Inzwischen war ich zu einem richtigen Jungen gewachsen. Allerdings fand ich es ziemlich langweilig, den ganzen Tag über eine Holzente oder einen Holzlastwagen hinter mir her zu ziehen oder auf Holzklötze zu hämmern. Da hat mich doch der orangene Fisch, den meine Mutter immer mit mir ins Badewasser setzte, mehr interessiert. Er bestand aus einem ungewöhnlichen Material, das ich sonst nirgends in unserer Wohnung fand: Kunststoff. Es sollte noch eine ganze Weile dauern, bis weitere Gegenstände aus Kunststoff in unserem Haushalt angeschafft wurden.

1.10 1959

1.10.1 Allgemeines

Das meines Erachtens wichtigste politische Ereignis war die wirtschaftliche Übernahme des Saargebiets am 6.7.1959 mit der dortigen Einführung der *DM,* welche den bisherigen französischen *Franc* ablöste. *Heinrich Lübke* wurde neuer Bundespräsident der Bundesrepublik. Die SPD akzeptierte mit ihrem neuen *Godesberger Programm* die soziale Marktwirtschaft und die Bundeswehr.

1.10.2 Verkehr

Das Jahr 1959 war geprägt durch zahlreiche neue Automodelle mit verbesserter innerer Sicherheit. Das betraf insbesondere eine versenkte Lenkradnabe, die im Falle eines Unfalls nicht mehr tödlich auf das schwache Brustbein einwirken konnte, gepolsterte Sonnenblenden und manchmal auch ein gepolstertes Armaturenbrett.

Die wichtigste Neuerung 1959 war der neue *Mercedes Benz 220S* für 13.250 DM, die erste *Heckflosse*, die von Fachwelt und Kunden begeistert als *neue Modellgeneration* aufgenommen wurde. Dieses Modell gab es auch mit einfacherer Ausstattung und verringerter Motorleistung als *220* für 11.500 DM und mit mehr PS als *220SE* für 14.950 DM. Auch die Mercedes 180/180D/190/190D wurden überarbeitet und waren für 8760/9450/9450/9950 DM erhältlich.

Abb. 51: Mercedes 220S Heckflosse ab 1959

Opel führte einen neuen *Kapitän P-LV* ein, der trotz gestiegener Abmessungen und Motorleistung auf einen Preis von 9975 DM gesenkt wurde. Dieser *Kapitän* konnte sich viele Jahre gegen die harte Konkurrenz von *Mercedes* durchsetzen. Der sicherheitsmäßig überarbeitete und auf 50 PS verstärkte *Rekord P* wurde für 6545 DM angeboten.

Ford bot einen verbesserten *12M* ohne Weltkugel für 5555 DM an. Der *17M „Barock"* kostete 6645 DM. Zum Vergleich: Der Verkaufspreis des *Volkswagen Export* betrug damals 4600 DM.

1.10.3 Kino und Musik

Das meistverkaufte Lied des Jahres 1959 war *Die Gitarre und das Meer*, gesungen von *Freddy Quinn*. Viel besser gefielen mir jedoch die Instrumentalhits *Wonderland by Night* von *Bert Kaempfert* und *Besame mucho* von *Ray Conniff*. Auch der *Billy Vaughn Sound* fand 1959 meinen Gefallen.

Von den gesungenen Liedern gefiel mir natürlich *Sugar sugar Baby* von *Peter Kraus* am besten. Begeistert war ich aber auch von *Onkel Satchmos Lullaby* mit *Louis Armstrong* und *Gabriele*. Hinreißend gesungen, tolle jazzige Trompetensolos!

Eines Tages gab es im *Hansa Kino*, 100 m von meiner Wohnung entfernt, eine neue Auslage: Auf samtrotem Hintergrund waren unheimliche Schwarzweiß-Fotos ausgestellt. Damals konnte ich noch nicht lesen, aber heute weiß ich: Die *Edgar Wallace Ära* begann. Sie startete 1959 mit dem Film *Der Frosch mit der Maske* und sollte bis 1972 dauern. Ich habe später alle Filme dieser Reihe gesehen. Daher weiß ich, dass *Der Frosch mit der Maske* mit *Joachim Fuchsberger*, *Siegfried Lowitz* und *Eva Pflug* ein wirklich spannender Film war!

Auch 1959 gab es wieder einen Thriller von *Alfred Hitchcock*: *Der unsichtbare Dritte*. *Cary Grant* wird mit einem scheinbar unsichtbaren Geheimagenten verwechselt und von der Polizei wegen Mordes gesucht, gleichzeitig von anderen Geheimagenten gejagt, und er gerät auf der Flucht in zahlreiche scheinbar aussichtslose Situationen, die er genial löst.

Einer der erfolgreichsten Filme 1959 war *Ben Hur* mit dem berühmten Wagenrennen. Er war der erste Monumentalfilm in der Filmgeschichte überhaupt.

1.10.4 Urlaub und Freizeit

Das Jahr 1959 kam mir endlos lange vor. Besonders in Erinnerung geblieben ist mir, dass einmal meine Mutter mit mir mit dem Bahnbus nach Frankfurt gefahren war, wo wir im *„Kaufhaus M. Schneider – Ihr Ziel auf der Zeil"* neue Kleidung kauften. Ein zweites Mal fuhren wir im Sommer zusammen in den Frankfurter Zoo.

Weihnachten schenkte mir meine Mutter eine elektrische Eisenbahn mit Tunnel, die leider nach Weihnachten wieder weggepackt wurde. Sie selbst hatte sich bereits zu ihrem Geburtstag ein neues Klavier geschenkt, das nach einigem Umräumen im Wohnzimmer aufgestellt wurde.

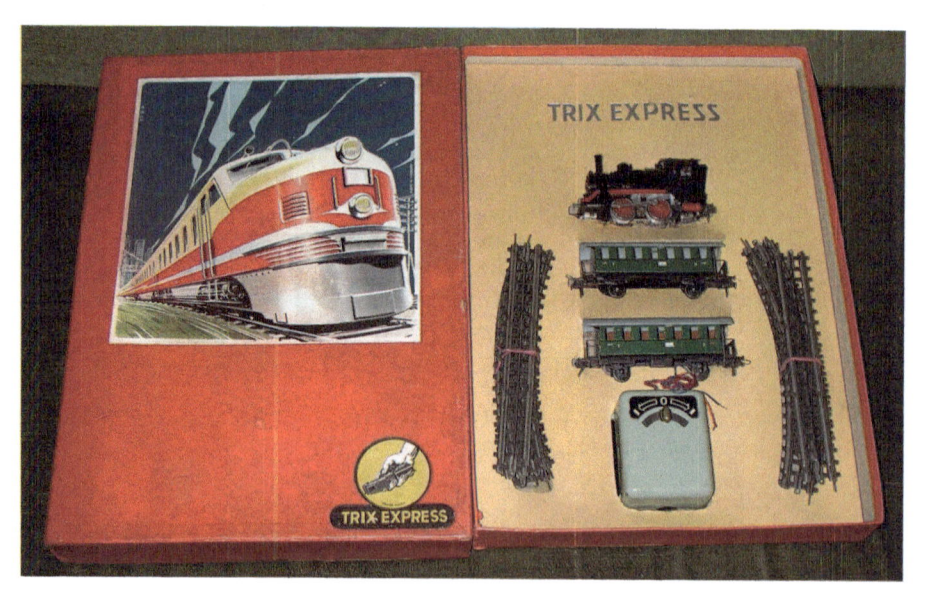

Abb. 52: Mein Weihnachtsgeschenk 1959

2. Die 1960er Jahre

In der ersten Hälfte der 1960er Jahre lebte meine Familie praktisch genauso wie in den 1950er Jahren. Wir tranken *Caro-Kaffee* (ich Kakao) und Leitungswasser, und aßen Mischbrot von Bäcker *Reibel* mit Wurst von unserem Metzger am Viktoriaplatz, der jetzt *Schäfer* hieß. Der wesentlichste Unterschied zu früher bestand darin, dass wir seit Weihnachten 1960 einen Fernseher besaßen.

Doch bereits in der zweiten Hälfte der 1960er Jahre, mit der Eröffnung von Supermärkten und Kaffeehäusern sowie einem eigenen Auto, änderte sich unser Leben drastisch.

Immer noch gab es bei den Autos der unteren Preisklasse Fahrzeuge mit nicht synchronisiertem Getriebe, das beim Hochschalten eine Schaltpause (zeitgenössisch *Gedenkminute* genannt) und beim Herunterschalten Zwischengas erforderte. Erst 1969 wurde die Produktion der letzten Fahrzeuge mit nicht synchronisiertem Getriebe eingestellt (*Fuldamobil, Goggomobil*).

Mit dem Aufkommen der antiautoritären Erziehung, der Pille, und der 68er änderten sich erstmals die moralischen Werte in der Bundesrepublik. Mit Sprüchen wie *„Unter den Talaren Muff aus Tausend Jahren"* wurde die alte autoritäre Moral vertrieben.

Aufgrund der hohen steuerlichen Förderung (*§7b Einkommenssteuergesetz*) und günstigen Krediten von ihren Arbeitgebern konnten sich jetzt viele Familien ein eigenes Haus leisten, was zu einem Bauboom führte.

2.1 1960

2.1.1 Allgemeines

1960 gab es meines Erachtens keine wichtigen politischen Ereignisse. Dafür umso mehr in meinem Privatleben: An meinem 4. Geburtstag erhielt ich einen Tretroller, mit dem ich dann meine Umgebung ausgiebig erkundete.

Abb. 53: Der Autor mit seinem Tretroller 1960 im Prinz Georg Garten

Zum gleichen Zeitpunkt wurde ich ganztägig in den katholischen Kindergarten der *Schwesterngemeinschaft Maria Hilf* in der Emilstr. 21, genau gegenüber von unserer Wohnung, gebracht. Hierzu erhielt ich eine kleine Tasche, die täglich mit Brot gefüllt wurde. Der Kindergarten kostete nichts.

Bei den Schwestern herrschte ein sehr autoritäres Klima. Wer nicht brav war, bekam eine saftige Ohrfeige. Nach dem Mittagessen mussten wir alle *„schlafen"*. Hierzu setzten wir uns alle an den langen Tisch und legten unseren Kopf nach vorne auf die Arme, die vorher auf die Tischplatte gelegt wurden. Wer nicht still war, wurde sofort geschlagen. Bei schlechtem Wetter sangen oder spielten wir im Inneren mit einfachen Spielsachen. Bei schönem Wetter ging es in den hinteren Garten, wo wir in einem Sandhaufen Burgen bauten. Sofort fiel ich auf, weil ich meine Sandburgen durch Angießen mit Wasser stabilisierte.

Das nächste wichtige Ereignis war, dass mein Großvater Weihnachten 1960 einen Fernseher kaufte. Es war ein *Graetz Burggraf F241* für 600 DM, der auf Kanal 8 mit nach Norden gedrehter Zimmerantenne den *Hessischen Rundfunk* mit *Onkel Otto* als Markenzeichen und – mit nach Süden gedrehter Antenne – auf Kanal 10 den *Südfunk Stuttgart* mit einem Pferd als Erkennungszeichen empfing. Der Fernseher bot Platz für ein Ergänzungsempfangsteil im Dezimeterbereich, in dem ab 1963 das *ZDF* senden sollte. Dieses Teil haben wir jedoch nie gekauft.

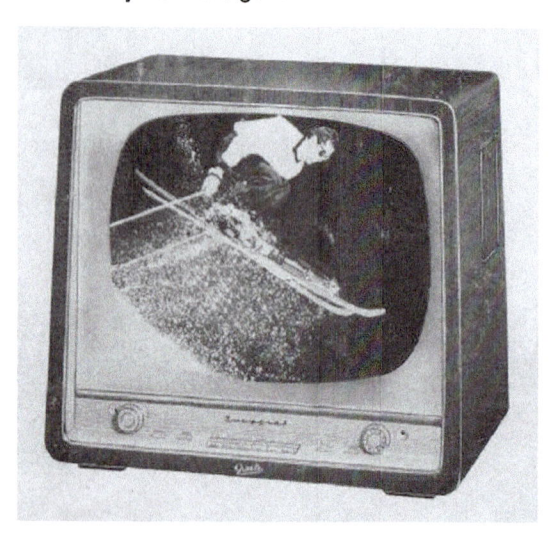

Abb. 54: Unser Fernseher Graetz Burggraf F241 ab 1960 Graetz Werksfoto

2.1.2 Verkehr

Von meinem Fenster aus konnte ich durch eine Häuserlücke auf die *Pallaswiesenstraße* sehen, wo ich regelmäßig die Straßenbahnlinie 5 von der *Heinheimerstraße* zum *Ostbahnhof* vorbeifahren sah. Doch eines Tages – es war der 15.5.1960 – sah ich die Straßenbahn nicht mehr. Stattdessen fuhr jetzt ein neuer L-Bus diese Strecke. Zum ersten Mal in meinem Leben spürte ich die Veränderung in der Welt. Es sollte nicht zum letzten Mal sein.

1960 gab es viele Neuerungen bei den Autos. Beispielsweise änderten sich die Scheinwerfer – das asymmetrische Abblendlicht wurde eingeführt. Der *Volkswagen* verlor als letztes Auto seine Winker mit Dauerlicht. Das neue Modell wurde sogar mit einer stärkeren 34 PS-Maschine ausgeliefert. Allerdings weiß ich heute, dass seit diesem Zeitpunkt am *Volkswagen* bei der Herstellung gespart wurde, sodass die neuen Modelle nicht mehr ganz so langlebig waren wie die alten.

Bei *Opel* gab es einen völlig neuen *Rekord A*. Ford revanchierte sich mit einem neuen *Ford 17M P3 – Die Linie der Vernunft*. Ein erfolgreiches Modell, das noch lange gebaut werden sollte. Auch meinem Onkel Christian gefiel dieser Wagen, und so tauschte er ihn schon bald gegen seinen *Ford 12M Weltkugel* ein.

Abb.55: Ford 17M P3 Linie der Vernunft 1960-64

2.1.3 Kino und Musik

1960 starb meine Großtante Luise. Wir erbten ihr *Philips Philetta* Radio von 1958, welches wir in unsere Küche stellten. Seitdem hörten wir beim Frühstück immer Radio. Im Sommer gab es dann morgens meine Lieblingssendung: *Der Frankfurter Wecker*. Eine Livesendung mit Publikum und Schlagerstars, jeden Tag aus einem anderen Ort.

Mein Lieblingsmoderator war *Heinz Schenk*. Von ihm habe ich viel gelernt, z.B. *„Konkurs ist, wenn man seine Brieftasche von der Jacke in die Hosentasche steckt und den Gläubigern dann die Jacke gibt."* Unvergessen geblieben sind mir auch *Schenks* Witze mit Einbeziehung des stets anwesenden Programmdirektors: *„Ich kriege gerade einen Zettel – oh das kann ich nicht entziffern – Können sie das lesen?"* Andere Stimme: *„Nein, ich kann das auch nicht lesen"*! *„Herr Programmdirektor, ich stelle fest, dass ich nicht der einzige im Saal bin, der nicht lesen kann"*!

Auch 1960 gab es Instrumentalsongs, die mir besonders gefielen: *Percy Faith* mit *Theme from A Summer Place* und die *String-a-longs* mit *Wheels*.

Der bereits 1954 begonnene Trend Richtung Bella Italia machte sich immer mehr auch in der Musik bemerkbar. Seit Ende 1959 war *Marina, Marina, Marina* von *Rocco Granata* ständig im Radio zu hören. Natürlich eine deutsche Version mit deutschem Text, denn ausländische Songs durften damals nur in speziellen Sendungen gespielt werden. Erst 1966 wurde diese Vereinbarung abgeschafft.

Ein zweites Lied, das 1960 sehr häufig gespielt wurde, war *Sing ein Lied, sing ein Lied little Ban-jo-boy*, gesungen mit den knabenhaften Stimmen von *Jan und Kjeld*. Deutlich seltener wurden damals Lieder gespielt, die mir besser gefielen: Etwa *Ted Herold – Moonlight*, *Heidi Brühl – Wir wollen niemals auseinander gehen*, oder *Peter Alexander – Ich zähle täglich meine Sorgen*. Auch der King und vor allem die Queen des Rock'n'Roll wurden gelegentlich, wenn auch mit deutschem Text, gespielt: *Elvis Presley – Wooden heart*, *Conny Francis – Die Liebe ist ein seltsames Spiel*.

Besonders erfolgreich war 1960 für das *Hazy Osterwald Sextett*: Sowohl der *Kriminaltango* aus dem Vorjahr als auch die schwungvollen aktuellen Lieder *Whiskey Pure*, *Panoptikum* und *Gehen sie mit der Konjunktur* (*Konjunktur-Cha-Cha-Cha*) kamen beim Publikum und bei mir an.

Das letztere Lied war eine Persiflage auf die Gegenwart. Die Zeile „*Man ist was man ist nicht durch den inneren Wert – den kriegt man gratis wenn man Straßenkreuzer fährt*" fühlte ich bestätigt, als ein Kindergartenfreund begeistert prahlte: „*Mein Vater fährt einen Sportwagen mit 40 PS.*" Ein anderer Freund wurde massiv beneidet, weil ihn sein Vater, von Beruf Teppichklopfer, regelmäßig mit einem schwarzen *Mercedes 170DS* (das ist ein *170S* mit 40 PS Dieselmotor) brachte und abholte.

Das Jahr 1960 gilt wegen *Chubby Checkers Lets Twist again* als Geburtsstunde des *Twist*. Es dauerte jedoch noch bis zum Jahre 1962, bis sich der *Twist* auch in Deutschland durchsetzte.

Kinomäßig war das Jahr 1960 keine Enttäuschung. Es gab einen neuen *Hitchcock* Thriller *Psycho*. Auch *Frühstück bei Tiffany* mit *Audrey Hepburn* war ein sehr beliebter Film. *Heinz Rühmann* setzte seine bisherigen Erfolge mit *Pater Brown, das schwarze Schaf* fort. *Elvis Presley* Fans waren von *Flammender Stern* begeistert. Der Erfolg des *Edgar Wallace* Films führte zu Nachfolgefilmen, z.B. *Die 1000 Augen des Dr. Mabuse*. Weitere *Edgar Wallace*, *Dr. Mabuse*, *Elvis Presley* und *Pater Brown* Filme werden in den Folgejahren erscheinen.

2.1.4 Urlaub und Freizeit

Das Sportereignis des Jahres 1960 waren natürlich die Olympischen Spiele in *Squaw Valley* und *Rom*. Unvergesslich ist mir geblieben, dass der Deutsche *Armin Hary* den 100 m Lauf in 10,2 s gewonnen hatte.

Mit dem Kauf eines Fernsehers Weihnachten 1960 änderte sich meine Freizeit erheblich. Darüber werde ich im nächsten Jahr berichten.

2.2 1961

2.2.1 Allgemeines

Das große politische Ereignis des Jahres 1961 war der Bau der Mauer um die „*sogenannte DDR*", wie man die Ostzone damals im Westen nennen musste. Sie begann am Sonntag, den 13.8.1961, mit dem Bau einer Mauer um West-Berlin unter der Aufsicht von russischen Truppen. Schon bald wurde die gesamte *DDR* mit einer Mauer gegen den Westen abgeschottet. Gerüchte hierüber hatte *Walter Ulbricht*, der

Vorsitzende des Staatsrats der *DDR*, bereits am 15.6.1961 mit *„Niemand hat die Absicht, eine Mauer zu errichten!"* zu entkräften versucht. Mit dieser Mauer wurde die Trennung Deutschlands in einen West- und einen Oststaat zementiert, und die bisherige Fluchtbewegung aus der Ostzone in den Westen erheblich erschwert.

Abb. 56: Wahlplakate im Bundestagswahlkampf 1961 Helmut J. Wolf

Ein weiteres wichtiges Ereignis war die Bundestagswahl 1961, die *Konrad Adenauer* mit dem Slogan *„Auch morgen in Freiheit leben"* gewann, und mit seinem bisherigen Koalitionspartner *FDP* weiterregierte.

1961 gab es eine neue Briefmarkendauerserie, welche die Marken mit dem *Theodor Heuss Kopf* ablöste. Ich nannte sie damals *„Die furchterregenden Männer"*, weil die Männer der häufigsten Marken mit 10, 15 und 20 Pf mir damals große Furcht einflößten.

Abb. 57: Neue Dauermarkenserie Berühmte Deutsche 1961

2.2.2 Verkehr

Neben dem Bau der Mauer gab es 1961 noch ein weiteres trauriges Ereignis: Die provozierte Pleite des Autokonzerns *Borgward*. Sie begann damit, dass im Dezember 1959 *der Spiegel* kritisch über das *Bordwardimperium* mit den drei Marken *Lloyd*, *Goliath* und *Borgward* schrieb. Daraufhin zog das Land Bremen eine Bürgschaft für einen Kredit der Firma *Borgward* zurück, der hierdurch zu platzen drohte.

Um ein Platzen des Kredits zu verhindern, musste *Borgward* sein gesamtes Imperium am 4.2.1961 an das Land Bremen überschreiben. Unter der miserablen Verwaltung des Landes gingen jedoch im September *Borgward* und *Goliath*, und im November *Lloyd* in Konkurs, obwohl der Konzern noch über Millionen an liquidem Eigenkapital verfügte. „*Eine Schande*", sagten alle, die ich danach gefragt hatte, „*da Borgward gute Autos gebaut hatte.*"

Mercedes stellte seine kleine Heckflosse, den *190* und den *190D*, vor. Dies war ein einfacher ausgestatteter und schwächerer *220S*. Diese Modelle gelten bis heute als hervorragender Kompromiss zwischen Geräumigkeit, Komfort, Motorleistung und Kosten.

Ebenfalls neu war der *Volkswagen 1500:* Eine Stufenhecklimousine der Mittelklasse mit 45 PS, die insbesondere anspruchsvoll gewordene Volkswagenfahrer ansprechen sollte. Allerdings mussten die Erstbesitzer viel Geduld aufweisen: Jeder siebte VW 1500 musste in den ersten Betriebsjahren einmal abgeschleppt werden. Ansonsten gab es bei anderen Autoherstellern keine nennenswerten Veränderungen.

Zahlreiche neue Vorschriften der Straßenverkehrszulassungsordnung führten zu einer Nachrüstungsaktion, vor allem bei den *Volkswagen*:

1. Ab 1.7.1961 mussten Neufahrzeuge blinkende Fahrtrichtungsanzeiger und zwei hintere Bremslichter aufweisen. Bisher waren auch Winker mit Dauerlicht und nur ein Bremslicht erlaubt.
2. Ab 1.1.1962 mussten alle Neufahrzeuge mit einer erhöhten Diebstahlsicherung (z.B. Lenkradschloss mit Lenkradsperre) ausgerüstet sein. Bisher war ein einfaches Zündschloss ohne Lenkradsperre erlaubt.
3. Alle Altfahrzeuge mussten bis zum 31.12.1963 umgerüstet werden.

Daraufhin wurden praktisch alle alten *Volkswagen* auf die neue Dreikammerrückleuchte, das neue Lenkradschloss, zum Teil aber auch auf das asymetrische Abblendlicht umgerüstet.

1961 gab es noch nicht viele Autos in meinem Umkreis: der grüne *DKW Meisterklasse Universal* unseres Schneiders gegenüber, der schwarze *Mercedes 180* eines Metzgers gegenüber, der beige *Volkswagen Export 1951* des Schusters im oberen Teil der Emilstraße, und der braune *Volkswagen Export 1951* eines Spirituosenhändlers im Hof des Nachbarhauses, 50 m von meinem Fenster entfernt.

Schon bald erkannte ich an den unterschiedlichen Motorgeräuschen, welcher der Wagen im Anrollen war. Besonders das singende Getriebegeräusch, der sich nur langsam drehende Anlasser sowie das Getriebekratzen beim Schalten der alten *Volkswagen* sind mir im Gedächtnis geblieben. Unerklärlich war für mich jedoch, wie aus der Nase der alten *Volkswagen* sowohl orangenes Bremslicht als auch weißes Kennzeichenlicht gleichzeitig austreten konnten.

Als ich einmal mit meinem Großvater zufällig an dem alten *Volkswagen* des Schusters stand, seufzte mein Großvater und antwortete mir auf meine Nachfrage, warum er seufzte: *„Dieser Wagen strahlt Vorkriegsatmosphäre aus."* Dabei klang seine Stimme so wehmütig, als ob die Vorkriegszeit die schönste Zeit seines Lebens gewesen war.

„Was meinst du damit?", fragte ich ihn daraufhin. *„Das verstehst du noch nicht, mein Junge"*, entgegnete Großvater. *„Aber der Volkswagen wurde doch gar nicht in der Vorkriegszeit gebaut?"* bemerkte ich anschließend. Dabei war ich sehr stolz auf mich, weil ich erkannt hatte, dass der Wagen in etwa genauso alt sein müsste wie der braune Volkswagen des Spirituosenhändlers. *„Doch"*, sagte mein Großvater, *„einige Volkswagen wurden bereits vor dem Krieg gebaut."* Ich glaubte ihm nicht, und er merkte auch, dass ich ihm nicht glaubte.

„Großvater, wofür sind denn diese Knebelschalter?", fragte ich ihn dann weiter neugierig. Ein Großvater hat's nicht leicht - was der als Nichtautofahrer alles wissen soll. Aber er antwortete mir: *„Das sind wohl die Schalter für Licht und Scheibenwischer."* Lediglich vom Knebelschalter in der Mitte des Armaturenbretts oben wusste Großvater nicht, welche geheimnisvolle Funktion er ausübte (es war der Winkerschalter!).

Als wir wieder zu Hause angekommen waren, ging Großvater an seinen Schreibtisch und zeigte mir zu meiner grenzenlosen Überraschung einen *Volkswagen* auf einer Briefmarke aus dem Jahr 1939, also aus der Vorkriegszeit. Die Buchstaben und die

Ziffern konnte ich damals schon lesen. War das möglich? Großvater hatte also doch Recht.

Abb. 58: Briefmarke mit Volkswagen 1939

2.2.3 Kino und Musik

Das am meisten im Rundfunk gespielte Lied war 1961 *Ramona*, interpretiert von den *Blue Diamonds*. Zur gleichen Zeit sang *Gus Backus Da sprach der alte Häuptling der Indianer*, *Nana Mouskouri* schwärmte von *Weiße Rosen aus Athen*, und *Bill Ramsey* von *Pigalle*. Auch *Conny Francis' Schöner fremder Mann* wurde oft gesendet.

Mein Lieblingsschlager von 1961 war aber *Lady Sunshine and Mister Moon* von *Conny Froboess*, wobei mir insbesondere ihre klare Stimme mit der hervorragenden Sprachverständlichkeit gefiel. Für mich war das damals die ideale Gesangsstimme. Das meines Erachtens beste Instrumentalstück des Jahres war *Floyd Cramers* Version von *San Antonio Rose*.

Der nach meinem Geschmack beste Kinofilm des Jahres war die *Agatha Christie* Verfilmung *16:50 Uhr ab Paddington* mit der resoluten *Margaret Rutherford*, die allerdings erst Anfang 1962 in die deutschen Kinos kam. Auch nicht schlecht waren die Fortsetzungsfilme von *Edgar Wallace*, *Dr. Mabuse*, *Heinz Rühmann* und *Heinz Erhardt*. Der Publikumsliebling des Jahres war jedoch *101 Dalmatiner* von *Walt Disney*.

2.2.4 Freizeit und Urlaub

Seit meinem 5. Geburtstag Anfang 1961 wurde ich von meinem Großvater *Ernst* im Lesen und Schreiben (Druckschrift) mit einem Kugelschreiber für 2 DM unterrichtet. Noch heute schreibe ich daher wie gelernt in Druckschrift und nicht die Schulschrift. Großvater berichtete auch viel über die vergangene Zeit, z.B. über die erste

Grammophonvorführung 1890/91 in Darmstadt oder über seine Zeit als Lokführer bei der *Hessischen Ludwigsbahn*.

Abb. 59: Der Autor auf dem noch autofreien Viktoriaplatz 1961

Viele seiner Ausführungen habe ich bis heute behalten, z.B. *„eins und dreimal acht – drei Kaiser an der Macht"*, oder den Umrechnungskurs von *Kreuzer* zu *Mark*: 35 *Kreuzer* wurden am 1.1.1876 in Darmstadt zu einer *Mark*. So habe ich im Schweinsgalopp die letzten hundert Jahre noch einmal mit ihm erleben dürfen und war jetzt außerdem in der Lage, alleine Bücher zu lesen. Damit war die Zeit der Langeweile vorbei.

Ab 1961 wurde Fernsehen zu einem wichtigen Teil meiner Freizeitgestaltung. Meine Lieblingssendung war damals *Isar 12* (1961-63). In dieser spannenden Sendung wurde sehr realistisch der Dienst der *Funkstreife Isar 12* in einem *BMW 501* dargestellt. Motto: Die Polizei, dein Freund und Helfer auch in schwierigen Fällen. Morde gab es nicht aufzuklären, allenfalls Kleinkriminalität.

Abb. 60: Fernsehen 1961: Isar 12 BR

Abb. 61: Fernsehen 1961: Sport-Spiel-Spannung BR

Sehr kurios fand ich *Die Abenteuer des Hiram Holliday* (1961-62), in denen der schmächtige, unscheinbare Held der Serie die bösen Ganoven mit einem Regenschirm als Kampfwaffe besiegte.

SAMSTAG, 20. Mai

DEUTSCHES FERNSEHEN

15.00 *Aus Hamburg:*
Alarm im Hafen:
Gesucht wird Matrose Redman
Ein Fernsehfilm

15.25 *Aus Baden-Baden:*
Durch die Zeiten strömt der Wein
Ein Weinkollegium von Karl Grösch

16.10 *Aus Hamburg:*
Ein Monat auf dem Lande
Komödie von Iwan Sergejewitsch Turgenjew
Eine Aufführung der „Schauspieltruppe" — Will Quadflieg — Maria Becker — Robert Freitag (Wiederholung)

17.50 Aus erster Hand
Ein Gespräch mit Ralph Bunche, dem stellvertretenden UNO-Generalsekretär
Gesprächpartner: Thilo Koch

REGIONALPROGRAMME

AUS FRANKFURT:
18.50 Das Sandmännchen
19.00 Die Hessenschau
19.20 Veti macht alles Reisebüro der Wünsche.
2. Programm:
20.00 Biologie und Tennis
Ein Fernsehspiel von Alfred Andersch (Wiederholung)
21.40 Tagesschau u. Wetterb. (Wiederh. 1. Programm)

AUS MÜNCHEN:
18.50 Nachrichten
18.55 Wanderer zwischen Fluß und Meer
19.05 Die Viertelstunde
19.25 Münchner Abendschau

AUS HAMBURG:
18.55 Programmhinweise

18.45 Die Nordschau
19.25 Das möchte ich sehen

AUS STUTTGART und BADEN-BADEN:
18.50 Inspektor Garrett
19.00 Die Abendschau
17.20 Vater ist der Beste

AUS BERLIN:
18.45 Zuviel Tiere im Haus
19.15 Sandmännchen
19.25 Berliner Abendschau

AUS KÖLN:
14.00 Die Woche — Hier und Heute
18.40 Hier und Heute
19.15 Wünsch Dir was

AUS SAARBRÜCKEN:
18.45 Die Abendschau
19.10 Wir machen Musik
19.20 Vater ist der Beste

20.00 *Aus Hamburg, Frankfurt:*
Tagesschau · Das Wetter morgen

20.20 *Aus Frankfurt:*
Kleine Stadt — ganz groß
Heitere Städtewettkämpfe mit Hans Joachim Kulenkampff
Es spielt das Tanzorchester des Hessischen Rundfunks unter Willy Berking
Bühnenbild: Rudolf Küfner
Regie: Ekkehard Böhmer
Zusammenstellung und Leitung: Hans Otto Grünefeldt

22.20 *Aus Hamburg:*
Tagesschau — Spätausgabe

22.35 *Aus Stuttgart:*
Das Wort zum Sonntag
Es spricht Dr. Hans Böhringer, Stuttgart

22.45 *Aus Hamburg, Frankfurt:*
Berichte von den Fußball-Gruppenspielen

Auf der Stadtbank, der Prämie für die Teilnahme, haben die Stadtoberhäupter von Landshut (links) und Rheine (rechts) Platz genommen. In der ersten Sendung „Kleine Stadt — ganz groß" erhielt die verlierende Stadt eine Bank ohne Lehne. Die Fernseher lehnten sich natürlich auf. Jetzt haben beide Bänke eine Lehne.

Der TV-Bank

**Um 20.20 Uhr:
„Kleine Stadt — ganz groß"**

Einen wortlosen aber sehr beweglichen Fußballtormann mimte Gerd Fröbe beim Städtewettkampf zwischen Eckernförde und Lörrach. Zuerst mußte er aber die Punkte in einem Schauspieler-Duell vergeben. Er gab ein Unentschieden. Bei seiner eigenen Darbietung stand es aber ganz deutlich 1 : 0 für Gert Fröbe...

LESERBRIEFE: „Oben und unten" —

HEINZ M., KÖLN — Ist schon ein Jammer, was sich anstellt. Eine solche Jammer-Leistung war zum Beispiel wieder die letzte Sendung der Reihe „Oben und unten". Das ist doch ganz unmöglich, dieser tropfende Wasserhahn alles fertigbringt. Das stimmt doch hinten und vorne, beziehungsweise oben und unten nicht! Und wenn was nicht stimmt, dann darf es wenigstens nicht langweilig sein. Und das ist es bis zum Gähnen. Das ist aber auch das Einzige, was daran stimmt. Mal oben, mal unten, das ist das Deutsche Fernsehen. Meistens leider unten. Und das am Samstagnachmittag.

*

ELFIE K., BAMBERG — Die Sendung „Oben und unten" war wieder prima. Da sieht man, was aus einer Kleinigkeit — wie einem tropfenden Wasserhahn — alles entstehen kann. Aber so ist das Leben wirklich. Aus einer Mücke wird plötzlich der berühmte Elefant, ein Wort gibt das andere, und der schönste Krach ist da. Ich finde, daß das Fernsehen mit dieser Sendung den Menschen einen Spiegel vors Gesicht hält, in dem sie erkennen können, wie sie es nicht machen sollen. Nur sollte eine solche Sendung nicht am Samstagnachmittag gebracht werden, wenn draußen die Sonne scheint.

Klasse!
RENATE R., KÖLN — Über Kriminalstücke kann man geteilter Meinung sein. Was aber die Autoren der Sendung „Stahlnetz" aus

---

Abb. 62: Fernsehprogramm am 20.5.1961 Bravo

Eine weitere gute Krimiserie war *Gestatten mein Name ist Cox* (1961-65). Hier gefielen mir die überaus witzigen Dialoge, z.B. die Einleitung: *„Wäre ich nicht so ein unverbesserlicher Narr, dann würde ich mich erst gar nicht auf diese Exkursion* *einlassen. Und das alles nur wegen der süßen Elena Morrison, die sich immer mehr als ein bitteres Problemdämchen entpuppt. Es fing damit an, dass ich in Elenas Wohnung eine blonde Männerleiche fand....*" Seitdem wurde *Paul Cox*, gespielt von *Günter Pfitzmann*, sowohl von der Polizei als auch von dem wahren Mörder gejagt, während er selbst seine Freundin *Elena* suchte.

Gerne sah ich auch die Jugendsendung *Sport-Spiel-Spannung* (1959-64) mit dem Sportreporter *Sammy Drechsel*, dem Moderator *Klaus Havenstein* und dem Stuntman *Armin Dahl*. Letzterer hat mir damals ungeheuer imponiert, als er sich beispielsweise mit seinen Händen an einen Kranhaken hängte und dann hoch über dem Erdboden schwebte, oder als er auf einem Balkongeländer eines Hochhauses einen Handstand machte.

Eine weitere Lieblingssendung von mir war das *Tick-Tack-Quiz* (1958-67) mit *Fritz Benscher*. *Benschers* schlagfertige und stets zu spontanen Gags neigende Art gefiel mir trotz der eher langweiligen Kandidaten sehr. Ein typischer Wortwechsel von ihm war z.B.: *„Welche Krankheit behandelt der Dermatologe?"* Kandidat: *„Ich glaube Darmkrankheiten." „Sie meinen den Archäologen...."*

Abb. 63: Fritz Benscher in seinem Tick-Tack Quiz BR

Auch *Hans-Joachim Kulenkampff* moderierte bereits 1961 eine gute Quiz-Sendung: *Kleine Stadt - ganz groß*. Schon damals mit seiner Assistentin *Uschi Siebert* und dem Tanzorchester *Willy Berking*. Und bereits 1961 überzog Kuli seine Sendezeit erheblich: in einer Sendung volle 75 Minuten!

Samstagnachmittags gab es eine weitere Quizsendung: *Hätten Sie's gewußt?* (1958-69) mit *Heinz Maegerlein*. Hier musste man durch Fragen mit unterschiedlichen

Schwierigkeitsgraden von 1 bis 11 versuchen, vor seinem Gegner 21 Punkte zu bekommen. Die Fragen waren für mich als Kind jedoch viel zu schwer.

Abb. 64: Hätten Sie's gewußt? Eine Quizsendung mit Heinz Maegerlein BR

Die beste Musik-Sendung im Fernsehen war *Musik aus Studio B* mit *Chris Howland* (1961-69). Die Sendung fand ich wegen *Howlands* trockenem Humor und seinem ausgeprägten britischen Sprachakzent ausgesprochen unterhaltsam, obwohl nur deutsch gesungen oder instrumental gespielt wurde.

Parallel zum Studio B moderierte *Chris Howland* ab 1961 auch noch die Sendung *Vorsicht Kamera*, in der er Streiche mit versteckter Kamera durchführte. In Erinnerung geblieben ist mir, wie er einmal die Tankklappe eines brandneuen *Opel Rekord* zuschweißen und beilackieren ließ und die Tankwarte dann verzweifelt nach der Tankklappe des neuen *Opels* suchten. Auch beim Auftanken einer *BMW Isetta* mit 100 l statt 12 l Tank machten die Tankwarte hinreißend komische Gesichter.

1961 begann man in der Kinderstunde mit der Ausstrahlung von *Jim Knopf und Lukas der Lokomotivführer*, gespielt von der *Augsburger Puppenkiste*. Hierbei sah man auch die überaus warmherzige und kinderliebe *Hilde Nocker* (Abb. 28), die auch in den Sandmännchenfilmen mit *Hilde, Teddy und Puppi* mitspielte.

Noch immer sendete das Fernsehen mit einem einzigen Programm werktags ab 17:00 Uhr bis kurz nach 22:00 Uhr, samstags 15:00 bis 23:00 Uhr und sonntags 11:30 Uhr bis kurz nach 22:00 Uhr.

Da ich für mein Alter ein bisschen schwächlich war, verordnete mir unser Hausarzt *Dr. Riemenschneider* 1961 eine Kur im *Haus Marienhöhe* in *Hirschegg, Klein Walsertal*.

Dort fiel mir auf, dass wir aus Schüsseln aßen, die aus dem gleichen Material wie mein Badefisch hergestellt waren – Kunststoff. Noch ahnte ich nicht, dass ich noch viel mehr Gegenstände aus Kunststoff im Laufe meines Lebens sehen werde.

2.3   1962

2.3.1   Allgemeines

Politisch war das Jahr 1962 geprägt durch die *Kubakrise*. Sie entstand, als *Russland* als Antwort auf die Stationierung amerikanischer Atomraketen in der Türkei mit Ziel Russland selbst Atomraketen in *Kuba* mit dem Ziel *USA* stationierte. Der amerikanische Präsident *John F. Kennedy* (1961-63) löste die Krise dadurch, dass er *Russland* den Abbau der amerikanischen Atomraketen in der *Türkei* anbot, wenn es seine eigenen in *Kuba* abbauen würde. *Russland* nahm diesen Vorschlag an.

Eine zweite, diesmal rein deutsche Krise war die *Spiegelaffäre*. Sie wurde ausgelöst durch einen Artikel in *Der Spiegel 10/1962*, in dem die *Bundeswehr* nur als *„bedingt abwehrbereit"* dargestellt wurde. Sie sei *„wegen mangelhafter Ausrüstung"* zu einer *„Vorwärtsverteidigung gegen Truppen des Warschauer Pakts nicht in der Lage. Eine wirksame Abschreckung bleibe fraglich."*

Daraufhin wurde die *Spiegel-Zentrale* von der Polizei durchsucht und der Autor des Artikels sowie der Herausgeber des *Spiegels* wegen Landesverrats verhaftet. Große Teile der Öffentlichkeit sahen in dieser Aktion jedoch einen Angriff auf die Pressefreiheit und reagierten mit einer Vielzahl von Protesten und Demonstrationen. Verteidigungsminister *Franz-Josef Strauß* musste daraufhin zurücktreten, weil er selbst die Polizeiaktion vorangetrieben hatte. Später wurde festgestellt, dass die im beanstandeten Artikel genannten Details bereits aus anderen öffentlich zugänglichen Quellen bekannt waren.

Privat gab es bei mir auch einige Veränderungen. An meinem 5. Geburtstag erklärten die Kindergartenschwestern meiner Mutter und mir, dass ich viel zu intelligent für den Kindergarten sei und sie mich deswegen nicht weiter aufnehmen könnten.

Daraufhin wurde ich mit Aufgaben in unserem Haushalt beschäftigt. So übernahm ich mit meinem Tretroller alle notwendigen Einkäufe bei Bäcker, Metzger, Schreibwarengeschäft, Apotheke und Lebensmittelhändler. Das Geld hierzu bekam ich von meinen Großeltern, das Rückgeld wurde genau gezählt und kontrolliert. Es herrschte eben Preisstabilität in den 1950er und 1960er Jahren!

Da man mit mir zufrieden war, gab es für mich manchmal nachmittags noch etwas Süßes. Damals liebte ich die Amerikaner (ein halbkugelförmiges Gebäck mit einem Zuckerguss auf der ebenen Fläche) und die Schäumchen (ein weißes Leichtgebäck aus geschlagenem Eiweiß mit Puderzucker) vom Bäcker. Sie kosteten damals 20 Pf. Bei unserem Bäcker gab es auch Lakritz, Bonbons, Kaugummi und Frigeo Brause. Da ich nie etwas Derartiges kaufen durfte (ein Bonbon für einen Pfennig und Brause für einen Groschen ist nun wirklich zu teuer!), hat mir die Bäckersfrau gelegentlich etwas davon geschenkt.

2.3.2 Verkehr

Die wichtigsten Ereignisse des Jahres 1962 waren die Vorstellung des *Opel Kadett* mit 40 PS und eines neuen *Ford 12M*. Mit dem *Kadett* bekam der *VW Käfer*, wie er jetzt genannt wurde, erstmals einen ernsthaften Konkurrenten eines namhaften Automobilherstellers zum praktisch gleichen Verkaufspreis. Für nur 150 DM Mehrpreis war der *Kadett* sogar mit 48 PS lieferbar. Noch vertrauten die Autokäufer aber mehr der Langlebigkeit des *VW Käfers* als dem Mehrwert des *Opel Kadett*.

Abb. 65: Der neue Opel Kadett L – ein ernst zu nehmender VW Käfer-Konkurrent

Der *Volkswagen 1500* war jetzt auch als *Volkswagen 1500 Variant* Kombilimousine lieferbar, eine Version, die vor allem bei den Gewerbetreibenden ankam. BMW überraschte mit einem völlig neuen *BMW 1500*, der mit seinen Nachfolgern *1600* und *1800* bis 1972 im Programm bleiben sollte.

2.3.3 Kino und Musik

Kaum hatte sich im Jahre 1962 der *Twist* als Gesellschaftstanz etabliert, bekam er auch schon Konkurrenz durch *Halli-Galli* und *Bossa-Nova*. Ansonsten war das Jahr 1962 geprägt durch sehr viele gute Instrumentalhits: Bert Kaempfert mit *A Swingin Safari* und *Africaan Beat*, die *Shadows* mit *Wonderful Land*, *Telstar* von den *Tornados* und *Stranger on the shore* mit *Mr. Acker Bilk*. Und, nicht zu vergessen, auch mein Lieblingslied *Java* von *Floyd Cramer*.

Ein Highlight des Jahres waren die *Deutschen Schlagerfestspiele*, die aus dem Kurhaus von *Baden-Baden* im Radio und im Fernsehen übertragen wurden. Es gewann *Conny Froboess* mit *Zwei kleine Italiener*. *Conny* trug dieses Lied sehr charmant vor, obwohl sie einmal die Contenance verlor und zu lachen anfing.

Conny Francis lachte übrigens auch, denn sie landete mit *Paradiso* einen großen Hit, *Elvis Presley* mit *Return to Sender* übrigens auch. Ebenso war mein Liebling *Peter Kraus* mit *Schwarze Rose Rosemarie* bei den meistverkauften Platten vertreten. Und auch *Alfred Hause* und *Gerhard Wendland* hatten mal wieder Erfolg mit ihrer Tango-Masche (*Tanze mit mir in den Morgen*). Darüber hinaus war 1962 ein gutes Jahr für *Petula Clark,* die mit *Monsieur* (in Deutsch) ihre Karriere begann.

Abb. 66: Karin Dor

Bei den Kinofilmen erzielte *Lawrence von Arabien*, ein weiterer Monumentalfilm, die meisten Oscars. Der erste große *Karl May Film*, *Der Schatz im Silbersee* mit *Pierre Brice* und *Lex Barker*, kam in die Kinos. Und mit *Er kann's nicht lassen* ein weiterer *Pater Brown* Film mit *Heinz Rühmann*. Auch *Heinz Erhardt* war wieder im Kino zu sehen in *Ohne Krimi geht die Mimi nie ins Bett*. Ferner kam der erste *James Bond* Film *James Bond 007 jagt Dr. No* in die Kinos.

Doch, ehrlich gesagt, hat mich inzwischen eine junge Schauspielerin bei den *Edgar Wallace Filmen* am meisten fasziniert: *Karin Dor*. Sie wurde meine Lieblingsschauspielerin in der ersten Hälfte der 1960er, und ich habe kein Schwarzweißbild von ihr in der roten Samtauslage des *Hansa Kinos* verpasst!

Die traurigste Nachricht des Jahres war der Tod von *Marilyn Monroe*. Sie starb unter ungeklärten Umständen an einer Überdosis *Nembutal* plus einem Einlauf aus *Chloralhydrat*. Gemäß Wikipedia wird in allen Theorien hierzu Selbstmord ausgeschlossen.

2.3.4 Freizeit und Urlaub

Kurz nach meinem 6. Geburtstag starb mein Großvater *Ernst Gambs*. Somit verlor ich die Bezugsperson, die sich bisher am meisten um mich gekümmert hatte. Mit dem Ende des ganztägigen Kindergartens war ich völlig frei und eroberte die Welt mit meinem Tretroller. Immer schön der Pallaswiesenstraße entlang gelangte ich über *Riedbahn* bis nach *Weiterstadt*. Öfters stand ich am Straßenrand und dachte: „Das Auto, dass Du später mal fahren wirst, fährt jetzt irgendwo hier herum."

Wenn das Wetter schlecht war, saß ich zuhause in meinem Zimmer – eigentlich eher ein Abstellraum für die Möbel aus Neu Bottenbroich als ein Kinderzimmer – und las Bücher. Mein erstes Werk war *Du und die Elektrizität* von *Eduard Rhein*, ein dickes Buch, das ich von meinem Vater geerbt hatte. Ich gebe aber gerne zu, dass ich damals nur die Hälfte aller Kapitel verstanden habe.

Folgebücher waren *Wunder der Wellen*, ein weiteres Buch von *Eduard Rhein* von meinem Vater, und *Schmeil, Der Mensch,* von meinem verstorbenen Großvater. Letzteres war das mit Abstand am schwersten zu verstehende Buch von den dreien.

1962 war ich endlich groß genug, um eine größere Urlaubsfahrt zu unternehmen, und so ging es im Sommer dem allgemeinen Trend folgend mit Mutter und Großmutter nach Bella Italia: Genauer gesagt nach *Riva di Garda* am *Gardasee*. Hierzu fuhren wir erst mit dem Zug nach *München,* und dann mit dem Nachtzug über den *Brenner* nach *Rovereto*, und von da aus mit dem Bus nach *Riva*.

Die Landschaft und der See und das Baden waren toll, allerdings war es unerträglich heiß. Meine Mutter hat mir etwas Italienisch beigebracht und schickte mich dort zu so mancher Erledigung, die ich allerdings mangels Sprachkenntnisse nicht immer richtig machte.

Abb. 67: Der Autor 1962 am Gardasee

Da ich inzwischen schon sehr gut lesen konnte, erhielt ich Weihnachten 1962 das *Micky Maus Weihnachtsheft* 51/1962 als Geschenk, und die Eisenbahn von 1959 wurde wieder ausgepackt.

2.4 1963

2.4.1 Allgemeines

1963 war das Jahr des amerikanischen Präsidenten *John F. Kennedy*. Seine Rede an die Berliner bei seinem Berlinbesuch am 26.6.1963 *„Ich bin ein Berliner"* und die anschließenden begeisternden Sprechchöre *„Ken-ne-dy, Ken-ne-dy"* sind mir unvergesslich geblieben. Ebenso sein Tod durch ein Attentat am 22.11.1963 in Dallas, von dem zahlreiche Akten auch heute noch unter Verschluss stehen. *Kennedy* hatte sich insbesondere für eine Ost-West Entspannungspolitik eingesetzt. Es gelang ihm jedoch nicht, den beginnenden Krieg in Vietnam zu stoppen, der unter seinem Nachfolger *Lyndon B. Johnson* (1963-69) ausbrach.

Abb. 68: Darmstadt, Luisenplatz 1963 Stadtarchiv Darmstadt

Das spektakulärste Ereignis des Jahres war der Überfall auf einen Postzug der Königin von England am 8.8.1963 mit einer Beute von 2.631.784 Pfund (rund 61 Millionen €). 12 Täter wurden gefasst und die meisten zu 30 Jahre Zuchthaus verurteilt. Der größte Teil des Geldes wurde nie gefunden.

Nach der Spiegelaffäre und einem Herzinfarkt trat *Bundeskanzler Adenauer* 1963 zurück. Sein Nachfolger wurde *Ludwig Erhard* (1963-66).

1963 begann die Fußball Bundesliga mit 16 Mannschaften:

Tabelle 1: Tabelle der 16 Bundesligamannschaften 1963/64 nach dem letzten Spieltag

Platz	Mannschaft	Platz	Mannschaft
1	1. FC Köln	9	1. FC Nürnberg
2	Meidericher SV	10	SV Werder Bremen
3	Eintracht Frankfurt	11	Eintracht Braunschweig
4	Borussia Dortmund	12	1. FC Kaiserslautern
5	VfB Stuttgart	13	Karlsruher SC
6	Hamburger SV	14	Hertha BSC
7	TSV 1860 München	15	Preußen Münster
8	FC Schalke 04	16	1. FC Saarbrücken

Ich war daraufhin lange Zeit ein begeisterter Fußballfan. Erster Meister wurde der 1. FC Köln.

Abb. 69: Ludwig Erhard, neuer Bundeskanzler ab 1963 Renate Patzek

1963 gab es neue Geldscheine. Die sind mir damals allerdings nicht sofort aufgefallen, da sich die Farbe der Geldscheine kaum geändert hat.

Ostern 1963 kam ich in die Volksschule, die *Kyritzschule* in der Emilstr. 10. Meine Mutter hatte die Wahl zwischen autoritärem Unterricht oder moderner, antiautoritärer Unterrichtung. Da meine Mutter nicht viel von der antiautoritären Erziehung hielt, wurde ich autoritär erzogen. Das kannte ich ja bereits aus dem Kindergarten.

Meine erste Lehrerin war *Fräulein Hübner*, geboren 1900, die großen Wert auf ihren Titel *Fräulein* legte. Ihr Vater, der oft mit ihr zusammen spazierte, war 1865 geboren und immer noch entsprechend dem 19. Jahrhundert mit Vollbart und Vatermörderkragen bekleidet. Sie war eigentlich ganz mütterlich und sagte immer „*Meine Kinderchen*" zu uns. Angst hatte ich aber vor *Konrektor Schwinn*. Wenn der in den Unterricht kam und Fragen stellte, die man nicht beantworten konnte, dann gab es mit dem Rohrstock auf die vorgezeigten Finger.

Abb. 70: Neue Geldscheine mit Motiven von Albrecht Dürer. Die Farben haben sich gegenüber früher nur wenig geändert (vgl. Abb. 4).

Die schlechteste Nachricht des Jahres war der Tod meines Großvaters *Wilhelm von Pidoll*. Als kleinen Trost erbte ich etwas Geld, das auf ein Sparbuch *Ulrich von Pidoll minderjährig* eingezahlt wurde.

Abb. 71: Der Autor am Viktoriaplatz 1963. Jetzt hatte auch der Metzger im Hintergrund ein eigenes Auto.

2.4.2 Verkehr

Die größte automobile Neuigkeit des Jahres war die Vorstellung des *Mercedes 600*, „*der schnellsten Serienlimousine der Welt.*" Der *600er* beschleunigte in 10 s von 0 auf 100 km/h und hatte eine Spitzengeschwindigkeit von unglaublichen 205 km/h. 2020 werden die gleichen Fahrleistungen von der schwächsten (!) Mercedes C-Klasse erbracht, die aber jetzt zu Recht als lahme Ente gilt, weil alle anderen Modelle noch viel stärker sind! Der *600er* kostete 56.500 DM, deutlich mehr als ein Haus, und wurde bis 1981 gebaut.

2.4.3 Kino und Musik

1963 hörte ich zum ersten Mal die Beatles im Radio. Natürlich in Deutsch (sie erinnern sich, es durften im Radio nur deutschsprachige Lieder gespielt werden): *Sie liebt Dich, yeah yeah yeah.* Meist verkauftes und gespieltes Lied des Jahres war *Freddy Quinn* mit *Junge komm bald wieder*. Auf Platz 2 die Nachwuchssängerin *Manuela* mit *Schuld war nur der Bossa Nova*, auf Platz 3 *Billy Mo* mit *Ich kauf mir lieber einen Tirolerhut*. Es sollte jedoch noch Jahre dauern, bis ich *Bills* Textzeile: „*Reiche Frau sagte zu mir lieber Bill: Ich nehm' dich zum Mann doch du musst machen was ich will*" verstanden habe.

Auch oft gespielt wurde *Cliff Richard* mit *Rote Lippen* soll man küssen. Ein toller Song war auch *Come on and sing* von den *Rattles*. Leider habe ich dieses Lied, weil englisch, erst später als Oldie im Radio gehört.

Das erfolgreichste internationale Lied des Jahres 1963 war das *Girl* (oder der *Boy*) *von Ipanema*, ein Lied, das von zahlreichen Sängern und Sängerinnen interpretiert wurde. Mein Lieblingslied war aber natürlich wieder einmal etwas Instrumentales: *Booker T and the MGs, Time is tight*.

Abb. 72: Gitte mit dem Siegertitel beim Schlagerfestival 1963 SWR

Bei den Schlagerfestspielen 1963 in Baden Baden gewann die unbekannte, aber hinreißende *Gitte* mit *Ich will 'nen Cowboy als Mann* und landete damit einen Hit.

Kinomäßig ging es unterhaltsam mit neuen *Alfred Hitchcock, Karl May, Edgar Wallace, James Bond* und *Dr. Mabuse* Filmen weiter. Am meisten beeindruckt hat mich jedoch *Elisabeth Taylor* als *Cleopatra*.

2.4.4 Freizeit und Urlaub

Zu meinem 7. Geburtstag bekam ich das *Fix und Foxi* Heft 374 zum Lesen geschenkt. Es gefiel mir viel besser als die teurere *Micky Maus*, denn vor allem *Lupo* war wirklich lustig und ein richtiger Schlawiner.

1963 durfte ich zum ersten Mal bei einem *Stahlnetz* Krimi im Fernsehen mitzittern. Er hieß *Das Haus an der Stör*. Mir hat damals ungeheuer imponiert, wie in diesem Film ein fünfzehn Jahre zurückliegendes Verbrechen von 1948 aufgeklärt wurde. Ebenfalls 1963 wurde in der ARD der erste *Straßenfeger* gesendet: *Das Halstuch* von *Francis Durbridge* in 6 Teilen. Die Straßen waren tatsächlich während der Sendezeit leer! Und alle in meiner Umgebung rätselten, wer der Mörder war.

Am 1.4.1963 begann das ZDF seinen Sendebetrieb. Für seinen Empfang benötigte man ein spezielles Empfangsteil und eine spezielle Antenne. Eines der ersten Sendungen war *Das Kriminalmuseum*, das Gegenstück zum *Stahlnetz*. Meine Familie verzichtete jedoch auf die Nachrüstmöglichkeit und wird erst 1968 das ZDF empfangen können.

Abb. 73: Der Autor 1963 in Kampen auf Sylt

In den Sommerferien fuhr ich mit meiner Mutter auf die Insel Sylt nach Kampen ins *Haus Gerda*. Damals hat mir die Inselbahn aus *Borgward-Sattelschleppern* mit Straßenbahnauflegern, die permanent tutend und läutend auf einem holprigen Gleis von Westerland über Kampen nach List fuhr, ungeheuer imponiert. Und das, obwohl sie sehr langsam fuhr (max. 30 km/h!). Leider war das Wetter sehr regnerisch und wir konnten unsere Pension nicht oft verlassen. Meine Mutter hat mir daher zwei weitere *Fix und Foxi* Hefte gekauft, für jewuils 60 Pf. Trotzdem war es ein ziemlich langweiliger Urlaub.

2.5   1964

2.5.1   Allgemeines

1964 gab es keine erinnerungswürdigen politischen Ereignisse, dafür mal wieder eine neue Briefmarkenserie. Diese gefiel mir viel besser als die *„furchterregenden Männer."*

Abb. 74: Die Gebäudeserie ab 1964

2.5.2   Verkehr

Außer einem neuen *Ford 17M* und drei *Opel Kapitän Nachfolgern* gab es keine wesentlichen Neuigkeiten am Automarkt. Viele Autos hatten zwar immer noch die korrosionsanfällige 6 V Anlage, aber jetzt Befestigungspunkte für Sicherheitsgurte.

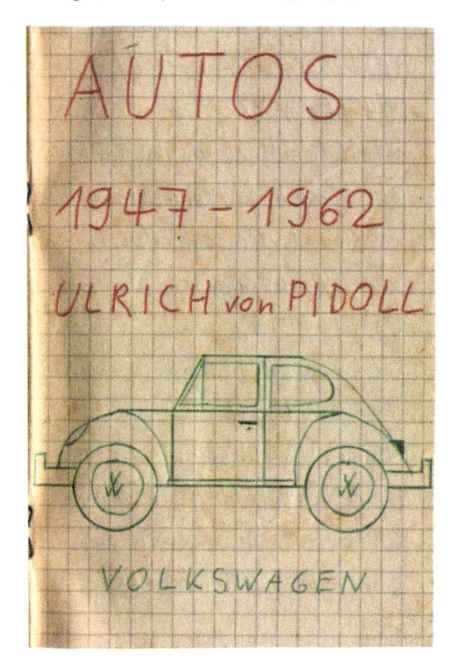

Abb. 75: Mein Büchlein AUTOS 1947-1962 von 1964. 50 Jahre später gab es dann eine stark erweiterte 2. Auflage.

Da ich inzwischen durch Schule und Freundin stark beschäftigt war, beschloss ich, meine bisherigen Kenntnisse über Autos in einem kleinen Heft AUTOS 1947-1962 niederzuschreiben. Meine Klassenlehrerin, *Fräulein Hübner*, war davon aber gar nicht begeistert, *„weil es erstens in Druckschrift, zweitens mit Kugelschreiber und drittens* *auch noch farbig geschrieben war."* Sie prophezeite mir, dass es kein gutes Ende mit mir nehmen wird. Gottseidank hat sie sich geirrt!

2.5.3 Kino und Musik

Das Jahr 1964 glänzte mit einer Vielzahl von guten Schlagern. Am meisten gespielt und einer meiner persönlichen Favoriten war *Oh my Darling Caroline*, gesungen mit der tiefen Stimme von *Ronny*. Sehr gut und mitreißend fand ich auch den Twist *Shake Hands* von *Drafi Deutscher*. Die *Beatles* sangen deutsch *Komm gib mir deine Hand*, und *Cliff Richard Sag No zu ihm*. Nachwuchssängerin *Peggy March* hatte Erfolg mit *Er schoss mir eine Rose*, Louis Armstrong mit *Hello Dolly* (mit tollem Trompetensolo), und *Manuela* mit *Schwimmen lernt man im See*.

1964 durfte ich meinen ersten *Grand Prix Eurovision de la Chanson Européene* im Fernsehen miterleben. Es siegte *Gigliola Cinquetti* mit *Non ho l'etat*.

Abb. 76: Siegerin des Grand Prix Eurovision de la Chanson 64 Gigliola Cinquetti NDR

Auch das *Schlagerfestival 1964* in Baden Baden konnte ich im Fernsehen verfolgen. Es siegte *Siw Malmkvist* mit *Liebeskummer lohnt sich nicht*. Ein Lied, das ich später oft angehört habe, wenn ich Liebeskummer hatte, und das zur meistverkauften Platte 1964 wurde. Ebenso fand ich *Dorthes* Beitrag *Junger Mann mit roten Rosen* gut. Andere auch, denn mit diesem Titel begann die Karriere von *Dorthe*.

Der Kinostar des Jahres 1964 war zweifellos *Louis de Funès*, der gleich mit zwei Filmen (*Fantomas* und *Der Gendarm von St Tropez*), die beide mehrere Nachfolgefilme hatten, die französischen Kinos eroberte. In Deutschland allerdings erst mit Zeitverzögerung. Auch die beiden letzten *Miss Marple* Filme gefielen mir sehr gut. Wirklich lustig war der Film *Der Musterknabe* mit *Peter Alexander* und *Theo Lingen*.

Dieser Film war alles andere als „*traurig, traurig, traurig*"! Ansonsten gab es auch weiterhin *James Bond*, *Edgar Wallace*, und *Karl May* Filme im Kino.

Abb. 77: Louis de Funès (li) in seiner Glanzrolle als Kommissar Juve in Fantomas NDR

2.5.4 Freizeit und Urlaub

Das Highlight des Jahres 1964 waren die *Olympischen Spiele* in Innsbruck und Tokyo. An einen besonderen Höhepunkt kann ich mich jedoch nicht erinnern.

Dafür gab es Höhepunkte im Fernsehen. Größtes Highlight dürfte die Sendung *EWG – Einer wird gewinnen* (1964-69) mit *Hans Joachim Kulenkampff* und Kandidaten aus acht Ländern gewesen sein. Die Sendung begann immer mit einem mindestens fünfminütigen Monolog von *Kulenkampff* und endete mit der Übergabe seines Mantels und einer bissigen Kritik durch *Martin Jente*.

Aber auch das ZDF eröffnete ein TV-Feuerwerk mit *Peter Frankenfeld* (*Vergißmeinnicht*, 1964-70), *Lou van Burg* (*Der goldene Schuss*, 1964-67), *Wim Thoelke* (*Aktuelles Sportstudio*, seit 1964), Serien wie *Flipper* (1966-70) und *Daktari* (1969-70), und natürlich den *Mainzelmännchen*.

Beim goldenen Schuss wurde eine mit einer Kamera versehene Armbrust von den Kandidaten zuhause per Telefonkommandos an einen Kameramann gesteuert und mit dem Befehl „*Schuss*" auf einen Apfel geschossen. Der Schützenkönig der Sendung durfte einen Sack mit Gold, der an einem Faden hing, mit der Telearmbrust abschießen und gewinnen. Moderator *Lou van Burg* war hierbei ein großartiger Entertainer, der sein Publikum („*Hallo Freunde*" – „*Hallo Lou*") stets zu fesseln vermochte: „*Auf mein Kommando. Sie haben 30 Sekunden Zeit. Kimme – Korn – ran*" „*Ooooh, schöööön, grandios, ganz gewaltig*" und natürlich „*wunnebar.*"

Abb. 78: „Onkel Lou" beim Kandidaten-Wettschießen Der goldene Schuss ZDF

Inzwischen ging ich in die zweite Klasse und hatte mich mit *Edith*, der Klassenbesten, angefreundet. Sie wohnte damals mit ihren Eltern, dem Großvater und einem Schäferhund in einer selbstgebauten Flüchtlingsbaracke am *Täubcheshöhlenweg* unmittelbar an den Bahngleisen. Es war jedes Mal eine lange Strecke dorthin, selbst mit meinem Tretroller. Hierbei beobachtete ich auf meinem Weg den Wiederaufbau des *Hotel Garni Nord* in der Kasinostr. 129. Ein Hotel, wo es nur Frühstück und sonst nichts zu essen gab? Ich konnte mir damals nicht vorstellen, dass jemand ein solches Hotel bucht.

Ediths Wohnhaus hatte keinen Strom und deshalb auch kein Radio, und so habe ich ihr stets die neuesten Schlager vorgesungen. Manchmal habe ich aber auch ihren Großvater intensiv hinsichtlich früherer Zeiten interviewt. *Edith* pflegte dann stets zu fragen: *„Bist Du wegen mir oder wegen meinem Großvater gekommen?"*

Auch 1964 verbrachte ich den Urlaub mit meiner Mutter auf Sylt. Wieder stiegen wir in *Darmstadt* in den dampfgetriebenen D-Zug von *Basel SBB* nach *Westerland* und fuhren weiter mit der skurrilen Inselbahn bis nach *Kampen* ins *Haus Gerda*. Diesmal gab es kein *Fix und Foxi* Heft wegen schlechten Wetters, dafür gingen wir einmal ins Kino, in *Winnetou 1*. Ein toller Film!

Weihnachten 1964 war hingegen eine Enttäuschung: Ich bekam für den kommenden Kommunionsunterricht ein Gesangbuch geschenkt. Nicht gerade ein prickelndes Weihnachtsgeschenk für einen richtigen Jungen!

Abb. 79: Barackenidylle am Täubcheshöhlenweg

Abb. 80: Meine Klasse mit Fräulein Hübner ganz rechts vor dem Hansa Kino. Ich bin in der 2. Reihe der Vierte von rechts, Edith die Sechste von links, Monika in der 1. Reihe die Dritte von links.

2.6 1965

2.6.1 Allgemeines

In der Bundesrepublik wurde ab 1965 sukzessive die 40 Stunden Woche eingeführt. Hierbei wurde die bisherige Arbeitszeit von 8 Stunden am Samstag gestrichen. Die Kinder konnten jetzt jubeln „*Samstags gehört mein Papa mir!*" Den Anfang machte die Druckindustrie.

Am 2.3.1965 beschloss der Ministerrat der *EWG* den Zusammenschluss von *EWG*, *EGKS* und *EURATOM* mit dem *Fusionsvertrag*. Ein weiterer Schritt in Richtung *EU* war geschaffen. Der Vertrag wurde zum 1.7.1967 wirksam.

1965 wurde meine Volksschullehrerin *Fräulein Hübner* pensioniert und *Herr Huthmann* übernahm den Unterricht. Er war ein angenehmer, guter Lehrer. Sein größter Stolz war ein zehn Jahre alter dunkelgrüner *Volkswagen Export*, mit dem er täglich zur Schule fuhr. Er war damals der einzige mir bekannte Lehrer mit eigenem Auto.

Abb. 81: Meine Volksschule, die Kyritzschule, noch mit flacher Notbedachung

In der Schule war ich sehr gut bis auf zwei Fächer: Leibeserziehung und Zeichnen. Da bekam ich nur mit viel Wohlwollen die Note vier. Für mich kein Problem, denn meine Freundin *Edith* war auch unsportlich. Dass meine Zeichenlehrerin, die sehr autoritäre *Frau Polte* immer polterte, wenn sie meine Zeichnungen sah, war da schon unangenehmer, aber wegen meines fehlenden Talents leider berechtigt.

Hingegen habe ich nie verstanden, warum alle Lehrer meine sehr gut lesbare Druckschrift (Abb. 75) nur befriedigend fanden. Übrigens gab es seit diesem Schuljahr teilweise getrennte Fächer für Jungen und Mädchen. Jungen hatten eine Doppelstunde Werken, Mädchen Nadelarbeit und Hauswerk.

Anfang 1965 bekam ich Kommunionsunterricht von einem Pfarrer im Turmzimmer der St. Elisabeth Kirche. Der Unterricht wurde – wie bereits mein Kindergarten – sehr autoritär geführt mit zahlreichen Backpfeifen und Strafarbeiten für Nichtwissen oder schlechtes Benehmen. Auch wenn ich selbst kaum bestraft wurde, hatte ich doch stets Angst. Bereits damals beschloss ich, meine Kinder niemals autoritär zu erziehen. Zur Kommunion habe ich dann die Armbanduhr meines Vaters geschenkt bekommen.

Von der Bundestagswahl 1965 habe ich nicht viel mitbekommen. Die *CDU/CSU* unter Bundeskanzler *Ludwig Erhard* siegte mit *Adenauers* Hilfe, der auf Wahlplakaten erklärte: „*Ludwig Erhard setzt mein Werk fort.*" Und *Erhard* setzte dann tatsächlich seine Koalition mit der *FDP* fort.

Nach der Teilung Vietnams in einen kommunistischen Norden und einen antikommunistischen Süden kam es im Süden zu einem Bürgerkrieg zwischen Kommunisten und Antikommunisten. Erstere wurden von Nordvietnam, letztere von den USA unterstützt, da die USA befürchteten, Südvietnam könnte zu einer Initialzündung für eine kommunistische Weltrevolution werden. Nach Angriffen auf amerikanische Soldaten in 1964 ordnete der amerikanische Präsident *Lyndon B. Johnson* die Bombardierung Nordvietnams, und am 15.3.1965 den Einsatz von *Napalmbomben* an.

Napalm ist ein klebstoffartiges schwer löschbares Benzin, von dem bereits kleinste Spritzer auf der Haut schwerste Verbrennungen erzeugen. Der Abwurf von Napalmbomben auf die Zivilbevölkerung führte zu unschönen Bildern von getroffenen Menschenmengen, die in den Medien bekannt wurden. Es kam daraufhin 1965 zu Studentendemonstrationen in den USA und später auch in der Bundesrepublik, da die Bundesregierung ihre Besatzungsmacht USA wohlwollend unterstützte.

Nachdem die Russen bereits im Juli 1961 mit *Juri Gagarin* den ersten Astronauten in den Weltraum geschossen hatten, holten die Amerikaner jetzt langsam aber sicher auf. Am 8.4.1965 wurde der erste Nachrichtensatellit *Early Bird* gestartet, der entweder 240 Telefongespräche oder einen Fernsehkanal zwischen Europa und USA über den Atlantik senden konnte. Er war bis Januar 1969 in Betrieb.

1965 erhielten wir Besuch von einem Elektriker, der alle Wandsteckdosen in unserer Wohnung gegen Schukosteckdosen austauschte. Den Austausch der alten Gerätestecker in Schukostecker übernahm ich hingegen selbst. Schließlich war ich durch das Lesen von *Du und die Elektrizität* ausreichend darauf vorbereitet.

Mitte der 1960er Jahre eröffneten die großen Kaffeeröstereien Kaffeegeschäfte in der Innenstadt von Darmstadt. Seitdem kaufte meine Mutter dort richtigen Bohnenkaffee, der von mir zu Hause mit einer handbetriebenen Kaffeemühle gemahlen und dann in einem Porzellanfilter aufgebrüht wurde. Caro-Kaffee wurde seit diesem Tag nicht mehr von uns getrunken.

2.6.2 Verkehr

1965 erschien mit dem *Opel Kadett B* ein Auto, das in der Luxusausführung sogar ich in praktisch jedem Punkt besser als den *VW Käfer* beurteilte. Gleichzeitig erschien ein *Opel Rekord B* mit viereckigen Scheinwerfern. Bei *Mercedes* erschien eine neue *S-Klasse W108* ohne Heckflossen in sehr elegantem Design.

Inzwischen hatten praktisch alle Automodelle bis auf den *VW Käfer* eine sehr gute Rundumsicht, einen großen Kofferraum, eine für ihre Klasse ausreichende Motorleistung und einen akzeptablen Kraftstoffverbrauch. Es war ein Punkt erreicht, wo es keine schlechten Autos mehr gab und es bis auf die innere Sicherheit, den Luftwiderstand, und den Schadstoffausstoß nicht mehr viel zu verbessern gab. Aus diesem Grund wird im Folgenden nur noch über Meilensteine im Verkehrswesen berichtet.

Abb.82: Opel Rekord A (1963-65), ein typisches Auto der 1960er Jahre

2.6.3 Kino und Musik

Das Jahr 1965 war geprägt durch viele gute Songs. Am meisten verkauft wurde *Il Silenzio* von *Nini Rosso*, ein Instrumentaltitel mit Solo-Trompete. Noch etwas besser fand ich allerdings die *Winnetou Melodie* von *Martin Böttcher*. Ein ganz neuer Tanz war der *Letkiss* von *Roberto Delgaro*. Mit zunehmendem Alter gefielen mir aber auch die Pop Musik und Schlager immer besser.

Hier sind ein paar meiner Lieblingssongs von 1965: *Petula Clark – Downtown* (Pop), *Len Barry – 1-2-3* (Pop), *Peggy March – Hee hee, hey hey* (bester Twist), *Drafi Deutscher – Marmor, Stein und Eisen bricht* (bester Schlager), *Udo Jürgens – Siebzehn Jahr, blondes Haar* (bester Nachwuchssänger), *Wencke Myhre – Sprich nicht drüber* (beste Nachwuchssängerin). Die *Beatles* habe ich übrigens nicht mehr im Radio gehört, da sie keine deutschen Versionen mehr herausgegeben hatten. Die *Rolling Stones* galten in jener Zeit als zu unanständig, als dass man sie überhaupt hören durfte. Das habe ich damals allerdings noch nicht verstanden.

Das Schlagerfestival 1965 war geprägt durch gleich drei Hits: Der Siegerin *Peggy March* mit *Mit 17 hat man noch Träume*, der zweiten *Wencke Myhre* mit *Sprich nicht drüber*, und der Dritten *Siw Malmkvist* mit *Das fünfte Rad am Wagen*. Auf dem vierten Platz *Dorthe*. Irgendwie gewannen immer die Damen, und das seit 1962!

Abb. 83: Die Siegerin France Gall beim Grand Prix Eurovision de la Chanson 65 NDR

Auch den *Grand Prix Eurovision de la Chanson Européene 1965* gewann eine Dame: *France Gall* mit *Poupée de cire poupée de son*. Eine süße Sängerin mit einem bezaubernden französischen Akzent, die ich noch viele Jahre gerne hören sollte.

Im Kino lieferte *James Bond* mit *Goldfinger* und *Feuerball* gleich die zwei erfolgreichsten Filme seiner Zeit. Die Filme um den *Agent 007* hatten nach meinem Geschmack allerdings zu viel Action und zu viele Verfolgungsjagden. Das einzige was mir an *James Bond* gefiel war sein Auto: Ein *Aston Martin DB5*.

Besser als *James Bond* gefiel mir damals *Winnetou 3*, noch besser *Heinz Rühmann* und *Liselotte Pulver* in *Dr. med Hiob Prätorius* mit wirklich meisterlicher Filmmusik von *Franz Grothe*.

Ein anderer guter Film war *Der unheimliche Mönch* – schon am Titel erkannte man, was einem bei diesem *Edgar Wallace Film* erwartet: Unheimliche Spannung pur mit meinem Schwarm *Karin Dor*. In dem Film ist mir jedoch auch ein anderes bezauberndes Fräulein mit schönen langen Haaren aufgefallen: *Uschi Glas*.

Abb. 84 Uschi Glas 1965 in dem Kinofilm Der unheimliche Mönch NDR

2.6.4 Freizeit und Urlaub

Auch 1965 gab es wieder jede Menge neue Fernsehsendungen. Eine meiner Lieblingssendungen war *Die seltsamen Methoden des Franz Josef Wanninger* (1965-70) mit *Beppo Brem* in der Hauptrolle. In den Filmen versuchen *Kriminalinspektor Wanninger* und sein jüngerer Kollege, *Inspektor Steiner*, jeder auf seine Weise den gleichen Kriminalfall zu lösen. Während *Steiner* die klassische Polizeimethode anwendet (z.B. Polizeiüberwachung eines Koffers mit Lösegeld) und dabei peinlich ausgetrickst wird, geht *Wanninger* immer einen anderen psychologischen Weg, der ihn dann auch zum Täter führt. Eine überaus witzige, typisch bayerische Serie!

Wer mehr Krimis wollte, war mit der ARD Serie *Auf der Flucht* (1965-68) bestens bedient. In sehr spannenden Folgen wurde *Dr. Richard Kimble*, der zu Unrecht wegen Mordes an seiner Frau zum Tode verurteilt war, von der Polizei gejagt, während *Kimble* selbst den wahren Mörder, einen einarmigen Mann, suchte.

Im Bereich Unterhaltung gab es jetzt von *Radio Bremen* (die wegen ihres kleinen Fernsehetats eine preiswerte Show suchten) die *Rudi Carrell Show* (1965-73). Das waren deutsche Ausgaben älterer holländischer *Carrell Shows*. Statt eines aufwendigen Bühnenbilds gab es stets nur eine einzige Deko von einem bestimmten Ort (z.B. Marktplatz, Warenhaus, Flughafen etc.). Als besonderen Gag hatte *Carrell*, der wie *Lou van Burg* mit einem sympathischen holländischen Akzent sprach, stets aktuelle Ereignisse aus der *Tagesschau* von vor der Sendung eingebaut, die ihm rechtzeitig von der *Tagesschau* Redaktion geliefert wurden.

Ein weiteres Highlight war die neue Sendung *Spiel ohne Grenzen* (1965-73), lustige sportliche Wettkämpfe europäischer Teams, die für ihr Land spielten und hierbei von *Camillo Felgen* und *Frank Elstner* kommentiert wurde. Ebenfalls 1965 löste *Heinz Schenk Otto Höpfner* als Moderator beim *Blauen Bock* ab (1965-87).

Abb. 85: Uschi Nerke moderiert 1965 den Beatclub RB

Endlich gab es auch eine Sendung für die Beatfreunde: Den *Beatclub* (1965-72), moderiert von der bezaubernden *Uschi Nerke* und einem wechselnden Moderator. In der Sendung spielten Beatgruppen live in einer einfachen Backsteinhalle. Die Auftritte wurden mit den besten damals verfügbaren Bildeffekten dramatisiert. Trotz offenbar beschränktem Etat von *Radio Bremen* kamen im Lauf der Jahre nach und nach alle Großen der Pop-Musik in diese Sendung.

1965 ging mir langsam der Lesestoff aus unserer Hausbibliothek aus. Meine Mutter lieh sich daher für mich nach und nach die ersten 12 Bände der *Abenteuer der Fünf Freunde* von *Enid Blyton* aus der Werksbibliothek ihres Arbeitgebers.

Den Urlaub 1965 verbrachte ich wieder mit meiner Mutter in *Kampen* im *Haus Gerda*. Leider kam sie dort auf den Gedanken, dass das Glück der Erde auf dem Rücken der Pferde liegt. Sie meldete daher sich und mich zum Reitunterricht an. Als mein Pferd plötzlich aus dem Reitzirkel nach innen ausbrach und aus vollem Lauf abbremste, stürzte ich auf meinen linken Ellenbogen und musste den Rest des Urlaubs im *Westerländer Krankenhaus* mit einem eingegipsten linken Arm verbringen.

Abb. 86: Noch unbeschwerter Urlaub des Autors 1965 in Kampen

Im Herbst 1965 kaufte sich meine Mutter ein Tonbandgerät *Telefunken magnetophon 301*, um selbst Musikaufnahmen zu machen. Doch schon bald stellte sie fest, dass dieses Vorhaben für sie zu zeitaufwendig war. Sie hat mir deshalb Weihnachten 1965 das Gerät „unter der Bedingung überlassen, dass ich damit keine englischsprachige *Pop-Musik aufnehme. So etwas geziemt sich nicht."*

Diese Bedingung akzeptierte ich gerne, habe dieses Versprechen aber gerade mal 14 Tage gehalten. Mein erster aufgenommener Titel war der letzte Platz von der *Frankfurter Schlagerbörse* vom 30.12.1965, nämlich *Deine Rosen vom ersten Rendevous,* die zweite Schallplatte von *Vicky Leandros*.

Doch das Hören der *Frankfurter Schlagerbörse* führte für mich zu zwei Problemen: Erstens: Die Sendung lief Donnerstagabend ab 19:30 Uhr und das Radio stand in unserem Wohnzimmer, was den abendlichen Familienfrieden störte. Zweitens: In der

Sendung wurden einige englischsprachige Lieder gespielt, die ich ja nicht hören und schon gar nicht aufnehmen sollte.

Abb.87: Telefunken magnetophon 301, (Vierspurtechnik, 9,5 cm/s, max. 14.000 Hz, max. 13 cm Bänder á 60 min (Duo) bis 90 min (Triple)) Telefunken Werksfoto

Ich durfte daraufhin die Sendung nicht mehr hören und musste meine Musik zukünftig von der mittäglichen Sendung „*Werbung im Rundfunk*" aufnehmen. Gelegentlich wurde meine Mutter jedoch dienstlich auf Messen eingesetzt. Ihre Abwesenheit habe ich dann Donnerstagabends genutzt, um dennoch die *Frankfurter Schlagerbörse* zu hören.

2.7 1966

2.7.1 Allgemeines

Im Jahre 1966 kam es in der Bundesrepublik zu einem Schrumpfen der Wirtschaft und daraus resultierend zu einer Schrumpfung der Steuereinnahmen. *Bundeskanzler Erhard* wollte deshalb die Steuern erhöhen, was aber sein Koalitionspartner *FDP* ablehnte. Es kam daraufhin zu einem Bruch der Koalition, zum Rücktritt *Erhards*, und zu einer neuen großen Koalition zwischen *CDU/CSU* und *SPD* unter *Bundeskanzler Kurt Georg Kiesinger* (*CDU*) mit der kleinen *FDP* als einziger Oppositionspartei.

Kiesinger war jedoch seit 1933 Parteimitglied der *NSDAP* und im Dritten Reich Mitarbeiter im Auswärtigen Amt als stellvertretender Leiter der Radioabteilung. Dies machte ihn unbeliebt bei den linken Studenten, die angesichts einer fehlenden Opposition im Bundestag eine *Außerparlamentarische Opposition* (*APO*) bildeten.

1966 ging ich noch in die Volksschule. Besonders in Erinnerung geblieben ist mir, wie mein Lehrer *Herr Huthmann* in *Heimatkunde* eine Karte von dem geteilten Deutschland aufhängte und uns lehrte, „*dass Deutschland nach dem verlorenen 2.*

Weltkrieg zu Unrecht fünffach geteilt wurde" und seitdem Teile des deutschen Staatsgebiets *"zur Zeit unter polnischer und sowjetischer Verwaltung"* stehen. *"Wenn Deutschland in den Grenzen von 1937 wieder vereinigt würde, so wäre das eine "große Wiedervereinigung". Wenn Deutschland mit der sowjetischen Besatzungszone wiedervereinigt würde, so wäre das eine "kleine Wiedervereinigung". Ich halte es jedoch für unwahrscheinlich, dass irgendwann einmal eine große Wiedervereinigung stattfindet."* Ferner erklärte er, *"dass Deutschland nach dem verlorenen 2. Weltkrieg umerzogen werden sollte, was aber nicht gelang, und dass auch wir nicht auf diese Umerziehung hereinfallen sollten."* Seine eindringliche Bitte habe ich bis heute nicht vergessen!

Mein Volksschulbesuch endete im November 1966, und ich wurde in die *Justus Liebig Schule, Gymnasium für Jungen*, versetzt.

Abb. 88: Bundeskanzler Kurt Georg Kiesinger (1966-69) Jens Gathmann

1966 gab es wieder einmal eine neue Briefmarkenserie: Deutsche Bauwerke aus 12 Jahrhunderten. Noch einmal Gebäude, aber diesmal in größerem Format.

Abb. 89: Die neue Serie „Bauwerke, größeres Format", ab 1966

2.7.2 Verkehr

1966 erschien ein sehr erfolgreicher neuer *Opel Rekord C* mit einem Hüftschwung über den hinteren Kotflügeln, der bis 1972 gebaut werden sollte. Der von *Ford* herausgebrachte neue *12 M* mit Rundscheinwerfern im viereckigen Kühlergrill erzielte bis 1970 immerhin einen Achtungserfolg. Bei *Volkswagen* war jetzt auch ein *VW 1600* in verschiedenen Varianten lieferbar.

2.7.3 Kino und Musik

Auch 1966 gab es wieder eine große Auswahl hochklassiger Musiktitel. Mein Lieblingstitel war *Wencke Myhre – Beiß nicht gleich in jeden Apfel*, ein Twist, der laut Aussage des Komponisten *Hans Blum* als Variation von *Hänschen klein* komponiert wurde. Kein Wunder, dass Wencke damit nach einem hinreißenden Vortrag das Schlagerfestival 1966 gewann!

Aber auch viele andere Titel dieses Schlagerfestivals fand ich hervorragend. *Roy Blacks Irgendjemand liebt auch Dich* wurde das wichtigste Lied für mich bei der Bekämpfung von Liebeskummer und deshalb eines meiner Lieblingslieder überhaupt. Dieser Schlager wurde dennoch kein Verkaufserfolg, obwohl der Komponist *Christian Bruhns* in einem späteren Fernsehinterview sagte, dieses Lied wäre seine Lieblingskomposition.

Ein weiterer echter Ohrwurm dieses Festivals war *Wanderer ohne Ziel*, gesungen von den *Tielman Brothers*, leider in schaurigem Deutsch. Neben der schönen *Margot Eskens* ist mir noch eine Nachwuchssängerin aufgefallen, die in einem weißen Kleid ein bisschen schüchtern *Wie der Wind* sang: *Mary Roos*. Gar nicht gefallen hatte mir damals wegen seines schlechten Textes *Margret Fürers Gammelshake*. Heute bin ich jedoch von ihrer angenehmen Gesangsstimme und dem erstklassigen Orchesterarrangement (klingt nach *James Last*) begeistert.

Abb. 90: Wencke Myhre, die Siegerin beim Deutschen Schlagerfestival 1966 SWR

Abb. 91: Den Grand Prix Eurovision de la Chanson Européene 66 gewann Udo Jürgens mit Merci Cherie und begann damit seine Weltkarriere NDR

Die Tatsache, dass im deutschen Rundfunk nur deutsch gesungen werden durfte, führte dazu, dass viele junge Hörer zu den Sendern der Besatzungsmächte überwechselten und als Hörer verlorengingen. Aus diesem Grund wurde diese Vereinbarung 1966 aufgehoben. Diese Entscheidung war eine solche Zäsur, dass ich mich heute noch an das erste englischsprachige Lied erinnere, dass ich im Radio gehört hatte: es waren die *Beatles* mit *We can work it out*. Seitdem tauchten auch englischsprachige Lieder im großen Stil in den Hitparaden der verschiedenen deutschen Sender auf und verdrängten die deutschen Schlager fast vollständig.

Der meistverkaufte Hit des Jahres 1966 war *Frank Sinatra* mit *Strangers in the Night*. Auch ganz oben landete *Nancy Sinatra – These Boots made for Walking*, die *Mamas and Papas – Monday Monday*, *Chris Andrews – Yesterday Man*, die *Beach Boys – Barbara Ann* und *Graham Bonney – Super Girl*. 1966 war auch das Jahr, in dem die Gruppe *Dave Dee, Dozy, Beaky, Mick and Tich* gleich mit drei Hits ihre Erfolgsserie begannen: *Hold Tight*, *Bend it* und mein Lieblingslied *Hideaway*.

Neben Popmusik und Schlagern gab es Mitte der 1960er Jahre aber auch wirklich hervorragende Klassikaufnahmen aus Oper und Operette von *Rudolf Schock*, *Rene Kollo*, *Dietrich Fischer-Dieskau*, *Hermann Prey* und vor allem *Fritz Wunderlich*, mein damaliger klassischer Lieblingssänger. Bei den Sängerinnen war dies *Maria Callas*, aber auch *Anneliese Rothenberger*, und bei den Pianisten *Artur Rubinstein*.

1966 gab es im Kino weiterhin *James Bond*, *Karl May*, *Edgar Wallace*, und *Louis de Funès* Filme sowie jede Menge Western. Neu war allerdings *Batman hält die Welt in Atem*. Und neu war auch *Dr. Schiwago*, der meistverkaufte Kinofilm des Jahres.

Der meiner Meinung nach beste Kinofilm aller Zeiten ist jedoch ein Film, der in keiner Aufstellung auftaucht: *Heinz Rühmann* und *Lieselotte Pulver* in *Hokuspokus*. Ok, am Anfang ist der Film etwas langatmig, aber dann ist *Heinz Rühmann* als Strafverteidiger der wegen Mordes an ihrem Mann angeklagten *Liselotte Pulver* einfach sensationell, z.B. „*Die Staatsanwaltschaft wirft der Angeklagten vor, dass sie sich nach dem Tod ihres Mannes einen Liebhaber genommen hat. Nun, es soll Frauen geben, die nicht so lange damit warten.*" Erstklassig auch die Filmmusik von *Franz Grothe*.

2.7.4 Freizeit und Urlaub

Den Sommerurlaub 1966 verbrachte ich mit Mutter und Großmutter in Lindenfels, wo ich im Fernsehsaal der Pension die Fußballweltmeisterschaft 1966 verfolgte. Die deutsche Mannschaft hatte hervorragend gespielt, und vor allem Torwart *Hans Tilkowski* rettete durch seine Glanzparaden die Deutschen ins Finale.

Das Endspiel Deutschland – England begann mit einem Foul, als ein englischer Spieler *Tilkowski* mit einem gezielten Ellenbogenstoß auf das Kinn mehrere Minuten bewusstlos stieß. Dann stand es lange 1:1, bis die Engländer 2:1 in Führung gingen. Das Spiel schien verloren, bis nach einem Freistoß für Deutschland in der letzten Minute, kurz vor dem Strafraum, der deutsche Schuss im englischen Strafraum abgeblockt wurde und der Ball im Strafraumgewühl mehrfach abgefälscht irgendwie nach rechts zu *Wolfgang Weber* trudelte, der ihn ins englische Tor schoss.

Abb. 92: Das 3:2 von Wembley bei der Fußball WM 1966. Vier aufeinanderfolgende Bildausschnitte der damaligen Fernsehübertragung der ARD. WDR

In der Verlängerung gab es dann das berühmte dritte Tor, als *Geoff Hurst* 7 m vor dem deutschen Tor von rechts angespielt wurde. Sein deutscher Gegenspieler *Schnellinger* blieb erschöpft stehen, sodass *Hurst* frei schießen konnte. Er schoss direkt auf *Tilkowski*, der sprang aus der Hocke nach oben und lenkte den Ball mit den Fingern an den oberen Torinnenpfosten, von wo er nach unten sprang, und von da aus wieder ins Spielfeld zurück, 2 m vor den Engländer *Hunt*. Dieser drehte sich um und jubelte, während ein deutscher Spieler anschließend den Ball ins Toraus köpfte. Ich glaubte damals wegen der Reaktion des Zeugen *Hunt*, dass der Ball wirklich drin war. Die Aufnahme der *British Pathe Wochenschau* mit einer Farbkamera auf der Torauslinie beweist jedoch eindeutig, dass der Ball nicht die Torauslinie überschritten hatte. Geblieben ist die Erinnerung an eine deutsche Mannschaft, die in einem spannenden Spiel in jeder Hinsicht überzeugte und ein würdiger Endspielgegner war.

Abb. 93: Mein neuer Schwarm Diana Rigg als Emma Peel ZDF

1966 entdeckte ich erstmals in unserer Fernsehzeitschrift *HÖR ZU* Bilder einer jungen Frau, die mir noch besser gefiel als *Karin Dor*. Es war *Diana Rigg* als *Emma Peel* in *Mit Schirm Charme und Melone* (1966-68). Leider konnte ich diese Sendung nicht sehen, denn sie wurde vom *ZDF* ausgestrahlt, das wir nicht empfangen konnten.

Abb. 94: Meine Lieblingssendung 1966 war Raumpatrouille NDR

Meine Lieblingssendung im Fernsehen war 1966 ganz klar *Raumpatrouille – die phantastischen Abenteuer des Raumschiffs Orion* mit *Dietmar Schönherr* als *Commander Cliff Allister McLane*. Ohne Frage die spannendste Serie des Jahres.

Der Unterricht im neuen Gymnasium gefiel mir ganz gut, dort gab es schließlich keinen strengen *Konrektor Schwinn* und keine *Frau Polte*. Allerdings erlebte ich schon bald eine böse Überraschung, als ich meine Freundin *Edith* besuchen wollte: Da wo sie bisher gewohnt hatte, war nur noch nackte Erde vorzufinden! Wie sie mir viele Jahre später erzählt hat, musste ihre Familie wegen des *Barackenräumungsgesetzes* ihr Grundstück zum 31.12.1966 räumen. Sie sind dann in eine Wohnung für Vertriebene in die *Kirchtannensiedlung* in *Eberstadt* gezogen. Ich war sehr unglücklich, doch die neue Schule forderte meine ganze Aufmerksamkeit, und so vergaß ich schon bald meine *Edith*.

Weihnachten 1966 erhielt ich ein besonders großzügiges Weihnachtsgeschenk: Einige Schienen, zwei Weichen, und zwei Züge passend zu meiner alten Eisenbahn. Die Freude war riesig!

2.8 1967

2.8.1 Allgemeines

Das für mich wichtigste Ereignis des Jahres war, dass meine Mutter ab sofort nur noch 40 Wochenstunden arbeiten musste. Damit war sie den ganzen Samstag zu Hause. Leider musste ich selbst aber bis zum Ende meiner Schulzeit noch samstags in die Schule gehen!

Im Fernsehen hörte ich, wie am 2.7.1967 der Student *Benno Ohnesorg* auf einer Studentendemonstration gegen den Besuch eines amerikafreundlichen Diktators, den Schah von Persien, von einem Polizisten erschossen wurde. Dessen Waffe sollte angeblich von alleine losgegangen sein. Noch ahnte ich nicht die Folgen dieser Tat, die ich 1968 erleben sollte. Schon gar nicht wusste ich damals, dass dieser Polizist ein eingeschleustes Stasimitglied der *DDR* war.

Den Skandal des Jahres leistete sich *Lou van Burg*. Noch verheiratet und mit seiner Freundin *Angèle Durand* zusammen lebend, schwängerte er seine 29jährige Assistentin, welche mit ihrem Ehemann und einem gemeinsamen dreijährigen Kind zusammenlebte. Nachdem dieses Verhalten in der Boulevardpresse für negative Schlagzeilen gesorgt hatte, wurde *Lou* vom *ZDF* gefeuert und durch *Vico Torriani* ersetzt. Insbesondere befürchtete man beim *ZDF* ein Unmut äußerndes Publikum bei der prestigeträchtigen ersten Farbsendung von der Funkausstellung. *Vico* war zwar ein strahlender Showman, besaß aber nicht die Schlagfertigkeit von *Onkel Lou*. *Der goldene Schuss* wurde daher 1970 beendet. *Lou* hat übrigens nach diesem Skandal seine Assistentin geheiratet.

Als Reaktion auf den immer brutaler werdenden Vietnamkrieg begann in Amerika die Flower-Power Zeit der jungen Leute: „*Make love – not war*", und das mit Jeans und immer längeren Haaren.

2.8.2 Verkehr

Das Jahr 1967 war geprägt durch eine Vielzahl neuer Automodelle mit erhöhter Sicherheit. Die größte Neuigkeit war der futuristische *Ro 80* von *NSU* mit Wankelmotor, der allerdings keine hohe Lebensdauer aufwies. Bei *Volkswagen* gab es ein neues Modell des *Käfers* mit senkrecht stehenden Scheinwerfern und erhöhter Sicherheit, bei *Mercedes* den neuen Kompaktmercedes */8* mit senkrechten Rechteckscheinwerfern und Sicherheitsstoßstange, bei *Ford* einen neuen *17 M* mit rechteckigen Scheinwerfern, und bei *Opel* ein Luxusmodell des *Kadett* mit Namen *Olympia*. Praktisch alle Modelle dieses Jahrgangs hatten jetzt Sicherheitslenksäule, gepolstertes Armaturenbrett, Zweikreisbremsanlage, verstärkte Stoßstangen, und 12 V Bordspannung.

1967 bekam ich zum Geburtstag ein graues 26 Zoll Fahrrad geschenkt, Modell *Turmberg*, ohne Gangschaltung. Schon bald hatte ich das Fahrradfahren gelernt und konnte bis nach *Bayerseich*, *Seeheim* und *Groß Gerau* fahren.

Abb. 95: Einen Volkswagen müsste man haben – wir hatten ihn ab August 1967

Im Sommer 1967 machte meine Mutter den Führerschein Klasse III und kaufte für 3150 DM einen zwei Jahre alten bahamablauen *VW 1200 Export*, Modell 64/65, der mit seinen roten Rückleuchten ursprünglich für die amerikanische Besatzungsmacht in Darmstadt lief. Wir fuhren daher in den Sommerferien nicht mehr in Urlaub, sondern machten mit unseren 34 PS Autotouren bis nach *Würzburg* und *Koblenz*. Das so eingesparte Urlaubsgeld wurde für einen Farbfernseher zurückgelegt.

2.8.3 Kino und Musik

Das große kulturelle Ereignis des Jahres war am 25.8.1967 die Einführung des Farbfernsehens auf der Berliner Funkausstellung durch den Vizekanzler *Willy Brandt*.

Hierbei sollte *Brandt* durch Drücken eines großen roten Tasters das Farbfernsehen einschalten. Dies misslang jedoch völlig, da die gesamte Zeremonie aufgrund eines Regiefehlers bereits vor dem Drücken in Farbe ausgestrahlt wurde.

Noch am gleichen Abend sendete das ZDF *Der goldene Schuss* mit *Vico Torriani* in Farbe. Die ARD folgte einen Tag später mit dem *Galaabend der Schallplatte*, wo praktisch alle damals berühmten Gesangsinterpreten auftraten. Die Veranstaltung wurde von *Dietmar Schönherr* und *Vivi Bach* moderiert *Vivi* trug übrigens bei jedem ihrer Auftritte ein andersfarbiges Kleid, was in Schwarzweiß nicht zu erkennen war.

Abb.96: Udo Jürgens beim Gala Abend der Schallplatte 1967 NDR

1967 gab es kein Schlagerfestival mehr, dafür aber wie jedes Jahr den *Grand Prix de la Chanson,* so lautete der neue Name. Es siegte *Puppet on a String* mit *Sandy Shaw*, die gemäß Kommentator ein rosarotes Minikleid trug. Neben diesem Titel, der in Deutschland die zweitmeistverkaufte Platte wurde, hat auch der Minirock inzwischen die Herzen erobert. Es war die Zeit von *Procul Harum – A wider shade of pale, Manfred Mann – Ha Ha said the Clown* und den *Beatles*. Meine Lieblingsplatte des Jahres war aber wieder mal instrumental: *Herb Alpert* mit *A taste of honey*.

Der meistbesuchte Kinofilm des Jahres 1967 war *James Bond – Man lebt nur zweimal.* Auf dem zweiten Platz landete *Helga – Vom Werden des menschlichen Lebens.* Ein Aufklärungsfilm unserer Gesundheitsministerin *Käte Strobel*, der in der prüden Nachkriegszeit auf fruchtbaren Boden fiel. Damit war die Ära der Sex- und

Aufklärungsfilme in Deutschland eingeleitet. Noch immer gab es *Edgar Wallace* und *Fantomas* Filme und jede Menge Western.

2.8.4 Freizeit und Urlaub

Das Jahr 1967 begann mit einem Winterurlaub mit meiner Mutter in *Hirschegg*. Im Sommer gab es einen weiteren Urlaub in *Herrenalb*.

Im Frühling 1967 war meine Schule ausnahmsweise fünf Minuten früher aus als gewöhnlich. Deshalb traf ich auf Schülerinnen der benachbarten *Eleonorenschule*, welche fünf Minuten später anfingen und fünf Minuten früher aufhörten, damit sie ja nicht den Jungen über den Weg liefen. Eine der Mädchen sprach mich gleich mit „*Hallo*" an. Ich erinnerte mich sofort, sie hieß *Monika* und war mit mir und *Edith* in die gleiche Volksschulklasse gegangen (Abb. 80).

Wir unterhielten uns ausgiebig auf dem Nachhauseweg, und da sagte sie mir, dass sie es gerne hätte, wenn ich ihr Freund würde. Ich fand das damals etwas aufdringlich und habe ihr deshalb höflich, aber bestimmt abgesagt, und sie dann zu ihrer Wohnung begleitet, ein Mehrfamilienhaus auf der nördlichen Irenenstraße.

Doch schon am nächsten Tag hatte ich mein Verhalten bitter bereut und meine Meinung geändert. Ich bin daraufhin nach der Schule wieder in die Irenenstraße gegangen, um bei ihr zu klingeln und ihr zu sagen, dass ich es mir anders überlegt hätte und auch gerne möchte, dass sie meine Freundin wird. Aber wie ich in der Irenenstraße stand, hatte ich einen völligen Blackout und konnte mich nicht mehr erinnern, vor welchem Haus ich sie am Vortage abgesetzt hatte und wie sie hieß. Auch ein Studium aller infrage kommenden Namensschilder an den Klingelknöpfen brachte keine Erinnerung. Traurig ging ich nach Hause zurück. Ich habe Monika nie wieder gesehen. Geblieben ist mir der Vorsatz, so einen Fehler nie wieder in meinem Leben zu machen!

Im Sommer 1967 endete leider der Frankfurter Wecker. *Heinz Schenk* hätte bestimmt über mich gesagt: „*So sieht ein trauernder Hörer aus.*" Doch schon damals bereitete *Radio Luxemburg* eine massive Erweiterung des deutschsprachigen Programms vor, das seit 1958 mit *Camillo Felgen* und *Elisabeth* gesendet wurde.

Da ich einen guten Musikgeschmack hatte, durfte ich für einen Freund Schallplatten kaufen. Hierzu ging ich zu *Radio Pfeiffer* in der Ernst Ludwig Str. 15. Dort konnte man an einem Tresen Schallplatten aussuchen und sich beraten lassen. Dann wurden diese Schallplatten gespielt und man konnte sie sich in einer der vielen telefonzellen-ähnlichen Kabinen anhören. Das fand ich damals richtig gut, da andere Geschäfte nur eine Ohrmuschel zum Hören anboten, für die es am Tresen Barhocker gab. In allen Fällen war jedoch die Wiedergabe nur mono.

2.9 1968

2.9.1 Allgemeines

Die offene Hinrichtung eines *Vietcong* Mitglieds durch Amerikaner vor laufender Kamera sowie der Einsatz von *Napalm* und *Agent Orange* gegen nordvietnamesische

Zivilisten führten dazu, dass im März 1968 immer mehr Menschen an der Rechtfertigung der amerikanischen Kriegsführung im Vietnamkrieg zweifelten. Hinzu kamen die eigenen Lebenserfahrungen durch autoritäre Erziehung, der Vernachlässigung der Kinder beim Wiederaufbau, das Schweigen der Eltern hinsichtlich Verbrechen der Nazis und schließlich das vertuschende Verhalten der Polizei anlässlich der Ermordung von *Benno Ohnesorg* durch einen Polizisten. Gerade dieser Mord wurde nicht als Einzeltat, sondern als Ergebnis einer zunehmenden Gewalt von Behörden zur Unterdrückung von Bürgerprotesten aufgefasst.

Das neue Verhütungsmittel Pille erlaubte außerdem die freie Liebe, was als Aufhebung der sexuellen Unfreiheit empfunden wurde. Ferner wurde die Enteignung von *Axel Springer* gefordert, der mit seinen Zeitungen 70 % des Marktes beherrschte und sein Meinungsmonopol zu einer polizeifreundlichen Berichterstattung des Mordes an *Benno Ohnesorg* nutzte. Auch die Nazivergangenheit von *Bundeskanzler Kiesinger* stieß vielen Studenten sauer auf. Weiterhin ließ die aktuelle Wirtschaftskrise nach Jahren des Wirtschaftswunders Wünsche nach einem sozialistischen Gesellschaftssystem aufkommen.

Als Reaktion darauf radikalisierte sich die Studentenbewegung und hielt Gewalt gegen Sachen für ein legitimes Demonstrationsmittel. So kam es zur Gründung der *Baader-Ensslin-Proll-Söhnlein Gruppe*, die am 2.4.1968 drei Bombenanschläge auf die Frankfurter Kaufhäuser *M. Schneider* und *Kaufhof* durchführte. Die Täter rechtfertigten ihre Anschläge mit „*Es ist immer noch besser, ein Warenhaus anzuzünden, als ein Warenhaus zu betreiben.*" Doch schon kurz nach der Tat wurden die Täter verhaftet und zu drei Jahren Zuchthaus verurteilt.

Friedlichere Studenten zeigten hingegen Präsenz in zahlreichen Demonstrationen, wurden jedoch von der Polizei massiv niedergeknüppelt: „*Wir demonstrieren solange noch der Schlagstock die Freiheit regelt und Napalm noch die Speise für die Armen ist.*" Die Demonstranten strebten nach

1. einer Befreiung der Menschen von kapitalistischer Ausbeutung,
2. einer antiautoritären Erziehung,
3. einer antiautoritären Polizei und
4. einer vollständigen Entnazifizierung der Gesellschaft mit
5. einem konsequenten Antifaschismus.

Das Attentat auf ihren Wortführer *Rudi Dutschke* am 11.4.1968 führte zu weiterem Hass auf die Gesellschaft, der einen bis dato unbekannten Generationenkonflikt erzeugte. Die neue Jugend sah eine zunehmende Kapitalkonzentration und eine immer unfreiere, immer stärker verwaltete Welt, und stand für einen Wertewandel, nämlich

1. geringere Bereitschaft, die eigene Freiheit durch Normen und Autoritäten zu beschränken (Ablehnung sozialer Kontrollen durch Staat und Polizei),
2. geringere Bereitschaft für traditionelle Tugenden wie gutes Benehmen, Pünktlichkeit, Ordentlichkeit, Frömmigkeit (Nonkonformismus),

3. Ablehnung der derzeitigen Gesellschaftsform, stattdessen Gesellschaft, in der alle Menschen gleich sind (Sozialismus),
4. Ablehnung jeglicher Diktatoren und Kriege (Antifaschismus).

Selbst Udo Jürgens textete in einem seiner Lieder:

> *Lieb Vaterland, wofür soll ich dir danken,*
> *für Versicherungspaläste oder Banken?*
> *Für Kasernen, für die teure Wehr,*
> *wo tausend Schulen fehlen, tausend Lehrer und noch mehr.*
> *Die Freiheit, die du allen gleich verhießen,*
> *die dürfen Auserwählte nur genießen.*
> *Lieb Vaterland, magst ruhig sein.*
> *Die Großen zäunen ihren Wohlstand ein.*
> *Die Jugend wartet auf deine Hand,*
> *Lieb Vaterland!*

Die 68er haben wesentlich dazu beigetragen, dass 1969 die „kapitalistische" *CDU* Regierung durch eine „sozialistische" *SPD* Regierung abgelöst wurde. Sie waren jedoch nicht dafür verantwortlich, dass 1968 die *Hongkong Grippe* Deutschland überfiel und 40.000 Menschenleben forderte.

2.9.2 Verkehr

1968 stellte *BMW* mehrere neue Automodelle vor, die noch lange produziert wurden: *BMW 2002*, *BMW 2500* und *BMW 2800 CS*. Auch bei *Audi* (seit 1965 Nachfolgemarke von *DKW*) gab es neue Modelle, die den erfolgreichen *Audi Super 90* (1966-71) ergänzten. Opel brachte mit dem *Opel GT* mit versenkbaren Scheinwerfern erstmals einen Sportwagen auf den Markt. *VW* sollte mit dem großen *VW 411* den letzten Heckmotorwagen produzieren.

2.9.3 Kino und Musik

Im Januar 1968 begann für mich das Geldverdienen, als ich Gedichte für die Zeitung *Darmstädter Echo* schrieb und hierfür jeweils 5 DM Honorar erhielt.

Im gleichen Jahr durfte ich für meine Tante Anneliese Schallplatten kaufen. Ich kaufte *France Gall – Zwei Apfelsinen im Haar*, *Siw Malmkvist – Harlekin*, *Louis Armstrong – What a wonderful world* und *Wonderworld – Poochy*.

Die meistverkauften Lieder des Jahres wurden jedoch vom mit mir gleichaltrigen Kinderstar *Heintje* gesungen. Den konnte ich aber gar nicht leiden, weil meine Mutter ihn immer mit mir verglich: „Schau mal, was dieser Junge jetzt schon für seine Familie verdient. Warum kannst Du das nicht?" Ansonsten hörte man damals *Tom Jones* und *Peter Alexander* mit *Delilah*, *Dorthes Graf von Luxemburg*, *Udo Jürgens* mit *Cottonfields* und *Mathilda*, und viele, viele andere Stars und Gruppen.

1968 gab es etwas völlig Neues in der Musik: *Walter Carlos* spielte in seinem Album *Switch on Bach* erstmals klassische Werke mit dem neuen Moog-Synthesizer populärmusikalisch ein. Der große Erfolg seines Werks führte zu zahlreichen

Nachahmungen durch Gruppen wie *The Nice, Ekseption,* und *Emerson, Lake and Palmer,* und zum Durchbruch des Moog-Synthesizers in der Musik.

Nach den Erfolgen der Langspielplatten von den *Beatles,* den *Stones,* den *Beach Boys, Elvis Presley* und den *Kinks* begann ab etwa 1968 die Ära der Langspielplatten, in der nach und nach alle Künstler neben Singles auch Langspielplatten aufnahmen.

Den *Eurovision Song Contest 1968* (wieder ein neuer Name) gewann *Massiel* mit dem Ohrwurm *La, la, la.* Erfolgreicher war jedoch *Cliff Richard* mit *Congratulations,* der zusammen mit geschmacklos rosa gekleideten Sängerinnen auftrat.

Abb. 97: Cliff Richard mit Congratulations beim Eurovision Song Contest 68 NDR

Das Jahr 1968 war geprägt durch die Aufklärungsfilme von *Oswalt Kolle Das Wunder der Liebe*, Teil 1 und 2, Paukerfilme mit *Hansi Kraus* und *Theo Lingen*, und weitere Sexfilme, z.B. *Zur Sache, Schätzchen* mit *Uschi Glas.* Der erfolgreichste Film des Jahres und aller Zeiten war jedoch das *Dschungelbuch* von *Walt Disney*, gefolgt von *Titanic* (1998) und *Spiel mir das Lied vom Tod* (1969).

Mein Lieblingsfilm war damals jedoch *Der Hund von Blackwood Castle*, der *30. Edgar Wallace Film* und total spannend: Nach dem Tod des Schlossherrn zieht es zwielichtige Männer wie die Schmeißfliegen nachts in den dunklen Wald von *Blackwood Castle*, und dort werden sie von einem großen Hund grausam getötet.

2.9.4 Freizeit und Urlaub

Das Highlight von 1968 waren die Olympischen Spiele in *Mexico City* und *Grenoble*. Aus diesem Grund hatte meine Mutter einen riesigen *Telefunken* Farbfernseher mit 63 cm Bilddiagonale, noch ohne Fernbedienung, für stolze 2400 DM gekauft. Dieser wurde am 18.10.1968 angeliefert und eingestellt. Die erste Sendung, die wir gesehen hatten, war die live-Übertragung des Weitsprungwettbewerbs der Olympiade aus Mexico. In unseren ersten Minuten in Farbe ereignete sich der Sprung von *Bob Beamon* über 8,90 m. Ein wirklich unvergesslicher Auftakt des Farbfernsehens für mich!

Abb. 98: Erik Ode und Fritz Wepper 1968 in Der Kommissar ZDF

Abb. 99: EWG - Hans Joachim Kulenkampff beim Flirten mit den Damen HR

Meine Lieblingssendung im Fernsehen war jetzt *Der Kommissar* (1968-75 im *ZDF*) mit *Erik Ode*. Auch der Dreiteiler *Babeck* zu Weihnachten im *ZDF* war super spannend und mit zahlreichen namhaften Schauspielern (*Curd Jürgens*, *Senta Berger* etc.) gedreht. Mit dem neuen Fernseher konnte ich jetzt auch *EWG* mit *Hans Joachim Kulenkampff* in Farbe sehen. Wie immer war er in Bestform, wenn er mit den weiblichen Kandidaten flirtete.

Doch auch beim Radio hat sich inzwischen einiges getan: Anfang 1968 nahm *Radio Luxemburg* auf 1439 kHz einen neuen 1200 kW starken Mittelwellensender in *Marnach* in Betrieb, der bis *Darmstadt* zu empfangen war. Meine Mutter hat daraufhin sofort ein neues Küchenradio *Telefunken caprice* mit *Europaband 1400-1600 kHz* gekauft, sodass wir in unserer Wohnküche immer *RTL* hören konnten. Da die englischsprachigen Lieder doch nicht so schlimm wie befürchtet waren, durfte ich seitdem auch wieder Hits von der *Frankfurter Schlagerbörse* aufnehmen.

Es ging bei *Radio Luxemburg* immer sehr lustig zu. *RTL* sprach daher völlig zu Recht von den *vier fröhlichen Wellen* (MW 208 m, KW 49,26 m, UKW Kanal 6 und 33). Um auch in meinem Zimmer *RTL* hören zu können, bastelte ich mir ein Volksempfänger ähnliches Radio mit Rückkopplung, das allerdings fürchterlich rauschte und ständig nachgestellt werden musste.

Abb. 100: Autogrammkarten von Jochen Pützenbacher und Helga Guitton

Meine Lieblingssendungen waren sonntags die *Hitparade* mit *Camillo Felgen* (ab Mitte 1968 *Frank Elstner*), samstags *Die Großen Acht* mit *Frank Elstner* (ab 1969 *Jochen Pützenbacher*), sowie jede Sendung mit dem Duo *Helga Guitton* und dem überaus schlagfertigen *Jochen Pützenbacher*. *Helga* hatte eine unheimlich feminine Stimme, harmonierte perfekt und fröhlich mit *Jochen* und ließ sich leicht durch ihn zu peinlichen Versprechern ablenken, z.B.

Helga: „*Nach etwas Geplauder über die Liebe* (Lachen von Jochen und Helga) *wollen wir nun in Ruhe eine Tasse Kaffee trinken: Eduscho 500 Gramm Gala, Eduschos bester Verkehr, oh* (Lachausbruch)." Jochen: „*Die Verkehrsmeldungen liegen hier, die kriegen wir später. Wir wollen das vielleicht noch einmal anfangen. Helga bitte noch einmal.*" Helga: „*Eduschos bester* (Lachausbruch)." Jochen „*Darf ich das vielleicht für Dich übernehmen?* (Lachausbruch). *Bei Eduschos Sonderangebot sparen sie jetzt ne janze Mark und das ist eine schöne Pfingstüberraschung wie Helgas Ansage eben.*"

1968 besuchte uns ein ehemaliger Freund meiner Mutter, inzwischen Chemiker geworden, mit einem BMW 1602 Sportwagen. Daraufhin schenkte mir meine Mutter einen *Kosmos Experimentierkasten Chemie* und außerdem einen kleinen Etat für Chemikalien aus der Apotheke. Damit endete das Radiobasteln und ich begann mit chemischen Experimenten in meinem Zimmer. Dabei brauchte ich nur wenig Rücksicht zu nehmen, denn mein Zimmer war immer noch eher ein Abstellraum als ein Kinderzimmer.

Inzwischen war auch die Mitarbeiterbibliothek des Arbeitgebers meiner Mutter von mir restlos ausgelesen, und so radelte ich zur Stadtbibliothek im *Justus Liebig Haus*, registrierte mich, und lieh mir dort Bücher aus. Da mir mein Großvater viel über Schallplatten und die erste Grammophonvorführung 1890/91 in Darmstadt erzählt hatte, war mein erstes Buch *Curt Riess - Knaurs Weltgeschichte der Schallplatte*.

Doch wie entsetzt war ich, als ich in diesem Buch las, dass die Geschichte der Schallplatte in Deutschland erst am 6.11.1898 mit der Gründung der *Deutschen Grammophon GmbH* und einem ganz anders beschriebenen *Grammophon* begann. Hatte sich mein Großvater etwa geirrt? Erst 40 Jahre später sollte ich herausfinden, dass mein Großvater doch Recht hatte.

Die nächsten Bücher, die ich mir ausgeliehen hatte, waren weitere naturwissenschaftliche Werke: *Du und die Natur*, *Du und der Motor* und neuere Auflagen meiner eigenen Bücher von *Eduard Rhein*. Die im erstgenannten Buch beschriebene Relativitätstheorie habe ich jedoch erst viele Jahre später verstanden.

Inzwischen hatte ich an meiner Schule auch ein paar Freunde gefunden. Am meisten war ich mit *Thomas* zusammen, der eine große Sammlung Modellautos von *Corgi Toys* besaß. Später war ich mehr mit *Axel* zusammen, mit dem ich viele Radtouren unternahm und der mit mir chemische Experimente durchführte und hierzu mit Chemikalien und Bechergläsern beitrug.

Ein halber Freund war *Jürgen F.*, der mir häufig in der Pause seinen Arm hinhielt und lachend sagte: „*Wetten, dass Du es nicht schaffst, mir weh zu tun?*" Ich habe ihm daraufhin stets mit voller Kraft auf seinen Hintern gehauen, doch je fester ich schlug, desto lauter hatte er gelacht. Er schien irgendwie recht schmerzunempfindlich zu sein, und so hat er auch nie gezuckt, wenn unser Klassenlehrer *Herr Ehm* seinen dicken Schlüsselbund an *Jürgens* Kopf warf, weil dieser mal wieder im Unterricht eingeschlafen war.

Abb. 101: Mein Gymnasium, die Justus Liebig Schule, Gymnasium für Jungen

1968 bemerkte ich Bauarbeiten auf dem Grundstück der ehemaligen Eisenbahnausbesserungshallen an der Kasinostraße. Dort stand auch ein Schild *cooo*. Da ich damit so gar nichts anfangen konnte, fragte ich einen Bauarbeiter, der damals noch im Anzug zur Arbeit ging und sich in einem Bauwagen umzog. Dieser erklärte mir, dass hier ein Selbstbedienungsladen für Lebensmittel gebaut würde. Vom Bauschild wäre allerdings ein Stück abgebrochen, es hieße richtig *coop*. Ich schüttelte den Kopf, denn bisher kannte ich nur *Tante Emma Läden* wie unseren *Edeka Hummer*. Noch ahnte ich nicht, dass Supermärkte schon bald den Lebensmittelhandel beherrschen würden.

2.10 1969

2.10.1 Allgemeines

1969 gab es einen weiteren wichtigen Schritt in Richtung *EU*: Am 1. und 2.12.1969 wurden von den Staats- und Regierungschefs der *EWG* in *Den Haag* Beschlüsse zur Einführung einer *Wirtschafts- und Währungsunion* (*WWU*) bis 1980 getroffen sowie Beitrittsverhandlungen mit weiteren europäischen Staaten eingeleitet.

Die Bundestagswahl 1969 gewann zwar die *CDU/CSU* unter *Kurt Georg Kiesinger*, dennoch wurde *Willy Brandt* von der *SPD* mit den Stimmen der *FDP* zum neuen Bundeskanzler (1969-74) in einer *SPD/FDP* Koalition gewählt. Fast gleichzeitig wurde *Gustav Heinemann* neuer Bundespräsident (1969-74). *Brandt* setzte sich in seiner neuen Ostpolitik für eine Versöhnung mit den osteuropäischen Staaten und gegen eine Fortsetzung der bisherigen Politik des Kalten Krieges ein.

Abb. 102: Bundeskanzler Willy Brandt (1969-74) Wahlplakat SPD

1969 ließen wir uns beim Lebensmitteleinkauf nicht mehr bei *Edeka Hummer* in der Pallaswiesenstraße bedienen, sondern kauften alles im 25 % billigeren neuen *coop Supermarkt* in der *Kasinostraße* selbst ein. Da andere Mitbürger genauso handelten, mussten *Edeka Hummer*, Metzger *Schäfer* und Bäcker *Reibel* schon bald schließen.

Ebenfalls 1969 beschloss meine Mutter, einen Bausparvertrag abzuschließen, *„denn wer heute nicht baut, dem ist nicht mehr zu helfen."* In der Tat waren die Abschreibemöglichkeiten damals enorm. Man konnte alle Schuldzinsen und alle Bearbeitungsgebühren von der Steuer absetzen, sparte also gleich zweimal Steuern. Und mit einigen Bausparraten konnte man einen ersten Bausparvertrag zuteilungsreif bekommen, und dann mit der erhaltenen Bausparsumme und ein bisschen Eigenkapital einen zweiten, weit höheren Bausparvertrag zuteilungsreif auffüllen.

Darüber hinaus boten viele Arbeitgeber ihren Mitarbeitern (Arbeitskräftemangel!) günstige Arbeitgeberdarlehen an, damit sie ja nur in der Firma blieben. Wer damals nicht baute, dem war wirklich nicht mehr zu helfen.

Vom Bauen nun zur Mode. In der zweiten Hälfte der 1960er Jahre wurden bei den Frauen die Miniröcke immer kürzer. Den mit Abstand kürzesten Rock trug 1969 *Peggy March*, als sie von der *Carnaby Street* sang. Da inzwischen Nähen von Kleidung nach Modeschnittmustern nicht mehr modern war, wurde Ende 1969 die Schnittmusterzeitschrift *Constanze* eingestellt und ab 1970 durch die allgemeine Frauenzeitschrift *Brigitte* ersetzt. Deutlicher kann der inzwischen veränderte Zeitgeist nicht dargestellt werden.

Das Highlight des Jahres war aber am 20.7.1969 die Mondlandung von *Apollo 11* mit den Astronauten *Armstrong, Aldrin und Collins*.

Abb. 103: Die Besatzung von Apollo 11. Von links: Armstrong, Collins und Aldrin NASA

Die traurigste Nachricht des Jahres war der Tod der Schlagersängerin *Alexandra* am 31.7.1969. Nach dem Marathonlauf ihrer Karriere auf dem Weg in den Urlaub nach Sylt überfuhr sie übermüdet zwei Stoppschilder und stieß mit einem LKW zusammen. *Alexandra* hatte mit ihrem guten Aussehen und wehmütigen Liedern, die sie mit ihrer tiefen Stimme sang, seit 1967 eine große Karriere begonnen. Ihr größter Erfolg war *Sehnsucht*. Ein Lied, das sie selbst überhaupt nicht mochte und deshalb bei der Schallplattenaufnahme nur ein einziges Mal gesungen hatte. In ihren Augen war es zu sehr Kinderlied, und sie wollte lieber richtige Chansons singen.

Abb. 104: Alexandra, wie ich sie in Erinnerung habe NDR

2.10.2 Verkehr
Bereits Ende 1968 begann *Ford* mit der Präsentation einer völlig neuen Modellreihe (*Ford Escort* mit knochenförmigem Kühlergrill). Es folgte 1969 der sportliche *Ford Capri*, von dem viele *Käfer* fahrende Väter im meinem Bekanntenkreis so begeistert waren, dass sie ihn gegen ihren *Volkswagen* eintauschten. Ansonsten gab es nur kleinere Änderungen.

2.10.3 Kino und Musik
Die Anzahl guter Pop Songs und Schlager hat sich in 1969 noch weiter vergrößert. Nahezu wöchentlich gab es einen neuen erstklassigen Song. Der meistverkaufte Hit des Jahres 1969 war *Eloise* von *Barry Ryan*. Doch auch andere Songs waren klasse: *Ob La Di, Ob La Da – Beatles*, *Pretty Belinda – Chris Andrews*, *Honky Tonk Woman – Rolling Stones* oder *Sugar Sugar – Archies*.

Wer gerne langsam tanzen wollte, legte *Atlantis – Donovan*, *In the Ghetto – Elvis Presley* oder *Je t'aime*, gestöhnt von *Jane Birkin* auf. Aber auch die deutschen Schlager waren nicht schlecht, z.B.: *Roy Black – Das Mädchen Karina*, *Christian Anders – Geh nicht vorbei* (selten gespielt wegen Überlänge!), und *Erik Silvester – Zucker im Kaffee*.

Meine persönlichen Lieblingslieder des Jahres waren *Don Juan* von *Dave Dee, Dozy, Beaky, Mick and Tich* (international), und *Happy Heart*, gesungen von *Renate Kern* (deutsch). Das erste Lied ist sehr mitreißend, das zweite ideal bei Liebeskummer. Ich fühlte mich damals doch recht einsam. Übrigens sollte ich erstmals für einen Freund die derzeit beste *LP* kaufen. Ich wählte *Abbey Road* von den *Beatles*.

Beim *Eurovision Song Contest 1969* gab es gleich vier Sieger. Aber nur ein einziger der vier Siegertitel wurde ein großer Hit: *Lulu* mit *Boom-Bang-A-Bang*. Erfreulich der deutsche Beitrag *Primaballerina* von *Siw Malmkvist*: Er war der meines Erachtens beste deutsche Beitrag aller bisherigen Veranstaltungen.

Auch 1969 gab es großes Kino zu erleben. So wurde der Western *Spiel mir das Lied vom Tod* zum dritterfolgreichsten Kinofilm aller Zeiten. Er beginnt ziemlich langsam, aber dennoch spannend: Drei zwielichtige Revolvermänner warten in einem Bahnhof sehr lange auf einen Zug. Als dieser in der gefühlten Hälfte des Filmes tatsächlich eintrifft, beginnt eine Serie von unnatürlichen Todesfällen, die den Rest des Filmes anhalten wird.

Auf Platz 2 hingegen vergleichsweise harmlose Unterhaltung mit *Ein toller Käfer*. Jedoch kamen auch Freunde von *James Bond*, *Easy Rider*, und den Paukerfilmen mit *Hansi Kraus* und *Theo Lingen* auf ihre Kosten. Ebenso wurde *Oswalt Kolles* neuer Film *Deine Frau, das unbekannte Wesen* ein Erfolg, desgleichen die Sexfilmchen: Der bekannteste war *Engelchen macht weiter – hoppe hoppe Reiter* mit *Gila von Weitershausen*.

2.10.4 Freizeit und Urlaub

Abb. 105: Vivi Bach und Dietmar Schönherr moderieren Wünsch Dir was ZDF

1969 bekam ich eine neue Lieblingssendung im Fernsehen: die Familienshow *Wünsch Dir Was* im *ZDF* (1969-72) mit drei Familien aus Deutschland, Österreich und der Schweiz, die in drei Schnecken saßen. Moderiert wurde die Sendung von dem progressiven *Dietmar Schönherr* und seiner süßen Ehefrau *Vivi Bach*. Letztere konnte kein „sch" aussprechen, sie sagte dann immer „ss." Das war bei den in der Sendung häufig vorkommenden Worten *Wünss Dir wass*, *Ssnecke*, und *Ssweitz* schon recht auffallend. Zum gleichen Zeitpunkt startete die *Hitparade* im ZDF mit *Dieter Thomas Heck* (1969-84). Bereits in der ersten Sendung fand ich einen neuen Schwarm: *Manuela*! Und das, obwohl sie gar nicht gut sang, sondern nur säuselte.

Ebenfalls 1969 wurde ich Schulmeister der 7. Klassen in Mathematik. Die nächste Runde wurde im *Schuldorf Bergstraße* in *Seeheim* ausgetragen. Als ich dort ankam, war ich geradezu schockiert von der modernen, freundlichen Schulatmosphäre und den vielen jungen, hübschen Mädchen, die dort herumliefen. Es kam mir vor wie ein Traum. Von den Aufgaben – hauptsächlich Differential- und Integralrechnung, die erst in der Oberstufe auf dem Lehrplan steht - konnte ich praktisch keine lösen. Das war mir aber nicht so wichtig. Viel wichtiger war, dass ich die *Schuldorfatmosphäre* richtig in mich einsog. Noch ahnte ich nicht, dass ich vier Jahre später selbst auf das *Schuldorf* gehen werde.

Eine Lehre musste ich allerdings aus dem *Schuldorfaufenthalt* ziehen: Ich war nicht in der Lage, eines der anwesenden Mädchen anzusprechen. Das war noch 1966 ganz anders. Ich beschloss daher, Übungen zu machen, um wieder Selbstvertrauen aufzubauen. Hierzu gehörte z.B., fremde Personen nach der Uhrzeit zu fragen. Doch erst in fünf Jahren war ich diesbezüglich mit mir zufrieden.

Abb. 106: Der Autor 1969 mit Großmutter und VW auf Tour

Aus pädagogischen Gründen macht es Sinn, zum Abschluss dieses Jahrzehnts dem Leser alle damals in unserer Wohnung vorhandenen Elektrogeräte (außer Deckenlampen) einmal aufzuzählen:

- Wohnzimmer: *Blaupunkt Radio (1954), Telefunken Farbfernseher (1968), Tulpenstehlampe (1954);*
- Schlafzimmer: *2 Nachttischlampen (1954);*
- Kinderzimmer: *Schreibtischlampe (1949), Eisenbahn (1959-68), selbstgebautes Radio (1968);*
- Küche: *AEG Kühlschrank (1954), Telefunken Radio (1968), AEG Infrarot-Heizsonne (1950), Starmix Küchenmaschine (1965), Krups Kaffeemühle (1967), Miele Staubsauger (1929), Rowenta Bügeleisen (1954), Braun Rasierer (1951);*
- Herrenzimmer, Bad, Waschküche, WC, Speicher, Keller: *keine.*

Nein, ich habe wirklich kein Gerät vergessen. Die Liste ist tatsächlich vollständig!

3. Die 1970er Jahre

Den Beginn der 1970er Jahre empfand ich wie eine Reise in die Zukunft. Das hatte mehrere Gründe:

1. Sehr bunte Farben dominierten jetzt in der Wohnung, der Mode, bei Gegenständen und beim neuen Farbfernsehen
2. Die neuen HiFi-Stereoanlagen und Weltempfänger
3. Die Euphorie nach der Mondlandung wenige Wochen zuvor
4. Die neuen modernen Verkehrszeichen
5. Moderne Autos wie der *NSU Ro 80* dominierten den Straßenverkehr, ältere wie der *Opel Olympia* waren längst verschwunden
6. Der futuristische Sound des *Moog-Synthesizers* in der Musik
7. Völlig neue, moderne Radioprogramme

Abgesehen von den Terroranschlägen der *RAF*, der *Bewegung 2. Juni* und anderen Terrorgruppen war es in Deutschland bei hohem Lebensstandard ausgesprochen friedlich. Die Ölkrise von 1973 führte jedoch zu steigenden Kraftstoff- und Heizölpreisen. Der saure Regen durch Industrie und Verkehrsabgase und die neuen Atomkraftwerke lösten bei vielen, vor allem jungen Menschen, den Wunsch aus, mehr für die Umwelt zu tun. Dies führte schließlich 1980 zur Gründung der *Grünen* Partei.

3.1 1970

3.1.1 Allgemeines

Das bedeutendste Ereignis des Jahres war am 12.8.1970 die Unterzeichnung des *Moskauer Vertrags* durch Bundeskanzler *Willy Brandt*. In diesem Vertrag haben die *BRD* und *Russland* die deutschen Nachkriegsgrenzen gegenseitig anerkannt. Es folgte am 7.12.1970 der *Warschauer Vertrag*, in dem die *BRD* die *Oder-Neiße Grenze* zu *Polen* als endgültig anerkannte. Damit war eine große deutsche Wiedervereinigung in den Grenzen von 1937 zwar ausgeschlossen, aber es gab keine Konfrontation mit den osteuropäischen Staaten mehr und damit eine Sicherstellung des Friedens auf lange Zeit.

Ansonsten wurde die Welt immer bunter. Das sah man am deutlichsten beim Fernsehen, wo ab 1970 die *Tagesschau* in Farbe ausgestrahlt wurde. Auch gab es mal wieder eine neue Dauermarkenserie: das Brandenburger Tor in verschiedenen Farben und Werten.

Abb. 107: Die neue Dauermarkenserie Brandenburger Tor

Es ging gefühlt immer weiter aufwärts. Doch es gab auch schlechte Nachrichten: Nach der Befreiung des Kaufhausbrandstifters *Andreas Baader* durch linksextreme Sympathisanten kam es 1970 zur Gründung der *Rote Armee Fraktion (RAF)*. Diese Terrorgruppe war verantwortlich für mindestens 33 Morde an Führungskräften der Bundesrepublik, der *Schleyer-Entführung*, sowie für Geiselnahmen, Banküberfälle und Sprengstoffattentate mit über 200 Verletzten von 1970 bis 1993. 26 RAF-Mitglieder wurden zu lebenslanger Haft verurteilt.

3.1.2 Verkehr

Bereits 1968 hatte sich Deutschland in dem *Wiener Übereinkommen* verpflichtet, neue, international vereinbarte Verkehrszeichen flächendeckend aufzustellen. Man begann daher 1970 mit dem Auswechseln der alten Schilder. Die Umkennzeichnung musste zum 1.3.1971 abgeschlossen sein. Als ich die neuen Schilder erstmals auf den Straßen sah, hatte ich das Gefühl, mit einer Zeitmaschine in die Zukunft gereist zu sein.

Aus Umweltschutzgründen mussten ab 1970 alle Kraftfahrzeuge mit einem sogenannten *Abgasvergaser* ausgestattet sein, welcher auf Kosten des Drehmoments im am meisten genutzten Teillastbereich eine deutliche Verringerung der CO-, HC und NO_x Emissionen bewirkte. Der 34 PS *Käfer* beschleunigte daher ab 1.8.1970 wie ein früherer 30 PS *Käfer*, behielt jedoch seine höhere Endgeschwindigkeit. Gleichzeitig wurden die Zündverteiler durch Doppelunterdruckdosen und ähnlichem sehr kompliziert. Viele dieser Autos liefen nicht gut, und keine Werkstatt konnte den Fehler finden!

Ferner mussten alle Neuwagen mit einer Warnblinkanlage und mit Sicherheitsgurten vorne ausgerüstet werden. Altfahrzeuge mussten bis 1.1.1973 nachgerüstet werden. Die Nachrüstung bei unserem *Käfer* übernahm ich selbst.

Bei *Volkswagen* begann mit dem Verkauf des *K70* die wassergekühlte Ära.

Abb. 108: Alte Verkehrskennzeichen für Parkverbot, Stopp, und Durchfahrt verboten für Kraftfahrzeuge, gültig bis 1.3.1971 StVO

Abb. 109: Die neuen Verkehrszeichen für Halteverbot, Stopp und Vorfahrtstraße StVO

3.1.3 Kino und Musik

Auch 1970 wurden ständig neue Hits veröffentlicht. Und immer mehr wurde ich in meiner Klasse belächelt, weil ich mit Vergnügen die alten Hits von vor 1 bis 2 Jahren hörte. Das galt damals als völlig uncool.

Zu den meistverkauften Platten des Jahres gehörten *Led Zeppelin – Whole lotta Love, Soulful Dynamics - Mademoiselle Ninette, Norman Greenbaum – Spirit in the Sky, Mungo Jerry – In the Summertime, Miguel Rios – Song of Joy* und *Black Sabath – Paranoid*. Ein Nachwuchssänger, *Peter Maffay*, hatte Erfolg mit *Du*, *Roy Black* mit *Dein schönstes Geschenk*, und ein ganz junger namens *Michael* trällerte bei den *Jackson Five* den Hit *ABC*.

Die *Beatles* sangen *Let it Be* – und trennten sich schon bald. Das war die schlechteste Nachricht des Jahres. Doch bereits Ende des Jahres stand *George Harrison* mit *My sweet Lord* wieder in den Hitparaden. Der Beatles Sound sollte also noch eine ganze Weile präsent bleiben.

Meine persönlichen Lieblingslieder des Jahres waren *Simon and Garfunkel – Bridge over troubled water* und die *Les Humphries Singers* mit *Rock my Soul*. Letztere Gruppe war kein gewöhnlicher Chor, sondern ein aufgelöster Chor mit Solisten, den *Les Humphries* nach seinem Ausscheiden bei *Wonderworld* gegründet hatte. Einen solchen Sound hatte ich bisher noch nie gehört!

Meine persönlichen Lieblings LPs des Jahres waren *CCR – Pendulum* (schöne Pop-Musik) und *Emerson, Lake and Palmer* mit futuristischen Synthesizerklängen.

Den *Eurovision Song Contest 1970* gewann die junge *Dana* mit *All Kinds of Evrything*. Überraschend landete *Katja Ebstein* mit *Wunder gibt es immer wieder* auf dem dritten Platz. So gut war Deutschland bisher noch nie beim ESC plaziert!

Das Kinojahr 1970 stand ganz im Zeichen der Sexfilme. Am meisten verkauft wurde der *Schulmädchenreport*, dann folgte *Oswalt Kolle – Dein Mann, das unbekannte Wesen*, zwei Paukerfilme mit *Hansi Kraus* bzw. *Ilja Richter*, und schließlich *Nicht fummeln, Liebling* mit *Gila von Weitershausen*.

Abb. 110: Die Siegerin Dana beim Eurovision Song Contest 70 NDR

3.1.4 Freizeit und Urlaub

Auch 1970 gab es neue, langjährige Fernsehserien: Im *ZDF* war es das Quiz *3x9* mit *Wim Thoelke* (1970-74), in der *ARD* die Krimiserie *Tatort* (seit 1970). Darüber hinaus gab es unter dem Titeln *Vor 30 Jahren* und *Vor 40 Jahren* alte, unzensierte(!!!) Wochenschauen von früher, die ich damals alle verschlungen habe.

Doch auch im Radio tat sich einiges. Da *RTL* den deutschen Sendern in seinem Empfangsbereich zahlreiche Hörer entzogen hatte, änderten diese ihre Programmstruktur. So gab es ab 1970 in *SWF3* werktags von 12 bis 15 Uhr den *Popshop* mit *Karl Heinz Kögel* und *Frank Laufenberg*. Der *WDR2* brachte bereits ab 1967 *Diskothek im WDR* mit meinem Lieblings-Disk-Jockey *Mal Sondock*. Beide Sendungen waren damals Kult, und ich habe sie sehr gerne gehört. Der *Hessische Rundfunk* hingegen sendete ab 1972 auf dem neuen dritten Programm *HR3, die Servicewelle aus Frankfurt*, Popmusik, Schlager und Verkehrsmeldungen rund um die Uhr.

Trotz alledem packte mich 1970 das Fernweh, und so habe ich damals viele deutsch- und englischsprachige Sender aus dem fernen Ausland mit einem selbstgebauten Kurzwellenradio gehört: *Radio Pjöngjang, Radio Moskau, Radio Peking*, aber auch *BBC* und *Deutsche Welle*. Der exotischste regelmäßig von mir gehörte Sender war *Radio RSA – The Voice of South Africa*.

3.2 1971

3.2.1 Allgemeines

Das wichtigste Ereignis des Jahres war für mich der Kauf eines Baugrundstücks in Seeheim, Odenwaldstr. 9, für 80 DM/qm. Seeheim war damals ein Luftkurort mit vielen gepflegten Häusern und Gärten, einem Kurpark, einem Freibad, einem Jugendzentrum, und vielen schönen Wanderwegen. Meine Mutter jammerte aber über die Preissteigerung: 1960 hatte der Grundstückspreis in Seeheim noch bei 0,50 DM/qm gelegen.

Für den Kauf stellte ich mein Erbe von meinem Großvater *von Pidoll* zur Verfügung. Von da an war ich mit unserer Hausplanung – ein Zweifamilienhaus mit einer Wohnung zum Vermieten – beschäftigt und entwarf z.B. den Grundriss, der dann von unserem Architekten reingezeichnet wurde.

Der neueste Modetrend waren Hot Pants – kurze, knallig bunte Hosen für junge Frauen, die noch mehr Bein zeigten als der Minirock.

Es gab mal wieder eine neue Dauermarkenserie, diesmal mit Bundespräsident *Gustav Heinemann*.

Abb. 111: Die neuen Dauermarken 1971 mit Bundespräsident Gustav Heinemann

3.2.2 Verkehr

Keine wesentlichen Änderungen zum Vorjahr.

3.2.3 Kino und Musik

Das Jahr 1971 war der Höhepunkt der Pop-Ära. Aus diesem Jahr besaß ich doppelt so viele Single-Schallplatten wie von den Jahren davor und danach. Das kann man auch heute noch nachvollziehen: Ein großer Teil der Songs, welche *NDR1 Radio Niedersachsen – Die Musik meines Lebens* derzeit spielt, stammt aus diesem Jahr.

Alle Pop Gruppen und Sänger/innen von Rang und Namen spielten damals Hits ein: Jeder der vier *Beatles*, die *Bee Gees, Black Sabbath, Carpenters, CCR, Deep Purple, Emerson, Lake and Palmer, Grand Funk Railroad, Hollies, Jethro Tull, Led Zeppelin, Les Humphries Singers, Middle of the Road, Pink Floyd, Rolling Stones, Santana, Simon and Garfunkel, Slade, Sweet, T-Rex, Tremeloes, und Uriah Heep;* die Sänger *Alice Cooper, Cat Stevens, Elton John, Elvis Presley, Gilbert o'Sullivein, John Denver, Michael Holm, Neil Diamond, Reinhard Mey, Rod Stewart, und Udo Jürgens,* die Sängerinnen *Carole King, Cher, France Gall, Gitte, Janis Joplin, Marianne Rosenberg, Mary Roos, Olivia Newton-John, Vicky Leandros, Wencke Myhre* und viele andere.

Abb. 112: Severine, die Siegerin des Eurovision Song Contest 71 NDR

Den *Eurovision Song Contest 1971* gewann *Severine* mit *On a tout un banc, un arbre, une rue* mit einem sehr kämpferischen Vortrag. *Katja Ebstein* war diesmal mit *Diese Welt* nicht so erfolgreich wie im letzten Jahr. Mein Lieblingssong 1971 war jedoch von jemand ganz anderem: *Drafi Deutscher* mit *United*. Eine tolle Melodie, ein toller Text, nur die Reime waren etwas holprig:

*United in love and freedom, we could make this world worth living in,
a place where the sun keeps shining, is where your happiness begins.*

Aber auch *Promised Land* von *den Les Humphries Singers* gehörte 1971 zu meinen Favoriten. Meine Lieblings LP war 1971 *Emerson, Lake and Palmer – Pictures at an Exhibition*. Eine wahrhaft futuristische Einspielung mit dem Moog Synthesizer. Die beste deutsche LP war *Mary Roos – Arizona Man*. Wirklich tolle Lieder, produziert von *Michael Holm* und *Giorgio Moroder*, und mit viel Einsatz gesungen von *Mary*.

Das Kinojahr 1971 wurde angeführt durch die *Aristocats* von *Walt Disney*. Es folgten *Bud Spencer und Terence Hill*, *James Bond*, und der schönste Film des Jahres *Love Story* mit seinem traurigen Ende. Ferner gab es jede Menge Sexfilme: den *Schulmädchen-Report 2*, den *Hausfrauen-Report*, *Blutjunge Verführerinnen* usw.

3.2.4 Urlaub und Freizeit

Das Highlight des Jahres war die Stereoanlage meines Freundes Axel. Unwahrscheinlich natürlich und räumlich aufgelöst kam die Musik aus den Lautsprechern. Ich konnte es einfach nicht fassen! Doch vorläufig hatte ich kein Geld, um an so eine Anschaffung überhaupt zu denken.

Auch 1971 gab es wieder neue Fernsehserien, die ich mir gern anschaute. Hierzu gehörte *Dalli Dalli* mit *Hans Rosenthal* (1971-1986, ZDF), und insbesondere *disco 71* (1971-82, ZDF) mit *Ilja Richter*. Letztere war eine tolle Musiksendung, wobei insbesondere der jeweils erste Jahrgang der drei Staffeln (1971 Berlin, 1972-1/76 Hamburg, 2/1976-82 München) durch seine Stargäste herausragte. Schon bald etablierten sich gewisse Redewendungen bei dieser Sendung wie: „*Hallo Freunde*" – „*Hallo Ilja*" und „*Licht aus – womm – Spot an.*"

Abb.113: disco 71 mit Ilja Richter ZDF

Abb. 114: Die Rolling Stones bei disco 71 ZDF

Abb. 115: Insterburg und Co RB

1971 machte ich eine Klassenfahrt nach Berlin, wobei wir auch den Osten betraten, und wieder im Westen einer Show von *Insterburg und Co* beiwohnten. Dabei ist mir besonders *Karl Dall* in Erinnerung geblieben, der Bon Mots zum Besten gab wie:

„Geige spielen kann ich nicht, aber zu einem Quartett braucht man nun mal einen vierten Mann. Das ist meine große Stärke."

Ab 1971 gab ich Nachhilfe in Mathematik für 10 DM/Stunde und verdiente mir so etwas Taschengeld. Hiervon kaufte ich mir dann die Jugendzeitschrift *Bravo*, die mich auch aufklärte, und hängte die Bilder und Starschnitte in meinem Zimmer auf. Trotz alledem fühlte ich mich damals ziemlich einsam. Mir fehlte eben eine *Monika* oder *Edith*. Doch das sollte sich erst in zwei Jahren ändern.

Abb. 116: Der Autor Anfang 1971 auf dem Großen Feldberg im Taunus

1971 verbrachte ich mit meiner Mutter unseren Sommerurlaub in *Rottach Egern*. Es sollte wegen des Hausbaus der letzte Urlaub der 1970er Jahre werden.

3.3   1972

3.3.1   Allgemeines

Das Jahr 1972 begann für mich sehr schlecht. Auf einer Klassenfahrt nach *Hirschegg* im Januar überanstrengte ich mich auf einem 25 km Marsch und hatte seitdem starke Magenschmerzen. Eine internistische Abklärung zuhause ergab zu viel Magensäure. In der Tat konnten meine Beschwerden durch Einnahme von Antacida stark reduziert werden. Diese Therapie hielt aber leider nur bis 1976.

Doch auch für die Bundesrepublik begann das Jahr 1972 schlecht. Nachdem der Linke *Georg von Rauch* am 4.12.1971 beim Versuch seiner Festnahme erschossen worden war, gründeten gewaltbereite Linke im Januar 1972 die nach dem Todesdatum von *Benno Ohnesorg* benannte *Bewegung 2. Juni*. Diese verübte in den 1970er Jahren eine Reihe von terroristischen Bombenattentaten, Banküberfällen und Entführungen von Funktionsträgern. Damit gab es neben der *RAF* eine zweite linksterroristische Vereinigung in der Bundesrepublik.

Erfreulich war hingegen, dass nach Erhalt der Baugenehmigung im Sommer 1972 der Bau unseres zukünftigen Wohnhauses beginnen konnte. Dem Zeitgeist entsprechend wurde es aus 24 - 30 cm dicken Hohlblocksteinen ohne zusätzliche Wärmeisolierung und mit einfach verglasten Fenstern gebaut. Die Fenster waren allerdings schon aus dem neumodischen Fenstermaterial Kunststoff gefertigt. Die Heizung erfolgte mit Öl, das damals 8 Pf/l kostete. Die Warmwasserbereitung erfolgte mit Elektrodurchlauferhitzern. Ganz neuartig fand ich damals meine Idee, dass das Badezimmer auch eine Dusche enthalten sollte. Ich fand nämlich die Duschen in den Schwimmbädern viel praktischer als die Badewanne zuhause.

In den Sommerferien 1972 ging ich als Ferienhelfer arbeiten. Von dem Geld kaufte ich mir einen *Nordmende Weltempfänger Galaxy 9000* für 698 DM, dessen Empfangsteil sowohl im Bereich Kurzwelle (sehr unempfindlich) als auch im Bereich UKW (sehr schlechte Trennschärfe) einfach nur miserabel war. Das Gerät war einer der größten Fehlkäufe meines Lebens. Ich hätte mir für 100 DM mehr einen *Grundig Satellit* kaufen sollen.

Neben dem Weltempfänger hatte ich mir endlich einen HiFi-Stereo Schallplattenspieler von *Dual* für 180 DM und einige Schallplatten gekauft. Welche das waren erfahren Sie im Kapitel Musik. Ich war begeistert von der Stereoaufnahmetechnik und hörte deshalb viel mit Kopfhörern.

Die umstrittenen Zugeständnisse von Bundeskanzler *Brandt* im Rahmen seiner Ostpolitik führten zum Abbröckeln seiner Mehrheit und zu einer vorgezogenen Bundestagswahl 1972. Hierbei erzielte die SPD mit dem Slogan „*Willy wählen*" ihr bestes Wahlergebnis aller Zeiten. Es blieb somit bei einer SPD/FDP Koalition.

In der Mode hatte es inzwischen große Veränderungen gegeben. Nicht mehr *Hot pants*, sondern *Mini*, *Midi* oder *Maxi* hieß es seit Kurzem bei der Rocklänge der

Damen. Man nannte dies damals „*Modelotterie*". Ich habe aber nie die jungen Mädchen verstanden, die trotz schöner Beine einen Maxirock trugen.

3.3.2 Verkehr

1972 gab es zwei nennenswerte Neuerscheinungen: den *Opel Rekord D* mit dem Hüftschwung über den Vorderkotflügeln, und die *BMW 5er Reihe*, deren Nachfolgemodelle heute noch gebaut werden.

3.3.3 Kino und Musik

1972 begann ich mit dem Kauf von Schallplatten. Meine ersten LPs waren *Deep Purple* mit *Machine Head*, und *Grand Funk Railroad* mit *Mark, Don und Mel 1969-71*. *Deep Purple* waren einfach hervorragende Rockmusiker und haben mich auch mit ihrem späteren Live Album *Made in Japan* überzeugt.

Abb. 117: Auftritt von Deep Purple in disco 72 ZDF

Grand Funk spielten hingegen rhythmisch mitreißende Stücke, in denen das Schlagzeug dominierte, während die Stimme des Sängers oft ins Hässliche ging. Auf ihren früheren LPs fand man daher sowohl unerträglich schlechte Musik (die jedoch hervorragend geeignet war, um die Eltern aus dem Zimmer zu jagen!), als auch größte Pop Hymnen. Das genannte Album enthielt ausschließlich die großen Pop-Hymnen und mein Lieblingslied von 1972: *Footstompin Music*. Die meistverkaufte LP in 1972 war jedoch *James Last – Polka Party*, gefolgt von *Tony Marshall – Schöne Maid* und *Reinhard Mey life*.

Meine ersten sechs Single Platten waren *Les Humphries Singers – Mexico*, *Gary Glitter – Rock'n'Roll*, *Middle of the Road – Bottums Up*, *Sweet – Wig Wam Bam* (das war auch das meistverkaufte Lied in 1972), *Alice Cooper – Schools out*, und *Uriah Heep – Easy Livin*. Doch schon bald hatte ich sehr viel mehr Platten: mein ganzer Bekanntenkreis hat mir seine alten Schallplatten, die sie nicht mehr hören wollten, geschenkt. Es hat eben auch Vorteile, in den Augen anderer hoffnungslos altmodisch zu sein.

Abb. 118: Sally Carr von Middle of the Road in disco 72 ZDF

Abb. 119: Vicky Leandros gewann 72 den Eurovision Song Contest NDR

1972 sah ich in *disco 72* erstmals eine junge, schüchterne Nachwuchssängerin: *Juliane Werding*. Noch toller fand ich allerdings *Sally Carr*, die Sängerin von *Middle of the Road*. Den *Eurovision Song Contest* 1972 gewann *Vicky Leandros* mit *Aprés toi*. Erfolgreicher war jedoch der zweite Platz: *Beg, steal or borrow* mit den *New Seekers* wurde ein Superhit.

Anfang 1972 war ich endlich 16 Jahre alt und konnte mit meinen Nachhilfeverdiensten ins Erwachsenen-Kino gehen. Der erste Film, den ich sah, war *Vier Fäuste für ein Halleluja* mit *Terence Hill* und *Bud Spencer*, der erfolgreichste Film des Jahres. Der Film gefiel mir aber nur mittelmäßig, da die vielen Schlägereien doch recht brutal waren, und ich es nicht lustig fand, wenn *Terence Hill* seine Gegner reihenweise mit einer Bratpfanne erschlug.

Da hatte ich mir mehr von *Der letzte Tango in Paris* erhofft, doch auch dieser Film erfüllte meine Erwartungen nicht, da alle Sexszenen herausgeschnitten waren. Nach diesen Erfahrungen bin ich den Rest meines Lebens nur noch gelegentlich ins Kino gegangen.

3.3.4 Freizeit und Urlaub

Das Highlight des Jahres 1972 waren die *Olympischen Spiele* in Sapporo und München. Besonders in Erinnerung geblieben ist mir der Sieg von *Ulrike Meyfarth* im Hochsprung, der Sieg von *Klaus Wolfermann* im Speerwerfen, der Sieg von *Heide Rosendahl* im Weitsprung und der überragende amerikanische Schwimmer *Mark Spitz*.

Abb. 120: Zur Olympiade 1972 erschien eine 10 DM Münze, die mir sehr gefiel

Überschattet wurden die Spiele am 5.9.1972 durch ein Attentat von acht Mitgliedern einer palästinensischen Terrororganisation, bei dem zwei israelische Athleten erschossen und neun als Geiseln genommen wurden. Bei dem Befreiungsversuch am Morgen des folgenden Tages starben alle neun Geiseln sowie fünf Terroristen und ein Polizist. Drei Terroristen wurden verhaftet, aber durch die Entführung der Lufthansa-Maschine „*Kiel*" am 29.10.1972 wieder freigepresst. Die Spiele wurden nach einem Trauertag mit „*The games must go on*" dennoch fortgesetzt.

Auch 1972 gab es wieder neue Fernsehsendungen, die mich interessierten: *Raumschiff Enterprise* (seit 1972, *ZDF*), der *Musikladen* mit *Uschi Nerke* und barbusigen Gogo-Girls (1972-84, *ARD*) und die *Waltons* (1972-81, *ZDF*). Da ich damals jedoch jeden zweiten Tag mit dem Fahrrad zu unserer Baustelle fuhr und meiner Mutter Bericht erstattete, habe ich nicht mehr viel Fernsehen geschaut.

3.4 1973

3.4.1 Allgemeines

Ende Februar 1973 wurde unser neues Wohnhaus in Seeheim fertig. Ich zog als erster ein, um nachts die Baustelle zu bewachen, dann folgten am nächsten Tag Mutter und Großmutter mit dem Umzugswagen.

Dem Zeitgeschmack entsprechend war alles sehr bunt gestaltet. Der Bodenbelag war hellgelber Teppichboden, die Wände waren bunt angelegte Raufaser: Flur in Magenta, Küche in Knallgelb, Wohnzimmer und mein Zimmer in pastellgrün, Schlafzimmer in hellblau, und ein extra Partykellerraum für mich in orange. Das alte Herrenzimmer und der Elektroherd aus Neu Bottenbroich wurden verkauft, alles andere 1:1 übernommen. Lediglich ein Wohnzimmertisch mit vier Stühlen und ein Küchentisch mit drei Stühlen wurden zusätzlich gekauft.

Abb. 121: Unser Wohnhaus in Seeheim nach dem Einzug im März 1973

Mein Zimmer bestand aus zwei nebeneinander gestellten alten Küchentischen (auf denen stand ganz links mein Weltempfänger, davor ein Stuhl), rechts daneben ein alter Kleiderschrank, in der Ecke daneben auf zwei übereinander gestellten Kisten der alte *Graetz* Fernseher, und schließlich gegenüber den Tischen das rote Bett meines

Vaters. Um das ganze etwas wohnlicher zu gestalten, hatte ich Tische, Stuhl und Kleiderschrank mit knallgelber Farbe angestrichen und die Tische mit einem knallroten Tischtuch abgedeckt. Jede Menge *Bravo* Poster an der Wand sorgten für das typische Flair eines Jugendzimmers.

Im Keller hatte ich mir aus den von meinem Vater gebauten Möbeln für seine Zeichnungen einen Tresen gebaut, auf dem ein *Telefunken* Röhrenradio vom Sperrmüll, ein selbstgebauter Verstärker für den zweiten Stereokanal, mein Tonbandgerät und mein Schallplattenspieler thronten. *Bravo* Poster und alte Schallplatten hingen an der Wand, und Matratzen vom Sperrmüll bildeten die Sitzgelegenheit.

Zwischenzeitlich hatte ich aus Kisten vom *coop* Supermarkt, Lautsprechern von vergessenen Vorkriegsradios in Luftschutzkellern, sowie zusammengeknülltem Zeitungspapier als Füllmaterial und der weißen Rückseite von Wahlplakaten als Außenseite erstaunlich gute Lautsprecherboxen gebaut. Bunte Glühlampen in den Kellerleuchten bildeten eine stimmungsvolle Beleuchtung. Die erste Party konnte starten.

Abb. 122: Erste Party am 7.4.1973

Von nun an musste ich täglich um 6:00 Uhr aufstehen und um 7:00 Uhr das Haus verlassen, um mit der Straßenbahn um 7:10 Uhr zur Schule zu fahren. Dank meines früheren Trainings zur Bekämpfung meiner Schüchternheit fiel es mir nicht schwer, in der Straßenbahn Kontakte zu Gleichaltrigen zu knüpfen.

Meine ersten Bekannten waren *Edgar* und *Stu* (der eigentlich *Christoph* hieß), und mit ihren Freundes- und Freundinnenkreis konnte ich schon bald meine erste Party feiern. Daraufhin wurde ich natürlich zur nächsten Party eingeladen, diesmal in der Schule von Hähnlein. Hier erlebte ich meinen ersten Kuss mit *Ruth*. Ich hatte das starke Gefühl, dass ab jetzt mein Leben erst so richtig begann.

Da in Seeheim das 1969 von mir so bewunderte *Schuldorf Bergstraße* lag, ließ ich mich zum Ende der 11. Klasse von der *Justus Liebig Schule* abmelden und beim *Schuldorf* anmelden. Das war eine der besten Ideen, die ich je hatte.

Abb. 123. Klassenfoto der 11c der Justus Liebig Schule Anfang 1973. Ich bin der junge Mann ganz links oben.

Abb. 124: Eingang des Gymnasiums des Schuldorf Bergstraße, 1975

Im Schuldorf wurde ich sehr freundlich aufgenommen, und ich hatte keine Probleme, neue Freunde und Freundinnen zu finden. Wir waren ein sehr homogener Jahrgang, keiner von uns hatte einen Migrationshintergrund. Meine schulischen Leistungen waren bis auf Sport gut, denn die Lernatmosphäre in relativ neuen Gebäuden ohne Graffiti mitten im grünen Wald war einfach nur entspannend, und die Lehrer und Lernmittel modern.

Mit unserem Umzug nach Seeheim war die Anschaffung neuer Elektrogeräte notwendig. Hierzu gehörte eine Waschmaschine, ein Telefon, sowie ein Röhrenradio vom Sperrmüll und ein Mono-Verstärker Bausatz für meinen Stereo-Partykeller.

In der ersten Hälfte des Jahres 1973 betrug der Kraftstoffpreis für Normalbenzin an der Freien Tankstelle in der Pallaswiesenstraße gerade einmal 49,9 Pf/l mit Bedienung. Heizöl kostete 8 Pf/l. Das war sehr preiswert, sollte sich aber bald ändern. Denn die gemeinsame Drosselung der Ölproduktion der arabischen Staaten um 5 % (*„Ölembargo"*), um die westliche Unterstützung ihres Kriegsgegners Israel im *Jom Kippur Krieg* zu sanktionieren, führte zu einer Ölknappheit und damit zur *Ölkrise* ab 17.10.1973 mit vier *Sonntagsfahrverboten* (beginnend am 25.11.1973), einer Geschwindigkeitsbegrenzung für sechs Monate auf 100 km/h (Autobahnen) bzw. 80 km/h (Landstraße), und einem Anwerbestopp für ausländische Arbeitnehmer.

Abb. 125: Sonntagsfahrverbot mit freien Straßen am 25.11.1973 Friedrich Magnussen

Bundeskanzler *Willy Brandt* (*SPD*) bat am 24.11.1973 im Fernsehen um Verständnis für die Fahrverbote: *„Zum ersten Mal seit dem Ende des Krieges wird sich morgen und an den folgenden Sonntagen vor Weihnachten unser Land in eine Fußgängerzone* verwandeln. *Die Energiekrise kann auch zu einer Chance werden. Wir lernen in diesen Wochen, dass wir auf gegenseitige Hilfe angewiesen sind. Wenn wir diese Erfahrung nutzen, meine Damen und Herren, dann hat jeder von uns Grund, dem Winter mit Zuversicht zu begegnen."*

Als Folge der Ölkrise stieg der Benzin- und Heizölpreis drastisch an. Man begann daraufhin mit dem Energiesparen, z.B. durch Wärmedämmung, und es wurde die Sommerzeit eingeführt. In dieser Zeit endschied ich mich, den Motorradführerschein (Klasse 1) zu machen, aber für alle Fälle auch den Autoführerschein (Klasse 3). Ich war mir damals nicht sicher, ob ich angesichts der Ölkrise jemals ein eigenes Auto besitzen würde.

1973 erschienen neue Dauermarken der Bundespost, die mich zur Kreation von vier Sondermarken inspirierten, welche ich bisher noch in keiner anderen Briefmarkensammlung gesehen habe (Abb. 126)!

Abb. 126: Neue Briefmarkendauerserie 1973 „Jederzeit Sicherheit."

3.4.2 Verkehr

Von meinem selbst verdienten Geld als Ferienhelfer im Sommer kaufte ich mir 1973 ein *Mars* Mofa von *Quelle*. Damit war ich in der Lage, alle meine Freunde und alle ihre Parties in der Umgebung zu besuchen. Den Rest des Geldes sparte ich für den Auto-Führerschein. Diesen bestand ich mit 17 Jahren nach 5 Fahrstunden auf *VW Käfer 1303* plus 3 auf *Opel Kadett B*, und 5 Fahrstunden auf einem Motorroller mit 125 cm³.

Die wichtigsten Neuerscheinungen auf dem Automarkt 1973 waren der *Opel Kadett C* sowie der *VW Passat* als Nachfolger des *VW 1500/1600*. Das war schon das zweite wassergekühlte Modell des *Volkswagenkonzerns* mit Frontantrieb.

3.4.3 Kino und Musik

1973 ging das ständige Erscheinen neuer Hits unverändert weiter. Die meistverkaufte Single des Jahres 1973 war *Demis Roussos – Good bye my love Good bye*, gefolgt von *Gilbert o'Sullivein – Get down*. Die Sängerin des Jahres war zweifellos *Suzi Quatro*, eine echte Rocklady in schwarzem Lederdress.

Dennoch sind wir 1973 auch auf den Hund gekommen, denn *Loriots* Hund *Wum* eroberte mit *Ich wünsch mir eine kleine Miezekatze* ebenfalls unsere Herzen. Weiterhin mischten auch die *Sweet* und die *Les Humphries Singers* in den Hitparaden ganz oben mit. Meine Lieblingsplatte 1973 war jedoch wieder einmal etwas ganz anderes: *Kincade – Do you remember Marilyn*.

Das meistverkaufte Album des Jahres war *Deep Purple – Made in Japan*, auch mein Lieblingsalbum des Jahres, gefolgt von *James Last – Sing mit*. Geradezu ein Comeback feierten die *Beatles* mit dem *Roten Album (1962-66)* und dem *Blauen Album (1967-70)*, die ich mir beide sofort von meinem Nachhilfeverdienst kaufte.

Abb. 127: Anne Marie David gewann 73 den Eurovision Song Contest mit Tu te reconnâitras NDR

Den *Eurovision Song Contest 1973* gewann *Anne Marie David* mit *Tu te reconnâitras*. Ein nettes Lied, eine bezaubernde dunkelhaarige Sängerin, aber trotzdem kein Hit.

Der meistgesehene Kinofilm 1973 war *Papillon*, gefolgt von *Bud Spencer* und *Terence Hill* in *Zwei Himmelhunde auf dem Weg zur Hölle*, *Mein Name ist Nobody* mit *Terence Hill* und *Henry Fonda*, und *James Bond – Leben und Sterben lassen*. Wem das noch nicht genug war, für den gab es 1973 zahlreiche weitere Western und Sexfilme.

3.4.4 Freizeit und Urlaub

Die ersten Tage des Jahres verbrachte ich gefühlt meistens auf unserer Baustelle, dann in der Straßenbahn und schließlich meistens mit meinen neuen Freunden *Stu* und *Edgar* von der Straßenbahn bzw. *Dieter*, *Gerhard M.*, *Gerhard R.* und *Thomas* aus meiner neuen Klasse im Schuldorf. Hierbei war es günstig, mit meinem *Mars Mofa* motorisiert zu sein, damit man sich schnell in einer Freistunde im *Cafe Fischer*, nachmittags im Schwimmbad oder abends im *Restaurant Brandhof* in Jugenheim treffen konnte.

Mit *Edgar* und *Stu* ging ich einmal in der Woche in die *Drei Mohren* in Jugenheim, wo man mit einem Bier für 80 Pf den ganzen Abend Skat, Billard und Tischfußball spielen konnte. An einem anderen Wochentag trafen wir uns bei *Edgar* zum Skatspielen, wobei fast immer *Carlos Santana and Buddy Miles live* im Hintergrund lief.

Gerhard M. hatte eine tolle *Braun-Stereoanlage* und eine große Sammlung Zigaretten aus aller Welt, bei *Dieter* und seinem Bruder *Erich* gab es viel Musik von *Carole King*, *Elvis Presley* und *Elton John*, und bei *Gerhard R.* wurde ich immer zu einem reichhaltigen Essen eingeladen.

Doch hatte ich jetzt endlich auch weibliche Bekanntschaften. Mein erster Schwarm hieß *Bianca*. Ich hatte sie auf meiner ersten Party kennen und lieben gelernt, denn sie war sehr kuschelig. Wir wanderten zusammen am 1.5.1973 von der Straßenbahnendhaltestelle Jugenheim Bahnhof auf den Felsberg, und wir hörten bei ihr zuhause das *Blaue Album* der *Beatles*, bis uns das ganze Zimmer blau vorkam. Ich war endlich ganz dem Leben zugewandt.

Meinen zweiten Schwarm *Gaby* sah ich das allererste Mal, als sie mit ihrem Mofa ins Schuldorf fuhr. Ich wollte sie unbedingt kennenlernen, denn mir gefielen ihr mädchenhaftes Aussehen und ihr Charme. Aber leider fand sie mich überhaupt nicht toll. Das änderte sich erst, als ich sie einmal gegen die Meinung ihrer Freunde in Schutz nahm. Danach haben wir uns viele Jahre regelmäßig zu Spaziergängen aufs *Alsbacher Schloss*, zum Plattenhören und zum Tanzen in die Diskothek *Number One* verabredet.

Ende 1973 berichtete *Stu* zu unserem Erstaunen, dass er sich gerade von einem seiner Lehrer einen roten *Käfer* gekauft hatte. Na das war vielleicht eine Überraschung! Aber so nach und nach erwarb jeder aus meinem Freundeskreis einen Gebrauchtwagen - meist einen *Käfer*. Allen diesen Autos war jedoch eines gemeinsam: sie hatten erhebliche Mängel, die das Fahren mit ihnen erschwerten, aber wir hatten kein Geld, diese beseitigen zu lassen. Das galt auch für meinen eigenen *Käfer*, doch das ist eine Geschichte von 1974.

3.5 1974

3.5.1 Allgemeines

Anfang 1974 bestand ich die Führerscheinprüfung für Auto und Motorrad. Daraufhin eröffnete ich meiner Mutter, dass ich die Absicht hätte, mir ein kleines Motorrad zu kaufen. Das war ihr jedoch nicht recht, und deshalb machte sie mir einen anderen Vorschlag: Ob ich nicht ihren zehn Jahre alten *Käfer* übernehmen wollte? Sie hätte nämlich die Absicht, sich einen neuen Wagen zu kaufen. Und ein Auto wäre doch schließlich viel sicherer als ein Motorrad.

Bei diesem Angebot sagte ich natürlich nicht nein. Schließlich war die Ölkrise gerade überwunden. Und so kam ich an meinem 18. Geburtstag zu einem eigenen, wenn auch alten Auto.

Abb. 128: Der Autor mit seinem „neuen" VW Käfer 1974.

Einige Monate später kam es zur *Guillaume-Affäre*, als am 24.4.1974 *Günter Guillaume*, einer der engsten Mitarbeiter von *Bundeskanzler Willy Brandt*, wegen Spionage für die *DDR* verhaftet wurde.

Was war das damals für ein Drama: Ein deutscher Politiker, der sich wie kein anderer bisher für die Versöhnung mit dem Osten eingesetzt hatte, wurde vom Osten böswillig ausspioniert. Bald wurde auch noch bekannt, dass *Guillaume* Verfängliches über *Brandts* Privatleben wisse: *Brandt* wäre führungsschwach, leide an einer Depression und hätte Frauengeschichten. Als hierüber Medienberichte vorbereitet wurden und eine Verleumdungskampagne gegen *Brandt* anzulaufen drohte, übernahm *Brandt* die politische Verantwortung für den Spionagefall und trat am 6.5.1974 zurück. Zehn Tage später wählte der Bundestag *Helmut Schmidt* (SPD) zum neuen Bundeskanzler (1974-82) und *Walter Scheel* zum neuen Bundespräsidenten (1974-79).

Abb. 129: Bundeskanzler Helmut Schmidt, offizielles Kanzlerfoto 1977 Hans Schafgans

Fast gleichzeitig gab es in Amerika ebenfalls einen Präsidentenskandal: die *Watergate-Affäre*. Als Nachfolger von *Lyndon B. Johnson* (1963-69) war *Richard Nixon* seit 1969 Präsident der USA. In seiner Amtszeit hatte er seine Behörden missbraucht, die Hintergründe des *Watergate-Einbruchs* vertuscht, die Justiz behindert, illegale Wahlspenden angenommen, und sich außerdem mehrfach bezüglich illegaler Vorteilnahme, Vorteilsgewährung und Steuerhinterziehung schuldig gemacht.

Als wegen dieser Vergehen ein Amtsenthebungsverfahren eingeleitet wurde und eine Verurteilung drohte, trat *Nixon* am 9.8.1974 als Präsident zurück. Sein Nachfolger wurde *Gerald Ford* (1974-77). Die Offenlegung von *Nixons* Missbräuchen verstärkte in den USA und in Deutschland massiv die durch den Vietnamkrieg ausgelöste gesellschaftliche Vertrauenskrise gegenüber den Politikern in Washington und Bonn.

1974 wurde zu einem traurigen Jahr für mich, als meine Großmutter *von Pidoll* starb. Doch die wirklich unerfreulichste Nachricht des Jahres war, dass der Präsident des

Berliner Kammergerichts *Günter von Drenkmann* von der linksradikalen *Bewegung 2. Juni* bei einem fehlgeschlagenen Entführungsversuch erschossen wurde.

Die größte Errungenschaft dieses Jahres war das Aufkommen der elektronischen Taschenrechner. Es begann mit dem *HP-35* Taschenrechner von *Hewlett Packard* mit 35 Tasten. Dieser besaß trigonometrische, logarithmische und Exponentialfunktionen und ermöglichte Rechnungen ohne die verhassten mathematischen Tafeln und Rechenschieber, mit denen wir bisher gerechnet hatten.

Ich war begeistert, als uns 1974 Lehrer *Haben* im Rahmen seines Mathematikunterrichts am Schuldorf diesen Rechner, der ihn immerhin stolze 1100 DM gekostet hatte, vorführte. Die Bedienung war allerdings wegen der *umgekehrten polnischen Notation* recht kompliziert: 1 ENTER 2 ENTER 3 x + ergibt? 7, nämlich 1+(2x3). Auch Lehrer *Haben* hatte damit so seine Probleme.

Damals beschloss ich, mir den ersten Taschenrechner zu kaufen, der eine normale algebraische Eingabe ermöglichte und den ich mir leisten konnte. Ich brauchte da gar nicht mehr lange zu warten: In der zweiten Hälfte 1974 wurde in Deutschland der *SR-50* von *Texas Instruments* bekannt, der eine algebraische Eingabe besaß, „nur" 500 DM kostete und außerdem die in der Mathematik so wichtige Funktion *Fakultät* besaß. Ich habe ihn sofort gekauft. Und mein Rechner von damals funktioniert fast 50 Jahre später immer noch, wenn auch mit einem neuen Akkusatz.

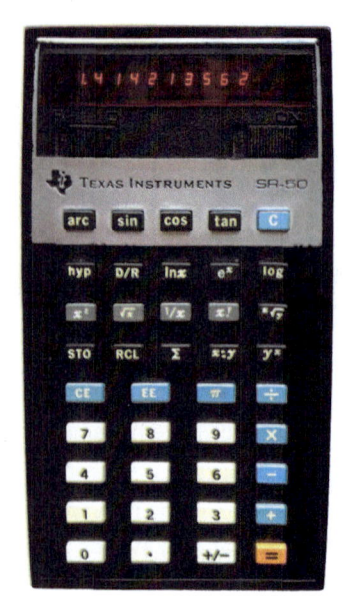

Abb. 130: Mein erster Taschenrechner: Ein Texas Instruments SR-50 von 1974 Arnold Reinhold

3.5.2 Verkehr

1974 schlug es wie eine Bombe ein, als *Volkswagen* bekannt gab, dass ab Mai der alte *VW Käfer* nach und nach durch ein Nachfolgemodell *Golf* ersetzt werden sollte, das nur 50 DM teurer war, aber viel mehr Platz und viel bessere Fahrleistungen bei viel geringerem Benzinverbrauch bot. Der *Golf* wurde wahlweise mit 50 PS (entsprechend den 52 PS des *Opel Kadett*) oder sogar 70 PS geliefert, mit denen man so manchen Mittelklassewagen abhängen konnte. Hatte es jemals etwas Vergleichbares bei *Volkswagen* gegeben?

Abb. 131: VW Golf L von 1974

Um mit einem möglichst niedrigen Verkaufspreis werben zu können, wurde der Basis-Golf nur sehr karg ausgestattet. Es fehlte jeglicher Chrom, der Innenraum wirkte billig, und der Motor war laut. Das Basismodell war somit in gewisser Weise der Nachfolger des Standardkäfers.

Aber selbst dem wesentlich behaglicher und gediegener ausgestatteten *Golf L* fehlten so wichtige Dinge wie Automatikgurte, Gürtelreifen, Halogenscheinwerfer, Rückfahrscheinwerfer, heizbare Heckscheibe und ein abschließbarer Tankdeckel. Stellt man diese Extras in Rechnung, so war der *Golf* im Endeffekt genauso teuer wie ein gleich ausgestatteter *Opel Kadett*. Parallel zum *Golf* brachte *Ford* einen neuen *Ford Capri II* auf den Markt (gebaut bis 1984).

3.5.3 Kino und Musik

1974 gab es eine völlig neue Musikrichtung: *T.S.O.P. – The Sound of Philadelphia*. Das waren sehr melodische, gut arrangierte Stücke im strikten Diskofoxrhythmus. Es war *Bianca*, die mir die erste Platte dieses neuen Rhythmus vorspielte: *T.S.O.P* von *MFSB*. Danach wurden Aufnahmen von *Three Degrees*, *George McCrae*, *Barry White*, *Hues Corporation* und anderen bekannt. Wirklich schöne Popmusik!

Für *Abba* brachte das Jahr 1974 den großen Durchbruch, nachdem sie mir bereits in *disco 73* als hervorragende Nachwuchsgruppe aufgefallen war. Ihr Erfolg begann mit dem Gewinn des *Eurovision Song Contest* 1974 mit *Waterloo* und sollte sich in den Folgejahren fortsetzen. Allerdings fand ich, dass die Mädels nicht gerade geschmackvoll gekleidet waren – insbesondere die blaue Agnetha.

Abb. 132: Abba mit ihrem Siegertitel Waterloo beim Eurovision Song Contest 74 NDR

Die fünf meistverkauften Singles waren *Rock your Baby – George McCrae* (*TSOP*), *Sugar Baby Love – The Rubettes* und das traurige *Seasons in the Sun – Terry Jacks*. Dann folgte *Abba* mit *Honey Honey* und *Waterloo*. Mein Lieblingshit 1974 war jedoch *Kung Fu Fighting* von *Carl Douglas*.

Die meistverkauften Alben des Jahres waren das *rote* und das *blaue Album* von den *Beatles*, *Otto die Zweite* und *K-Tel 20 Powerhits*. Ich hatte mir damals alle vier LPs gekauft. Mein Lieblingsalbum dieses Jahres war allerdings *Brain Salad Surgery* von *Emerson, Lake and Palmer*. Hier benutzte *Keith Emerson* erstmals einen Prototyp des polyphonen Moog-Synthesizers. Leider war das die letzte sehr gute LP von *ELP*.

Die meistgesehenen Filme 1974 waren *Der Clou*, *Der Exorzist*, *James Bond – Der Mann mit dem goldenen Colt* und *Zwei wie Pech und Schwefel*, die neuesten Schlägereien von *Terence Hill* und *Bud Spencer*. Keiner dieser Filme hatte mich wirklich von den Socken gehauen.

3.5.4 Freizeit und Urlaub

Der Höhepunkt des Jahres 1974 war die Fußballweltmeisterschaft in Deutschland mit dem Endspiel Deutschland – Holland am 7.7.1974. Unvergessen das Foul von *Höhnes* an *Cruyff* an der Strafraumgrenze am Anfang des Spiels, als *Cruyff* vom

Mittelkreis mit dem Ball Richtung Tor sprintete und nicht anders gestoppt werden konnte. Es war eine Situation ähnlich unklar wie Wembley 1966: War das Foul vor der Strafraumgrenze oder im Strafraum? Der Schiedsrichter gab Elfmeter, und das war, wie die Zeitlupe zeigte, auch richtig so. Damit stand es 1:0 für Holland.

Später dribbelte *Hölzenbein* in den holländischen Strafraum und wurde da gelegt. Auch dieser Elfmeter war berechtigt, und nach *Breitners* Schuss stand es nur noch 1:1. Der Clou war aber, wie im Strafraum *Gerd Müller*, bedrängt von einem Holländer, nach einem Pass von *Bonhof* in seiner unnachahmlichen Art den Ball mit einem Drehschuss ins Tor zirkelte. 2:1 für Deutschland. Deutschland war wieder Fußball-Weltmeister! Was für ein Triumph, was für ein Spiel!

Abb.133: Ja, ja, ja: 2:1 für Deutschland durch Gerd Müller WDR

Auch 1974 gab es wieder einige neue Fernsehsendungen: *Der große Preis* mit *Wum und Wim Thoelke* (1974-92), *Am laufenden Band* mit *Rudi Carrell* (1974-79, eine gegenüber den *Carrell Shows* aufwendigere Sendung und deshalb nicht mehr von *Radio Bremen*, sondern vom reicheren *WDR* produziert) und die Krimiserie *Derrick* mit *Horst Tappert* (1974-98, ZDF), der am Ende jeder Folge eben nicht mehr im Dunkeln tapperte.

Das für mich und alle meine Freunde wichtigste Ereignis des Jahres war jedoch der Übergang vom Zweirad zum Auto. Darf ich Ihnen nun meinen damaligen Freundeskreis mitsamt ihren Autos vorstellen?

Zuerst fällt mir *Wolfgang* ein, weil er immer als erster losfuhr und wir uns das Anfahrspektakel nie entgehen ließen. Er war stolzer Besitzer eines schwarzen *Käfers*, Modell 63/64, dessen Magnetschalter für den Anlasser klemmte. Deshalb legte er immer einen Stein auf das Gaspedal, schaltete die Zündung ein, breitete eine Decke unter dem Wagen aus, kroch unter sein Auto, setzte den Magnetschalter mit einem Kabel unter Strom und klopfte dann mit einem Hammer darauf. Durch die Erschütterung wurde der Magnetschalter wieder gangbar, der Anlasser erhielt Strom, der Motor durch den Stein „Gas", und wenn er angesprungen war, entfernte er Kabel und Decke, stieg ein und fuhr los.

Freund *Klaus* hatte da ganz andere Sorgen. Etwa alle 30 km musste er anhalten, seine ölverschmierten Unterbrecherkontakte säubern und den Zündzeitpunkt neu einstellen. Er kam daher immer als letzter und mit ölverschmierten Händen zum Unterricht. Dennoch war er mit seinem *Käfer* zufrieden, denn schließlich sprang er im Gegensatz zu dem von *Wolfgang* ansonsten gut an.

Ganz andere Probleme hatte dagegen Freund *Horst-Joachim*: Da der erste Gang seines Wagens kaputt war, konnte er an Steigungen nicht anfahren und musste große Steigungen immer rückwärts hochfahren.

Doch auch mein Auto war nicht mängelfrei: Bereits bei der Übernahme brannte oft die rote Ladekontrolllampe, und der schlechte Leerlauf verlangte stets den rechten Fuß auf dem Gaspedal. Kurze Zeit später blieb die Tankuhr in der Mittelstellung hängen und das Handschuhfach sprang nicht mehr auf. Auch das Kupplungsseil zeigte Abnutzungserscheinungen und riss. Nur gut, dass ich in der Fahrschule gelernt hatte, auch ohne Kupplung zu fahren. Aber ich war damals so fasziniert von meinem eigenen Auto, dass ich die genannten Mängel gerne in Kauf nahm. Im Übrigen verprasste ich das wenige Geld, das ich durch meine Nachhilfejobs verdiente, lieber mit einem schönen jungen Mädchen im Eiscafé als es in ein altes Auto zu investieren.

Meistens saß *Gaby* neben mir. *Gaby* schwärmte von den *Beatles*, insbesondere von dem Lied *The Fool on the Hill*. Ich hingegen war damals mehr von den futuristischen Moog-Synthesizerklängen von *Emerson, Lake and Palmer* begeistert. Damit ich sie noch besser hören konnte, kaufte ich 1974 von meinem Ferienverdienst für 1100 DM eine HiFi-Stereoanlage mit guten Lautsprechern für meinen Keller.

1974 hörte ich eine Bundestagsrede des neuen Bundeskanzlers *Helmut Schmidt* die mir so gut gefiel, dass ich sie sofort aufschrieb und als mein Lebensmotto wählte. Ich habe das Befolgen seiner Ratschläge bis heute nicht bereut:

„Ich hab' da ein persönliches Langzeitmotto folgendermaßen formuliert, das möchte ich hier gerne sagen dürfen, und das lautet so:
- *Etwas lernen,*
- *etwas leisten,*
- *gut verdienen,*
- *anständig und ehrlich seine Steuern bezahlen,*
- *ordentlich was auf die hohe Kante legen,*
- *und im Übrigen das alles nicht übertreiben, damit man genug Zeit und Muße hat, sich der weiß Gott angenehmen Seiten, die es ja auch noch gibt, des Lebens zu erfreuen."*

Im Jahre 1974 gab es aber noch ein weiteres Ereignis, dass für mein späteres berufliches Leben von großer Bedeutung sein sollte: Im Deutschunterricht lasen wir *Arthur Conan Doyle – Der Hund von Baskerville*. Hierbei erkannte ich, dass eine meiner größten Stärken das logische Denken und das Ziehen von Schlussfolgerungen ist. Ich habe mir daraufhin alle als Taschenbuch erhältlichen *Sherlock Holmes* Fälle gekauft, durchgelesen und analysiert. Das Durcharbeiten all dieser Bücher war im Nachhinein für mich beruflich äußerst wertvoll.

3.6 1975

3.6.1 Allgemeines

Im Frühsommer 1975 bestand ich meine Abiturprüfung. An unserem allerletzten Schultag wurden wir alle gefragt, was wir denn wohl werden wollen. Ich gab als Berufswunsch „Professor" an, was mein Tutor mit einem Lächeln quittierte. Als ich dann das Schuldorf verließ, war ich richtig traurig, denn ich hatte das Gefühl, eine schöne Zeit geht zu Ende und kommt nie wieder. Ich hatte mit diesem Gefühl leider recht, denn praktisch alle Freunde von mir zogen zum Studieren in andere Städte.

Anschließend studierte ich an der *Technischen Hochschule Darmstadt* das Fach Chemie. Von Anfang an wollte ich kein Spezialist, sondern ein Generalist werden und hörte daher auch Vorlesungen aus den Fachbereichen Medizin, Mathematik, und Physik.

Neben mir saß in der Vorlesung Experimentalphysik ein junger Mann aus Hähnlein, ein Ort in der Nähe meines Wohnortes. Er hieß *Bernd,* und wir waren uns schnell einig, dass in die mit zahlreichen eingekratzten Worten versehenen Holzbänke ein weiteres, sehr seltenes Wort hinzugefügt werden sollte: *Pseudoeber*. Wir erfreuten uns dabei höllisch an der Vorstellung, dass Generationen von Studenten nach uns rätseln würden, was um alles in der Welt wir wohl damit gemeint hätten.

Unter uns, und ganz im Vertrauen gesagt: Ein Freund von uns, der *Eber,* hatte einen Freund, mit dem er unzertrennlich zusammen war, und das war der? Erraten.

Abb. 134: Abschied vom Chemiesaal im Schuldorf Bergstraße

Abb. 135: Meine neue Heimat: Das Eduard Zintl Chemieinstitut der TH Darmstadt

Dass ich gut im Studium vorankam, war erfreulich. Dass ich etwas von meiner verstorbenen Großmutter *von Pidoll* erbte, was wir für die Rückzahlung unseres Hauskredites verwendeten, war noch erfreulicher. Unerfreulich war jedoch in diesem Jahr, dass die *Bewegung 2. Juni* durch die Entführung des CDU-Spitzenpolitikers *Peter Lorenz* die Freilassung mehrerer verurteilter Terroristen erpresste.

Abb.136: Wieder einmal eine neue Briefmarkendauerserie: Industrie und Technik

3.6.2 Verkehr
Bei den Autos fielen mir 1975 folgende Neuerscheinungen auf: *BMW* stellte seine neue *3er Reihe* vor, die ab 7/75 gebaut wurde. *Volkswagen* stellte den *VW Polo* vor, der ab März 1975 die Werkshallen verließ.

3.6.3 Kino und Musik
Das Jahr 1975 war geprägt durch rockigere Songs wie *You ain't seen nothing yet* von *Bachmann, Turner, Overdrive*, aber auch ausgeprägte Discofoxmusik wie *Never can say Good Bye* von *Gloria Gaynor* oder die beiden Hits von *Marianne Rosenberg Ich bin wie Du* und *Er gehört zu mir*. *Abba* führte mit *SOS* ihre bisherige Erfolgsserie weiter. Das meistverkaufte Lied 1975 war jedoch *Paloma Blanca* von der *George Baker Selection*, das während meiner Abiturarbeiten ständig im Radio gespielt wurde. Dies fand ich aber nicht schlimm, denn es war auch mein und *Gabys* Lieblingslied des Jahres.

Den *Eurovision Song Contest 1975* gewann die Gruppe *Teach In* mit *Ding-a-Dong*. Ich fand das Lied ganz nett, ein Hit wurde es aber nicht. Dafür gab es viel zu viele andere gute Songs in diesem Jahr: von *Rod Stewart – Sailing* über *Bay City Rollers – Bye Bye Baby*, *Silver Convention – Fly Robin Fly*, bis *Udo Jürgens – Griechischer Wein* und *Juliane Werding – Wenn Du denkst du Denkst* war für jeden Geschmack etwas dabei.

Bei den LPs stand hingegen die Sprache von *Otto* in *Oh Otto* auf Platz eins. Mein persönlicher Favorit war *George McCrae* mit *Rock your Baby*.

Der Kinohit des Jahres war *Der weiße Hai*. Wer diesen Film gesehen hatte, war zwangsläufig im Fieber des weißen Hais. Selbst beim Wetterbericht tauchte er manchmal bei *Hai-ter bis wolkig* auf. Es folgten *Terence Hill* und *Bud Spencer* mit *Zwei Missionare* und der Skandalfilm *Die Geschichte der O*, in der eine Frau sich den Wünschen der Männer unterordnet. Dieser Film war deshalb lange Zeit verboten.

3.6.4 Freizeit und Urlaub

Bisher war ich mit der Qualität der Schallplattenwiedergabe meines Schallplattenspielers nicht zufrieden. Ich kaufte mir daher von meinem diesjährigen Ferienverdienst für 980 DM (!) einen *Dual* Plattenspieler mit dem *Shure V15 Typ III* Tonabnehmer System. Endlich klang die Musik auf meinen Schallplatten transparent, und die lauten Platten nicht mehr übersteuert! Ich war einfach nur begeistert. Ferner installierte ich eine große UKW-Rotorantenne auf dem Dach. Jetzt konnte ich wieder *RTL* mit *Jochen* und *Helga* auf UKW und *Diskothek im WDR* mit *Mal Sondock* auf *WDR2* hören.

Von den restlichen 250 DM kaufte ich mir Schellackplatten von Zeitungsanzeigen und vom ersten Darmstädter Flohmarkt. Damit hatte ich jetzt ein durchgehendes Schallplattenarchiv von 1905 bis 1975 und konnte die Berichte meines Großvaters über die Musik seiner Zeit verifizieren. Inzwischen habe ich meine Sammlung längst digitalisiert und die sperrigen Platten an meine Stieftochter weitergegeben.

Da mein Freund *Bernd* in meiner Nähe wohnte, fuhr er morgens mit seinem Moped zu mir, und wir fuhren gemeinsam mit meinem Auto über die Autobahn, die Rheinstraße, am engen Luisenplatz mit vielen Fußgängern und am Schloss vorbei durch die Alexanderstraße bis zur TH. Highlight dieser Strecke war ein leichtes Gefälle kurz vor dem Darmstädter Kreuz, wo die Tachonadel bei Rückenwind bis auf 140 km/h ging.

Leider zeigte mein *Käfer* bald auch den gleichen Mangel wie der von *Wolfgang*: der Magnetschalter für den Anlasser klemmte. Die Reparatur hätte 180 DM gekostet, entsprechend 18 Stunden Nachhilfe. Dieses Geld konnte ich einsparen, da sowohl meine Wohnung als auch die von *Gaby* sich am Hang vor einer Garagenausfahrt befand, der Wagen somit nach vorne frei und an einem Gefälle stand. Anrollen statt Anlassen hieß seitdem die Devise.

Zur TH mussten wir jetzt immer sehr zeitig fahren, damit ich einen nicht zuparkbaren Parkplatz bekommen konnte. Der Heimweg war kein Problem, da *Bernd* und meine anderen Freunde gerne bereit waren, mich anzuschieben.

Eines Tages überraschte mich *Bernd* mit der Nachricht, dass er sich von einem Nebenverdienst einen grünen *Käfer* aus fünfter Hand gekauft hatte. Der Wagen lief bei der Probefahrt zwar mängelfrei, zeigte jedoch im praktischen Einsatz ein starkes Verlangen nach Öl: 1 l auf 100 km! Originalton *Bernd*: „*Er verbraucht mehr Öl wie Benzin*". Bernd war also ständig am Ölnachfüllen. Da er 25 km von der TH entfernt wohnte, benötigte er inclusive sonstiger Fahrten wöchentlich mindestens fünf Liter Motoröl. Die ständige Suche nach Allerbilligstöl aus irgendeinem Sonderangebot störte ihn jedoch nicht, denn sein Wagen sprang im Gegensatz zu meinem immer sofort an.

Abb. 137: Der Autor 1975

3.7 1976

3.7.1 Allgemeines

„*Man müsste noch mal 20 sein*", so hieß ein Hit von Anfang der 50er Jahre. Dieser Wunsch trifft jedoch für mein Leben nicht zu, denn mit 20 erlebte ich die bisher größte Krise meines Lebens.

Ich berichtete bereits, dass ich seit 1972 nicht mehr alles essen konnte, keinen Alkohol vertrug und Medikamente zur Neutralisation meiner Magensäure nehmen musste. Seitdem hatte ich jedoch fünf Kilo abgenommen und fühlte mich am Ende meiner Kräfte. Als dann nach einem Stück Erdbeerkuchen bei einem Essen mit *Gaby* und ihren Eltern bei mir Bluterbrechen auftrat, war mir klar, dass ich schwer krank war und in ein Krankenhaus musste.

Im Krankenhaus Groß Umstadt wurde festgestellt, dass Magen und Zwölffingerdarm innen entzündet aussahen wie bei zuviel Magensäure im Rahmen eines *Zollinger-Ellison Syndroms*. Im Gegensatz dazu ergab jedoch die Magensäurebestimmung eine Magensäurekonzentration am unteren Ende des Normalen. Mit diesen Untersuchungsergebnissen herrschte erst einmal Ratlosigkeit bei den Ärzten.

Bei einer Nachuntersuchung 1977 wurden jedoch eine deutliche Erhöhung der *α-Amylase* und eine Passagestörung im Duodenum diagnostiziert. Ich bekam daraufhin Pankreasfermente verordnet und hiermit begann meine Rekonvaleszenz. Innerhalb weniger Monate nahm ich 25 kg zu. Nach wie vor vertrug ich keinen Alkohol und musste Diät essen, aber ich war endlich wieder arbeitsfähig!

In Darmstadt gab es damals einen großen Skandal, als die nahe *Grube Messel*, ein Ursee mit vielen Urtieren, zu einer Müllkippe umgewandelt werden sollte. Aus einem Eldorado für Archäologen sollte ein Schuttabladeplatz werden. Wir klebten uns daraufhin alle Aufkleber auf die Taschen: *Grube Messel – MülldepoNIE* und hatten Erfolg: Die *Grube Messel* ist ein Eldorado für Archäologen geblieben!

Bei der Bundestagswahl 1976 gewann Bundeskanzler *Helmut Schmidt* und konnte seine *SPD/FDP* Koalition weiterführen. Das war die erste Bundestagswahl, bei der ich selbst wählen durfte. Ich wählte natürlich den Erfinder meines Lebensmottos *Schmidt*!

3.7.2 Verkehr

Abb. 138: Der neue Mercedes W123 (1976-85) Beck, Wiesbaden

Die spektakulärste Neuvorstellung des Jahres war der neue *Mercedes 200 W123*, der von Januar 1976 bis November 1985 gebaut wurde. Es gingen daraufhin so viele Bestellungen für diesen Wagen ein, dass sich eine Lieferzeit zwischen ein und drei Jahren ergab! Insgesamt wurden 2,7 Millionen *W123* gebaut. Dieses Modell gilt als der letzte solide *Mercedes* und als einer der besten *Mercedes* überhaupt. In Deutschland ist dieser *Mercedes* nach dem *VW Käfer* der zweitbeliebteste Oldtimer.

Im Vergleich zur Vorstellung des *W123* ging die Vorstellung des neuen *Opel Rekord E1*, *Ford Fiesta* und *Audi 100 C2* bei mir fast unter. Lediglich der neue *Golf Diesel* von *Volkswagen* erzielte bei mir noch signifikante Aufmerksamkeit.

3.7.3 Kino und Musik

1976 gab es wieder eine Vielzahl neuer, guter Hits, meist im klassischen Discofox Rhythmus. So auch die meistverkaufte Platte des Jahres *Daddy Cool*, der erste Hit der neuen Gruppe *Boney M*. Bereits Ende des Jahres war auch der Nachfolgetitel *Sunny* in den Hitparaden zu finden. Das war auch mein Lieblingshit des Jahres. Gaby schwärmte hingegen von *Girl, Girls, Girls* von *Sailor*.

Die erfolgreichste Gruppe war wieder einmal *Abba*, die 1976 gleich vier Hits (*Fernando, Dancing Queen, Mamma Mia, Money Money Money*) landeten. Weitere erfolgreiche Titel des Jahres waren *Mississippi – Pussycat, Rocky – Frank Farian, Die kleine Kneipe – Peter Alexander, Let your Love flow – Bellamy Brothers, Ein Bett im Kornfeld – Jürgen Drews* und *Lieder der Nacht – Marianne Rosenberg*.

Abb. 139: Brotherhood of Man – die Gewinner des Eurovision Song Contest 76 NDR

Die Gewinner des *Eurovision Song Contest 1976* waren *Brotherhood of Man* mit *Save your Kisses for me*. Ein bezauberndes Lied um Küsse von einem jungen Mädchen, vorgetragen mit ansprechender Choreografie. Am Ende des Liedes erfährt man als Gag: Die Küsse waren von einem dreijährigen Mädchen!

Das meistverkaufte Album war *Abba – Best of*. Mein eigener LP-Favorit war *Simon and Garfunkels Greatest Hits*.

Der beliebteste Kinofilm des Jahres war *Asterix erobert Rom*, gefolgt von *Einer flog übers Kuckucksnest*, *Brust oder Keule* und *King Kong*. Endlich gab es mal wieder einen lustigen Film mit *Louis des Funés*, der in *Brust oder Keule* als cholerischer Restaurantkritiker gegen künstliches Essen kämpft. Mein Lieblingsfilm des Jahres!

3.7.4 Freizeit und Urlaub

Wieder einmal waren die Olympiaden, diesmal in Montreal und Innsbruck, die Höhepunkte des Jahres. Im alpinen Ski sind die Goldmedaillen von *Rosi Mittermeier* in der Abfahrt und im Slalom und ihre Silbermedaille im Riesenslalom in meinen Erinnerungen geblieben. Bei den Herren imponierte mir besonders *Franz Klammer* mit seiner Goldmedaille in der Abfahrt.

Bei den Leichtathleten hat mir die rumänische Turnerin *Nadja Comăneci*, die achtmal die Bestnote 10,0 erreichte, am meisten imponiert. Bei den Deutschen ist mir *Alvin Schockemöhle* mit seinen Goldmedaillen im Springreiten und in der Dressur Mannschaft und *Alexander Pusch* mit seinem Medaillensegen im Fechten unvergesslich geblieben.

Ansonsten war das Jahr 1976 geprägt durch eine weitere Zunahme der Mängelliste meines *Käfers*: Die rote Ladekontrollleuchte leuchtete bei eingeschaltetem Licht permanent auf – Korrosion der Hauptstromleitung, und als Folge der schwachen Stromversorgung gab auch noch der Blinker sein Blinken auf. Ich fuhr ab jetzt mit „eigener" Blinkfrequenz durch Bewegung des Blinkerhebels.

Ferner ließ die Motorleistung deutlich nach. Von den früheren 140 km/h auf der Autobahn bleiben an der gleichen Stelle gerade einmal gut 100 km/h übrig.

Weiterhin traten die ersten Rostschäden auf, und die Chromteile waren inzwischen nicht mehr glänzend, sondern nur noch braun. Der Lack fing ebenfalls an großflächig abzublättern – offensichtlich ein nachlackierter früherer Unfallschaden. Auch die Kunstledersitze fingen langsam, aber sicher an, zu zerbröseln. Ich musste für 5 DM Billigstschonbezüge kaufen, um überhaupt verkehrssicher sitzen zu können.

Trotz dieser widrigen Umstände gelang es mir, den Wagen im August mit 140.000 km durch den *TÜV* zu bekommen: In der Schlange vor dem Prüfer immer schön den Motor mit etwas Gas laufen lassen, bei Licht an noch ein bisschen mehr Gas und beim Blinkbefehl selbst geblinkt.

Dennoch, so konnte es irgendwie nicht weitergehen. Ich machte mich daher auf die Suche nach einem geeigneten mängelfreieren Fahrzeug, natürlich auch ein *Käfer*. Und da gab es damals noch viele Exemplare aus den 1950ern, die offensichtlich langlebiger waren wie mein eigenes Auto. Ich besichtigte viele, die in der Zeitung annonciert waren, aber bei allen *Käfern* in der Preisklasse 1000 DM waren nach 20 bis 25 Jahren Alltagsdienst Schweißarbeiten erforderlich.

Meiner Mutter blieben diese Besichtigungen natürlich nicht verborgen, und da ihr eigener *Käfer* inzwischen auch schon altersschwach geworden war, kam es zum gleichen Deal wie anno 1974. So kam ich in den Besitz eines marinablauen *VW 1302L* von 1971 mit 44 PS und 90.000 km, der zwar vergleichsweise neu war, allerdings ruckelte und nicht sehr gut lief. Keine Werkstatt hatte meiner Mutter sagen können, woran es lag, dass dieser Wagen beim Gasgeben langsamer wurde und nur in den oberen Drehzahlen Leistung brachte. Auch vibrierte die Lenkung recht stark trotz guter Auswuchtung der Vorderräder. Das war mein Glück! Mit diesem Wagen war meine Autoversorgung für die nächsten Jahre gesichert. Meinen alten *Käfer* habe ich für 450 DM an eine unsichere Fahranfängerin verkauft.

3.8 1977

3.8.1 Allgemeines

Frühling, Sommer und Herbst 1977 waren geprägt durch Anschläge der *RAF* und hieraus resultierende verstärkte Polizeisperren und Polizeikontrollen. Am 7.4.1977 wurde Generalbundesanwalt *Siegfried Buback*, sein Fahrer und der Leiter der Fahrbereitschaft von einem Motorrad aus in ihrem Auto erschossen. Am 30.7.1977 wurde Bankdirektor *Jürgen Ponto* in seiner Villa ermordet. Am 5.9.1977 wurde der Arbeitgeberpräsident *Hanns Martin Schleyer* in Köln entführt und hierbei sein Fahrer und drei Polizeibeamte getötet. Die Entführer forderten die Freilassung von elf gefangenen RAF-Mitgliedern.

Da die Bundesregierung nicht auf die Forderungen der Terroristen einging, wurde am 13.10.1977 die Lufthansa-Maschine „*Landshut*" entführt. Nach einer Odyssee des Flugzeuges und der Ermordung des Piloten landeten die Terroristen in Mogadischu. Hier wurde das Flugzeug am 18.10.1977 durch die neugegründete Sondereinheit GSG 9 gestürmt. Alle 86 Geiseln konnten unverletzt befreit werden. Daraufhin begingen die in Stuttgart-Stammheim inhaftierten *RAF*-Terroristen *Andreas Baader*, *Gudrun Ensslin* und *Jan-Carl Raspe* Selbstmord. Die ebenfalls in Stammheim inhaftierte *Irmgard Möller* überlebte schwerverletzt.

Als Reaktion auf die Stürmung der „*Landshut*" wurde *Hanns Martin Schleyer* von seinen Entführern erschossen. Seine Leiche wurde am 19.10.1977 gefunden.

3.8.2 Verkehr
Keine nennenswerten Veränderungen.

3.8.3 Kino und Musik
Die Supergruppe des Jahres war *Smokie* mit gleich vier Hits: *Living next Door to Alice* (meistverkauftes Lied des Jahres), *Lay Back in the Arms of Someone, Its your Life* und *Needles and Pins,* gefolgt von *Abba* mit *Money Money Money* und *Knowing Me Knowing You,* und *Boney M* mit *Sunny, Ma Baker* und *Belfast* sowie *Baccara* mit *Yes sir I can Boogie* und *Sorry I'm a Lady*. Fast alles im klassischen Discofox-Rhythmus.

Dagegen war mein Lieblingslied nach der Discofoxwelle mal wieder instrumental: *James Last* mit *Der einsame Hirte*.

Den *Eurovision Song Contest 1977* gewann *Marie Myriam* mit *L'oiseau et l'enfant*. Ein schönes Lied, mit viel Einsatz vorgetragen, es wurde aber dennoch kein Hit.

Mit großem Abstand wurde *Arrival* von *Abba* zum meistverkauften Album des Jahres. Mein Lieblingsalbum war 1977 *Cat Stevens Greatest Hits*.

Die beliebtesten Kinofilme des Jahres waren *Bernard und Bianca – Die Mäusepolizei*, gefolgt von *James Bond – der Spion der mich liebte*, und *Zwei außer Rand und Band* (*Terence Hill* und *Bud Spencer*, wer sonst!).

3.8.4 Freizeit und Urlaub

1977 gab es erneut gute, neue Fernsehserien, die ich mir gerne anschaute. Hierzu gehörte *Auf los geht's los* mit *Joachim Fuchsberger* (1977-86, *ARD*), *Der Alte* (seit 1977, *ZDF*) und die Westernserie *Rauchende Colts* (gab es bereits 1967-73 in der *ARD*, weitere Folgen 1977-83 im *ZDF*).

Abb. 139: Der Autor 1977 mit seinem VW 1302L

Die 1970er Jahre waren für mich die sorgloseste Zeit in meinem bisherigen Leben: Es herrschte Vollbeschäftigung, jedermann hatte es zu einem gewissen Wohlstand gebracht, nirgendwo drohte eine ernsthafte Kriegsgefahr, die Ölkrise war überwunden, und kein Mensch redete von Problemen infolge Umweltverschmutzung, Klima, Zuwanderung, Rassismus oder ähnlichem. Auch ich hatte 1977 keine Sorgen mehr: Ich war endlich wieder arbeitsfähig, wenngleich ich immer noch am Austesten war, welche Lebensmittel ich vertrage und welche nicht. Mein Studium lief planmäßig ohne große Schwierigkeiten, ja ein Professor hatte mir sogar wegen meiner besonderen Studienleistungen einen eigenen Raum für mich zur Verfügung gestellt, in dem ich essen und lernen konnte. Weiterhin verdiente ich durch Nachhilfe genug Geld, um einen akzeptablen Lebensstandard zu führen, und ich besaß das erste halbwegs mängelfreie Auto in meinem Leben. Allerdings war ich inzwischen wieder etwas einsam geworden und meine Haare begannen sich deutlich zu lichten.

3.9 1978

3.9.1 Allgemeines

Als Reaktion auf den Beschluss des *Kabinetts Schmidt* 1977, ein Atommüllendlager in Gorleben einzurichten, kam es in Deutschland zu zahlreichen Protesten von Atomkraftgegnern. Mit dem Slogan *Atomkraft – nein danke* begannen mehrere Privatpersonen, sich als Vorläufer der *Grünen* politisch zu engagieren. Die weiteren Planungen für das atomare Endlager Gorleben wurden daraufhin zurückgestellt, ein Zwischenlager Gorleben jedoch 1995 in Betrieb genommen.

1978 wird als das „*drei Päpste Jahr*" in die Geschichte eingehen: *Paul VI* (1963-1978), *Johannes Paul I* (1978) und *Johannes Paul II* (1978-2005) waren hintereinander Papst.

3.9.2 Verkehr

Opel stellte als Nachfolger von *Kapitän-Admiral-Diplomat* den *Opel Senator* vor. Der *VW Käfer* wurde jetzt aus Mexiko importiert.

3.9.3 Kino und Musik

1978 sangen *Boney M* den Superhit *Rivers of Babylon*, der auch mein Lieblingslied des Jahres war. Es folgte *Das Lied der Schlümpfe – Vader Abraham*, *Mull of Kintyre – Paul McCartneys Wings* und schließlich *You're the want that I want – John Travolta und Olivia Newton-John*, das Traumpaar dieses Jahres.

Bei den Alben dominierten dieses Jahr Soundtracks von Kinofilmen: *Saturday Night Fever* und *Grease*, dazwischen *Boney M* mit *Nightflight to Venus* (mein Favorit in diesem Jahr) und *Genesis* mit *And then there were Three*.

Den Eurovision Song Contest 1978 gewannen *Ishar Cohan & The Alpha Beta* mit *A Ba Ni Bi*. Ein nettes, rhythmisches Lied, das trotzdem kein Hit wurde.

Bei den Kinofilmen waren 1978 *Terence Hill* und *Bud Spencer* mal wieder ganz nach vorne durchgeschlagen: *Zwei sind nicht zu bremsen*. Es folgte *Grease* mit *John Travolta/Olivia Newton-John* und *Krieg der Sterne*.

3.9.4 Urlaub und Freizeit

Das Highlight des Jahres war die Fußballweltmeisterschaft 1978 in Argentinien, bei der die deutsche Mannschaft als amtierender Weltmeister antrat. In der Zwischenrunde verlor sie jedoch gegen Österreich 3:2 („*Schmach von Cordoba*") und schied aus. Alle waren maßlos enttäuscht. Das war die schlechteste Nachricht dieses Jahres.

3.10 1979

3.10.1 Allgemeines

Dank einer leichten Inflation in den 1970er Jahren, verbunden mit erheblichen Lohnsteigerungen und unserer sparsamen Haushaltsführung, gelang es meiner Mutter, Ende des Jahres unseren Hauskredit vorzeitig zurückzuzahlen. Damit waren wir schuldenfrei und konnten im nächsten Jahr wieder in Urlaub fahren.

Karl Carstens wurde als Nachfolger von *Walter Scheel* zum Bundespräsidenten gewählt (1979-84).

Der Umsturz im Iran mit der Vertreibung des Schahs und dem Einsetzen des Revolutionsführers *Ayatollah Chomeini* sowie die Machtergreifung *Saddam Husseins* im benachbarten Irak führten langfristig zu einer Instabilität der Region. Da die USA dem Schah Asyl gewährten, kam es am 4.11.1979 zur *Geiselnahme von Teheran*, bei der 400 iranische Studenten die amerikanische Botschaft stürmten und 52 Diplomaten als Geisel nahmen. Die Geiselnahme endete am 20.1.1981 nach der Freigabe von acht Milliarden eingefrorenem iranischem Vermögen in den USA durch die Präsidenten *Jimmy Carter* (1977-20.1.81) und *Ronald Reagan* (20.1.1981-89).

3.10.2 Verkehr

1979 wurde ein neuer *Opel Kadett D* mit Frontantrieb vorgestellt.

Inzwischen wurden praktisch alle Fahrzeuge auf dem Markt mit Halogenscheinwerfern, Gürtelreifen, Sicherheitsgurten, spielfreier Lenkung, Synchrongetriebe, 12 V Batterie, Zweikreisbremse (kein Ausfall der Bremse bei einem Bruch einer Bremsleitung!) sowie Crashtesterprobung ausgeliefert und wiesen auch eine gute innere Sicherheit auf. Anfang der 1980er Jahre kamen dann noch der Airbag und elektronische Assistenzsysteme hinzu.

Der gute alte Vergaser wurde allerdings inzwischen wegen immer schärferer Abgasbestimmungen zum größten Teil durch eine elektronisch gesteuerte Saugrohreinspritzung ersetzt, die seit 1967 nach und nach die Fahrzeuge eroberte und erst ab 2000 durch noch effizientere Direkteinspritzsysteme verdrängt wurde. Elektronische Systeme sind aber leider störanfälliger und schwerer instand zu setzen wie rein mechanische.

3.10.3 Kino und Musik

Der Hit des Jahres stammte diesmal von *Peter Maffay – So bist Du*. Es folgte *Patrick Hernandez – Born to be alive* im klassischen Discofoxstil sowie das langsame *El Lute – Boney M*. Es gab eine Vielzahl neuer Interpreten: *Village People* (*YMCA*, *In the Navy – mein Lieblingslied des Jahres*), *Blondie* (*Heart of Glass*), *M* (*Pop Muzik*),

Dschinghis Khan neben Bekannten wie *Abba* (*Chiquitita*) und *Cliff Richard* (*We don't talk anymore*).

Bei den Alben dominierte die Supergruppe *Supertramp* mit *Breakfast in America* (auch mein Lieblingsalbum des Jahres) vor *Peter Maffay* mit *Steppenwolf* und *Dire Straits*.

Den *Eurovision Song Contest 1979* gewannen die israelische Gesangsgruppe *Milk & Honey with Gali* mit dem schwungvollen Lied *Hallelujah*. Nett vorgetragen und mit Einsatz gesungen. Ein verdienter Siegertitel, aber wie die Sieger der letzten Jahre kein großer Hit, aber mit Platz 11 in Deutschland immerhin ein Achtungserfolg.

Abb. 140: Die Gewinner des Eurovision Song Contest 79: Milk & Honey with Gali – Hallelujah NDR

Der erfolgreichste Kinofilm des Jahres war die Wiederholung des *Dschungelbuchs* von *Walt Disney*, gefolgt von *Louis de Funés* (*Louis' unheimliche Begegnung mit den Außerirdischen*), und *Terence Hill und Bud Spencer* (*Das Krokodil und sein Nilpferd*). Aber auch *James Bond* war mit *Moonraker* wieder recht weit oben. Weiter unten ging es mit *Superman* und *Der Herr der Ringe* weiter. Mein Lieblingsfilm war in diesem Jahr *Hair*. Ganz tolle Musik!

3.10.4 Urlaub und Freizeit

Nach wir vor gab es keinen Urlaub und keine neue Freizeitaktivität, aber das sollte sich 1980 ändern. Denn in diesem Jahr werde ich meine Diplomprüfung ablegen und dann auch richtiges Geld verdienen.

Die Anzahl der Elektrogeräte in unserem Haushalt hat sich in den 1970ern verdoppelt. Waren es 1950 gerade einmal 4 Geräte (Staubsauger, Bügeleisen, Schreibtischlampe,

Heizsonne), 1959 erst 11, und 1969 immerhin schon 16, so kamen in den 1970ern zwei Radios, eine Waschmaschine, ein Telefon, ein Durchlauferhitzer, ein Warmwasserboiler, eine Trockenhaube, zwei Taschenrechner, zwei Schallplattenspieler, eine Rotorantenne, ein Fernsehverstärker, ein Rasenmäher und die Heizung samt Umwälzpumpe hinzu, somit insgesamt 32 Geräte. Der technische Fortschritt war einfach nicht aufzuhalten!

Abb. 141: Der Autor 1979

4. Die 1980er Jahre

Der Aufruf *Helmut Kohls* nach einer geistigen und moralischen Wende führte zu seiner Kanzlerschaft von 1982 bis 1998 und zur deutschen Wiedervereinigung. Die Krimis in Kino und Fernsehen wurden immer brutaler, die Musik immer aggressiver, die Autos immer schneller. Mit dem Auftreten des *Punk* begann die Hässlichkeit bei der Kleidung und in der Musik. Jeans und T-Shirts, Tatoos und Piercing statt Anzug und Krawatte wurde die neue Mode. Auch die *neue deutsche Welle* setzte auf diesen Trend.

Die ersten Personal Computer wurden gebaut und zum Preis eines Kraftfahrzeugs verkauft. Die Rechen- und Speicherleistung dieser Rechner (Taktfrequenz 4,77 MHz, Festplatte 10 MB) war allerdings auf Textverarbeitung, Präsentationsgraphik (typischerweise mit einem Plotter auf Transparentfolie geplottet), Datenbankrecherchen (mit 300 Bit/s Akustikkoppler) sowie zur Steuerung und Auswertung von Messapparaturen begrenzt. Doch bereits Ende der 1980er gab es VGA Grafikkarten und 1200 Bit/s Modems für den Anschluss an Datex-P, den Datendienst der Deutschen Bundespost, und Bildschirmtext (Datex-J).

4.1 1980

In der Zwischenzeit hatten *Bianca* und *Gaby* den Mann fürs Leben gefunden und schieden daher für meine weitere Freizeitgestaltung aus. Dennoch erlebte ich das Jahr 1980 fröhlich und mit großer Zuversicht. Meine Diplomprüfung verlief gut und die Diplomarbeit am Institut für Physikalische Chemie der TH Darmstadt ging mir leicht von der Hand. Auch saß inzwischen eine andere junge Dame an meiner Seite: Sie hieß *Marina*, perfekt passend zur Farbe *marinablau* meines *Käfers*. Ihr Lieblingsspruch war: „*Ich lade dich ein, aber Du bezahlst*". Aber so viel, wie es sich vielleicht anhört, habe ich dann doch nicht bezahlen müssen: Wir fuhren meistens an den Rhein bei Gernsheim oder lernten zusammen Mathematik.

1980 fuhr ich erstmals auf die *Veterama* in Mannheim. Dort hatten sich mehrere *Mercedes* Händler zusammengetan und eine ganze Wiese mit schwarzen *Mercedes 170S*, alle mit Dieselmotor und alle für 12.000 DM, aufgestellt. Einer schöner als der andere. Ich war sehr traurig, dass ich damals nicht das Geld hatte, einen dieser Wagen von der Wiese zu kaufen!

Nachdem wir unsere Haushypotheken 1979 zurückgezahlt hatten, haben wir unser Haus mit Isolierglasscheiben versehen und uns komplett neu eingerichtet. Ich bekam ein richtig schönes Zimmer. Weniger schön war allerdings die Tatsache, dass sich einige junge Frauen abfällig über meinen Haarausfall geäußert hatten. Daraufhin beschloss ich, mir einen Vollbart wachsen zu lassen.

1980 gab es ein Ereignis, welches auf mein zukünftiges Leben einen großen Einfluss haben sollte. Ich musste nämlich für meine Diplomarbeit diverse Recherchen in der *Großherzoglichen Landeshochschulbibliothek* im Darmstädter Schloss vornehmen. Dort im Lesesaal befand sich direkt neben dem Fachbereich Chemie der Fachbereich Adel. Irgendwann einmal habe ich den Schritt zur Seite gewagt und im Adelsarchiv nach meinem Familiennamen *von Pidoll* gesucht.

Ich bin gleich voll fündig geworden, und die gefundenen Informationen haben mich so gefesselt, dass ich beschloss, ein Buch über meine Familie zu schreiben. Zu diesem Zweck ging ich dann in die Darmstädter Hauptpost und suchte mir aus allen Telefonbüchern Deutschlands alle Telefonnummern der noch lebenden Namensträger *von Pidoll* heraus, rief diese an und besuchte sie anschließend.

Die bei den Familienmitgliedern vorhandenen Dokumente – von der Adelsurkunde bis zu einem alten Stammbaum – habe ich alle abfotografiert und dann ausgewertet. Hierbei war es von großem Vorteil, dass ich zu meinem diesjährigen Geburtstag eine gute Kleinbildkamera geschenkt bekam und bereits fotografieren geübt hatte.

Abb. 142: Institut für Physikalische Chemie der TH Darmstadt, 1980

Abb. 143: Der Autor 1980 in seinem Arbeitslabor an der TH Darmstadt

Abb. 144: Das neue Zimmer von mir – kein Vergleich mit dem alten!

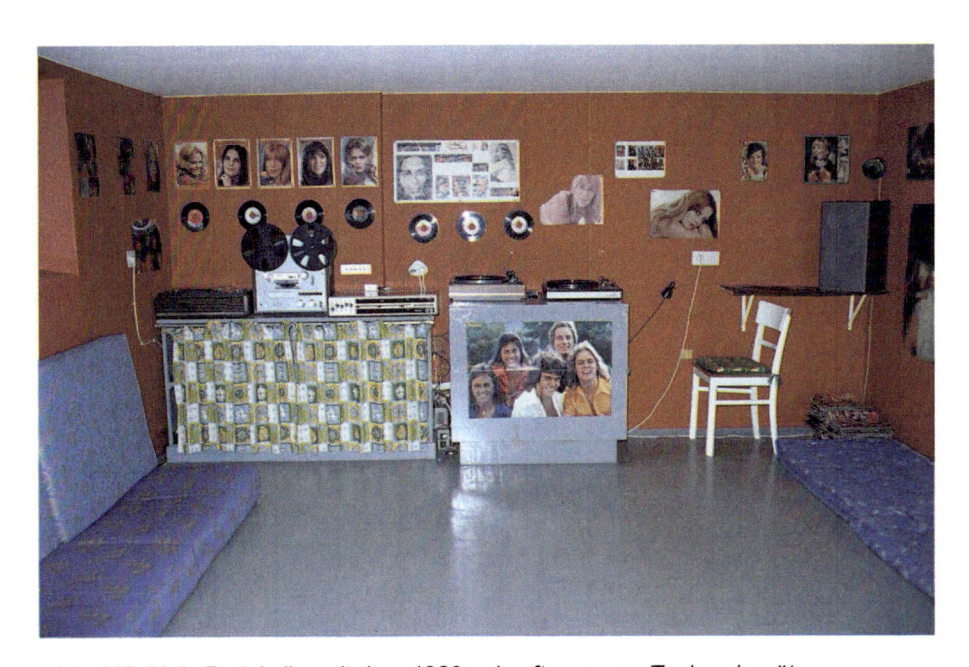

Abb. 145: Mein Partykeller mit dem 1980 gekauften neuen Tonbandgerät

Was geschah noch 1980? In diesem Jahr wurden aus Gruppen von Atomkraftgegnern, der Friedensbewegung, Nachfolgegruppen der 68er Bewegung, und der neuen Linken die Partei *Die Grünen* gegründet. Ziel war eine ökologisch orientierte linke Politik ohne Atomkraftwerke.

Abb. 146: Otto Schily und Petra Kelly, Gründungsmitglieder d. Grünen Eng.Reineke1983

Das größte außenpolitische Ereignis war 1980 der Beginn des ersten Golfkriegs. Der Iran, obwohl durch die kürzliche islamische Revolution geschwächt, wollte die islamische Revolution auch in andere Staaten tragen, während *Saddam Hussein* als Führer des Irak einen Sieg über den geschwächten Iran und damit die Vormachtstellung für den Irak in der arabischen Region anstrebte. So kam es im September 1980 nach zahlreichen Provokationen zum direkten Krieg, den beide Staaten mit äußerster Brutalität führten.

Das zweitgrößte außenpolitische Ereignis war der Einmarsch der Russen in Afghanistan. Als Reaktion darauf wurden die *Olympischen Sommerspiele 1980* in *Moskau* von den meisten westlichen Staaten, darunter auch der Bundesrepublik, boykottiert.

An die *Olympischen Winterspiele 1980* in *Lake Placid, USA*, kann ich mich nur dem Namen nach noch erinnern, wohl weil die Bundesrepublik dort keine Goldmedaille errungen hat.

Abb. 147: Neue Dauermarkenserie 1980 Burgen und Schlösser

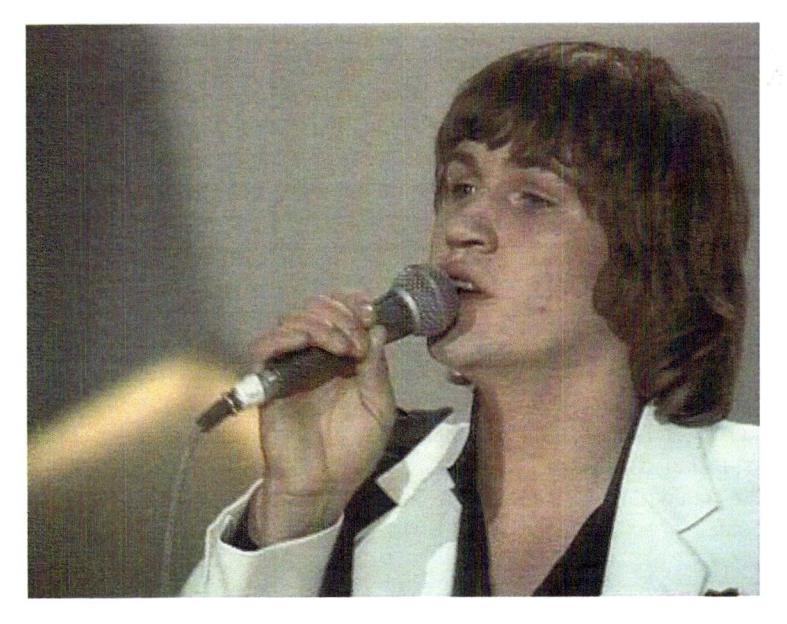

Abb. 148: Eurovision Song Contest 80: Johnny Logan mit What's another Year NDR

Der Gewinner des diesjährigen *Eurovision Song Contests* war *Johnny Logan* mit seinem sanften Song *What's another Year*. *Johnny* wird auch *Mister Grand-Prix* genannt, weil er dreimal den *Eurovision Song Content* gewann. Doch dazu mehr später.

Auch 1980 gab es viele gute Pop Songs, meist im Discofox-Stil, angefangen von *Abba* mit drei Hits (*Lay all your love on me, Super Trooper, The Winner takes it All*), *Boney*

M mit zwei Hits (*Felicidad* und *I see a boat on the river*), *Cliff Richard – Dreamin, Donna Summer – On the Radio, FR David – Words, Kelly Family – Who'll come with me, Marianne Rosenberg – Marleen, Olivia Newton-John – Xanadu,* und *Peter Kent – It's a real good Feeling.* Mein Lieblingssong war *ONJ* mit *Xanadu.*

Tabelle 2: Beliebteste Singles, Alben und Filme in 1980 gemäß chartsurfer.de

Singles	Titel	Interpret/Bemerkung
1	Sun of Jamaica	Goombay Dance Band
2	Another Brick in the Wall II	Pink Floyd
3	Funkytown	Lipps Inc.
Alben		
1	The Wall	Pink Floyd
2	Revanche	Peter Maffay
3	Xanadu	E.L.O. und Olivia Newton-John
Kinofilme		
1	Das Imperium schlägt zurück	Science Fiction
2	Aristocats	Zeichentrickfilm
3	Der Supercop	Mit Terence Hill

4.2 1981

Nach bestandener Diplomprüfung und abgegebener Diplomarbeit trat ich Anfang 1981 eine Stelle als wissenschaftlicher Mitarbeiter an der TH Darmstadt an und arbeitete an meiner Doktorarbeit. Hierzu musste ich bestimmte Kohlenwasserstoffe, die in großen Konzentrationen im Abgas von Verbrennungsvorgängen gebildet werden, selbst herstellen, im Vakuum in einem Strömungsrohr auf Temperaturen von 1000 °C erhitzen und die chemischen Reaktionen bei diesen Temperaturen mit Hilfe eines über ein Probenahmesystem angeschlossenes Massenspektrometer dokumentieren und erklären.

Von dem ersten verdienten Geld kaufte ich mir ein *dtv-Lexikon* in 25 Bänden, die Memoiren von *Dr. Ferdinand Sauerbruch*, die Memoiren des *Dr. Henry Steven Hartmann*, und ein Buch *Nachkriegswagen*. Von da an wurde jedoch jeden Monat 1000 DM gespart. Es gab jedoch immer gute Gründe, das Geld anderweitig auszugeben, aber ich dachte an mein Lebensmotto von *Helmut Schmidt* und blieb standhaft.

1981 waren programmierbare Taschenrechner bereits Stand der Technik. Ich selbst hatte mir 1980 einen *TI-59* von *Texas Instruments* gekauft, um die mathematischen, physikalischen und technischen Hausaufgaben mit viel Rechenaufwand schneller bewältigen zu können. Dennoch war ich überrascht, als Mitglieder meines Arbeitskreises an der TH Geld zusammenlegten und einen *Apple II Rechner* kauften. Dieser bestand aus einer Tastatur mit Hauptplatine, an welche ein Fernsehapparat und ein Kassettentonbandgerät angeschlossen wurden. Dann konnte man mit dem Programmieren in BASIC beginnen. Was meine Kollegen damals programmiert hatten, habe ich nie mitbekommen, aber ich durfte beim Computerspiel *Mystery House* mitraten.

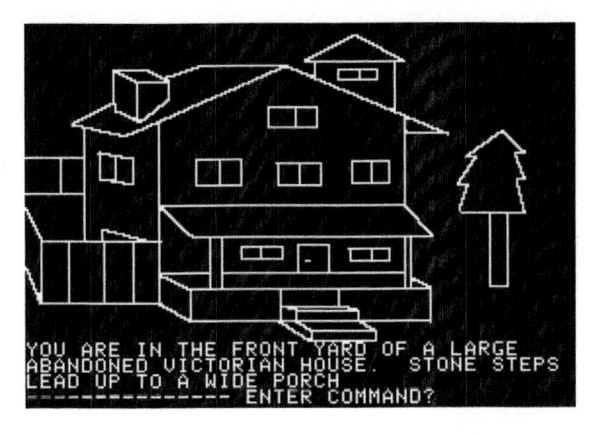

Abb. 149: Screenshot des Computerspiels Mystery House Wikipedia

Im Sommer 1981 schenkte mir meine Mutter einen gazellenbeigen *Opel Kadett D Luxus* zur bestandenen Diplomprüfung. Mein alter Käfer wurde mit 100.000 km für 1500 DM verkauft.

Das große politische Thema 1981 war der *NATO Doppelbeschluss*, welcher die Stationierung von amerikanischen *Pershing II* Atomraketen und *Cruise Missiles* Marschflugkörper auf deutschem Gebiet als Antwort auf die Stationierung russischer *SS-20* Atomraketen in Osteuropa mit Ziel Westeuropa vorsah.

Zu diesem Doppelbeschluss kam es, nachdem Bundeskanzler *Helmut Schmidt* sich durch die Stationierung sowjetischer *SS-20* Raketen bedroht fühlte, da Westeuropa im Falle eines atomaren Angriffs Russlands lediglich durch amerikanische Atomraketen gerächt werden konnte. Aus diesem Grund forderte *Schmidt* die *NATO* zu eigenen Gegenmaßnahmen auf, wobei Verhandlungsangebote Vorrang haben sollten. Am 30.11.1981 begannen daher Abrüstungsverhandlungen zwischen der *NATO* und Russland.

Die *Friedensbewegung* lehnte die geplante Stationierung von Atomraketen in Westeuropa ab, da das Aufstellen von Atomraketen in Westeuropa zu einem Wettrüsten führen würde, das einen versehentlich ausgelösten Atomkrieg in Europa wahrscheinlich machte. Sie forderten daher ein atomwaffenfreies Europa. Zu der Friedensbewegung gehörten große Teile der SPD und der IG Metall. Es kam daher 1981 zu zahlreichen Großdemonstrationen gegen den *NATO-Doppelbeschluss*.

Neben dem *NATO-Doppelbeschluss* hörte ich Ende 1981 zum ersten Mal von einem weiteren Problem in Deutschland: Dem Waldsterben durch den sauren Regen von Industrie und Verkehr. Auch hierzu gab es unterschiedliche Meinungen.

Abb. 150: Großdemo der Friedensbewegung am 10.10.1981 in Bonn Rob Bogaerts

Säureregen: „Da liegt was in der Luft"

In Westdeutschlands Wäldern, warnen Forstexperten, „tickt eine Zeitbombe": Ein großflächiges Tannen- und Fichtensterben ist, wie Fachleute befürchten, erstes Vorzeichen einer weltweiten „Umweltkatastrophe von unvorstellbarem Ausmaß". Denn der Auslöser des stillen Wald-Untergangs, saure Niederschläge aus den Schloten von Kraftwerken und Raffinerien, bedroht nicht nur Flora und Fauna, sondern auch die menschliche Gesundheit. In einer dreiteiligen Serie untersucht der SPIEGEL Ausmaß und Ursachen der Gefahr.

16.11.1981

Abb. 151: Der Spiegel, 16.11.1981

1981 erschien der erste IBM PC mit Intel 8088 Prozessor (optionalem Coprozessor 8087), 4,77 MHz Taktfrequenz, 16 kB (gegen Aufpreis 64 kB) Speicher, mit IBM Basic, serieller Schnittstelle, zwei 5 1/4 Zoll Diskettenlaufwerken, mit *DOS 1.0* zum Preis von 18.000 DM. Standardmäßig war ein Monochrom Grafikadapter plus Monitor mit 25 Zeilen a 80 Zeichen. Gegen Aufpreis gab es eine *CGA* Grafikkarte plus Monitor mit 320x200 Punkten in 4 Farben oder 640x200 Punkten in 2 Farben bei jeweils 16 Farben zur Auswahl. Die Einsatzmöglichkeiten dieses Ur-PCs waren Textverarbeitung und wissenschaftliche Berechnungen sowie geplottete Grafiken.

Abb. 152: Erster IBM PC von 1981 Wikipedia

Abb. 153: Frank Elstner moderiert seit 1981 Wetten Dass? ZDF 1985

Im Fernsehen gab es 1981 gleich zwei gute Serien, die mir gefielen. Zum einen startete in der *ARD Dallas* mit *J. R. Ewing* als Bösewicht, zum Anderen im *ZDF* die Fernsehshow *Wetten dass* mit *Frank Elstner* (ab 1987 *Thomas Gottschalk*).

Den *Eurovision Song Contest 1981* gewann die Gruppe *Bucks Fizz*, eine Gesangsgruppe aus zwei Männern und zwei Frauen, die in einem gelben bzw. roten Maxirock auftraten. Als besonderen Gag ihres Auftritts zogen die Männer an der Textstelle „*But if you want to see some more*" an einer Schnur an den Röcken der Frauen und warfen dann die Maxiröcke nach hinten, während die Frauen jetzt im Minikleid weitersangen. Das schwungvolle Lied hieß *Making your Mind up* und wurde immerhin ein Achtungserfolg.

Abb. 154: Eurovision Song Content 81: die Gewinner Bucks Fizz nach der Textstelle „But if you want to see some more" NDR

Meine Lieblingslieder des Jahres waren *Kim Wilde – Kids in America*, *ELO – Hold on Tight*, *Visage – Fade to grey* und *Shakin' Stevens – This ole House*.

Tabelle 3: Beliebteste Singles, Alben und Filme in 1981 gemäß chartsurfer.de

Singles	Titel	Interpret/Bemerkung
1	Dance little Bird	Electronica's
2	Stars on 45	Stars on 45
3	Angel of Mine	Frank Duval
Alben		
1	Face Value	Phil Collins
2	Long Play Album	Stars on 45
3	Super Trouper	Abba

Kinofilme		
1	Cap und Capper	Zeichentrickfilm
2	Auf dem Highway ist die Hölle los	Mit Burt Reynolds und Farrah Fawcett-Majors
3	James Bond – In tödlicher Mission	Mit Roger Moore und Lynn-Holly Johnson

4.3 1982

Inzwischen war meine Apparatur aufgebaut, und ich begann mit den Messungen für meine Doktorarbeit (*siehe Abb. 155 umseitig*).

Anfang der 1980er Jahre verbreitete sich eine neue Bewegung über die ganze Welt: der *Punk*. Ich hörte davon erstmals Ende der 1970er Jahre im Zusammenhang mit der britischen Gruppe *Sex Pistols*. Noch immer waren die Jugendlichen frustriert über die ältere Generation mit ihren strengen Regeln und ihrer modischen Kleidung, und sie fürchteten einen Atomkrieg durch den *NATO-Doppelbeschluss* („*No Future*").

Abb. 155: Chaostage in Hannover Axel Hindemith 1984

Die Antwort der *Punk* Bewegung darauf war Hässlichkeit, zerfetzte Kleidung, Sicherheitsnadeln im Gesicht und eine zunehmende Ablehnung von Geschlechterrollen und aller anderen bürgerlichen Werte. Es entstand die Hausbesetzerszene. Die *Chaostage* in Hannover von 1982-84 wurden zu einer festen Veranstaltung der *Punks*.

Umseitig Abb. 156: Die Messapparatur meiner Doktorarbeit

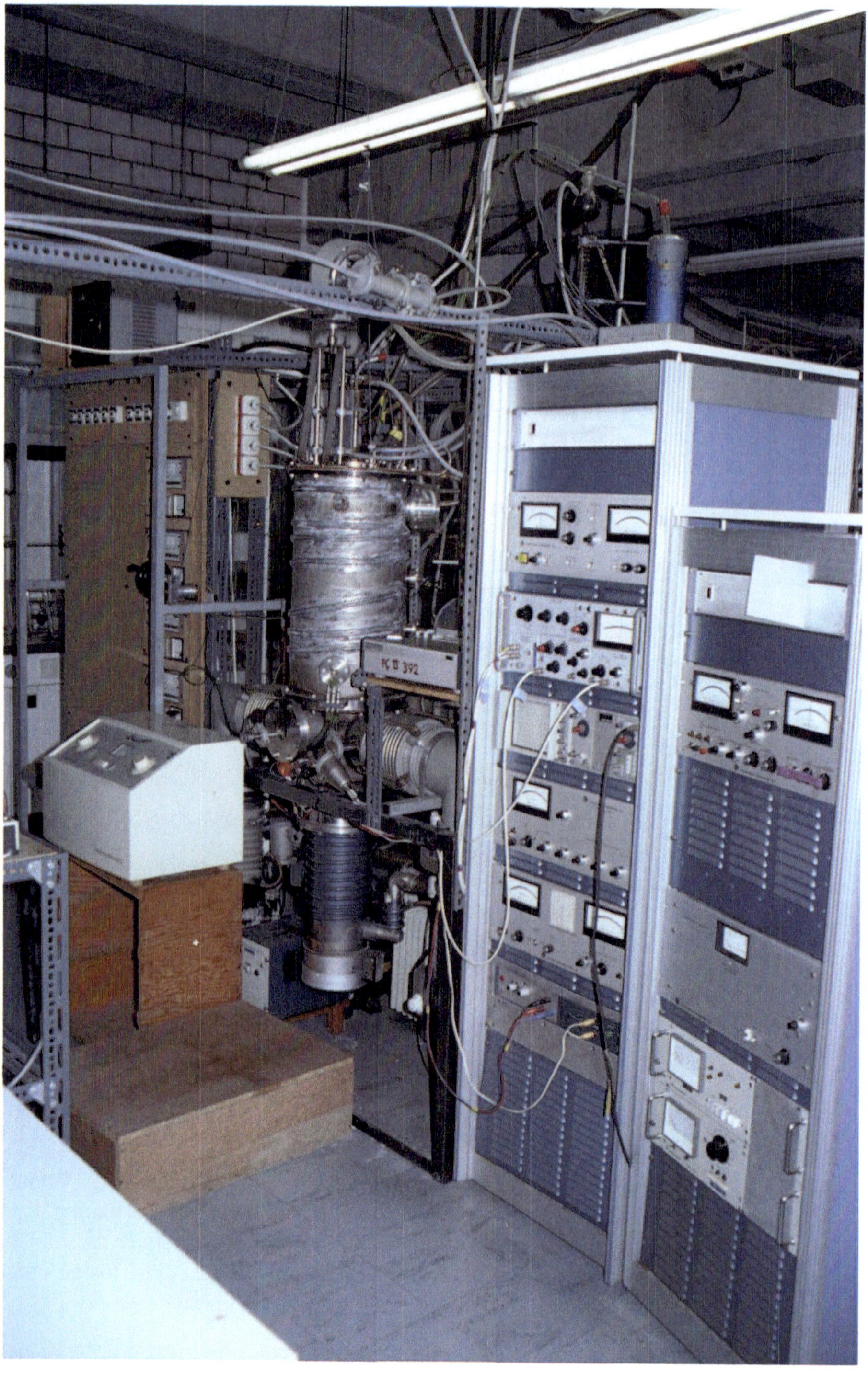

Im Jahr 1982 erreichte der Streit um den NATO Doppelbeschluss (siehe 1981) seinen vorläufigen Höhepunkt. Bundeskanzler *Helmut Schmidt*, die CDU/CSU unter *Helmut Kohl* und die FDP unter *Hans Dietrich Genscher* wollten dem *NATO Doppelbeschluss* im Bundestag zustimmen, große Teile der SPD jedoch nicht. Es kam daraufhin zu einem Bruch der bisherigen SPD/FDP Koalition und einer neuen CDU/CSU/FDP Koalition, welche mit einem Misstrauensvotum *Schmidt* abwählte und stattdessen *Helmut Kohl* (1982-98) als neuen Bundeskanzler wählte.

Abb. 157: Der neue Bundeskanzler Helmut Kohl (1982-98) K. Adenauer Stiftung 1989

In der neuen *C-Klasse* verbaute *Mercedes* erstmals Airbags in einem Mittelklassewagen. Damit begann der Siegeszug der Airbags.

In der Musik entwickelte sich aus dem *Punk* die *Neue Deutsche Welle* mit Interpreten wie *Ideal (Blaue Augen), Ina Deter (Neue Männer braucht das Land), Nena (99 Luftballons)* und *DOEF (Codo)*. Das Lied *Deine blauen Augen machen mich so sentimental* von *Ideal* war 1982 das Lieblingslied von *Marina*. Meine Lieblingslieder 1982 waren *O.M.D. – Maid of Orleans* und *Kraftwerk – The Modell*.

Im August 1982 begann die Produktion der ersten Audio CD in Hannover: das aktuellste Album *The Visitors* von *ABBA*. Rund 700 Titel werden folgen, bis 1983 der Verkauf der CDs für 30-45 DM beginnt. Das war damals sehr viel Geld!

Die erfreulichste Nachricht des Jahres 1982 war der Gewinn des *Eurovision Song Contest* in Harrogate durch *Nicole* mit dem mehrsprachigen Lied *Ein bißchen Frieden*.

Abb. 158: Nicole gewinnt mit Ein bißchen Frieden den Eurovision Song Contest NDR

Tabelle 4: Beliebteste Singles, Alben und Filme in 1982 gemäß chartsurfer.de

Singles	Titel	Interpret/Bemerkung
1	Maid of Orleans	O.M.D.
2	Words	F.R. David
3	Skandal im Sperrbezirk	Spider Murphy Gang
Alben		
1	85555	Spliff
2	Dolce Vita	Spider Murphy Gang
3	Für usszeschnigge!	BAP
Kinofilme		
1	E.T., Der Außerirdische	Science Fiction
2	Der Profi	Mit Jean Paul Belmondo
3	Der gezähmte Widerspenstige	Mit Adriano Celentano und Ornella Muti

4.4 1983

Das Jahr 1983 war durch zahlreiche politische Ereignisse geprägt, während es in meinem Privatleben keine Veränderung gab.

Nachdem die FDP 1982 ihren Koalitionspartner gewechselt hatte, verlor sie in den Folgewahlen die Hälfte ihrer Wähler. Um die derzeitige CDU/CSU/FDP Koalition zu legalisieren, wurde daher eine vorgezogene Neuwahl beschlossen, in welcher *Helmut Kohl* (CDU) gegen *Hans Joachim Vogel* (SPD) antrat. In dieser Neuwahl wurde die bisherige Koalition unter *Helmut Kohl* bestätigt. Zum ersten Mal ziehen aber *Die*

Grünen in den Bundestag und fallen durch ihr Benehmen und ihre Kleidung (Jeans und Turnschuhe) auf. Die Presse unterschied bei den *Grünen* damals zwischen den extremen *Fundis* und den gemäßigten *Realos*.

Das Bundesverfassungsgericht stoppte mit einer einstweiligen Verfügung die geplante Volkszählung in der Bundesrepublik Deutschland.

Durch die Berichte über sauren Regen und hohe Bleigehalte auf Feldern neben belebten Straßen sensibilisiert, beschloss die Bundesregierung die Einführung von bleifreiem Benzin an den Tankstellen ab 1.1.1986 und dass alle Neuwagen ab 1.1.1989 mit einem Abgaskatalysator ausgerüstet sein müssen.

Am 18.4.1983 verübte ein Terrorist ein Selbstmordattentat auf die US-Botschaft in Beirut mit 63 Toten und rund 120 Verletzten. Der Stern veröffentlichte am 25.4.1983 die Hitler-Tagebücher, die sich jedoch kurze Zeit später als Fälschung herausstellten. Erstmals hörte ich von der gefährlichen Viruskrankheit AIDS.

IBM brachte einen neuen *PC XT* „eXTended" mit 256 kB Speicher, Monochrom Bildschirm, *PC-DOS 2.0*, sowie einer 10 MB Festplatte heraus. Gegen Aufpreis war ein *CGA* Farbbildschirm mit 320x240 Bildpunkten in 4 Farben und eine Festplatte bis max. 32 MB erhältlich.

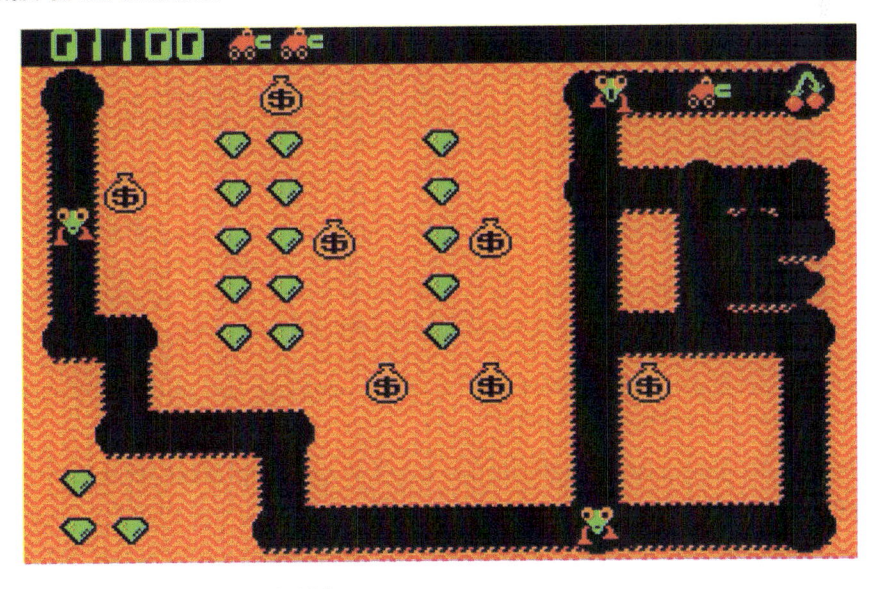

Abb. 159: Das Computerspiel Digger Windmill Software 1983

Erstmals war 1983 mit *Digger* ein gutes Computerspiel im Handel erhältlich. Hierbei musste man Gold und Diamanten ausgraben und dabei aufpassen, nicht von einem Monster gefressen oder von einem herabfallenden Goldsack erschlagen zu werden. Hatte man lange genug erfolgreich gediggert, erschien die Kirsche, und dann musste man alle Monster fressen. Das Suchtpotential dieses Spiels haben meine späteren

Arbeitskollegen erleben können, die in jeder Mittagspause mit den Worten „*Kirsche ist angesagt*" das Spiel spielten.

1983 gab es zwei neue Fernsehserien, die mit gut gefielen: *Der Denver Clan* (ab 1983 ZDF), und *Diese Drombuschs* (1983-94, ZDF). *Der Denver Clan* war das Gegenstück zu *Dallas* in der ARD und spielte ebenfalls im Milieu einer reichen Erdölfirma. Statt eines Mannes als Bösewicht trat hier allerdings *Alexis Carrington* als böse, schöne Frau auf. *Die Drombuschs* war hingegen eine Familienserie, die in Darmstadt spielte.

Den ESC 1983 gewann *Corinne Hermes* mit *Si la vie est cadeau* – wie fast immer kein Hit. Meine Lieblingslieder in 1983 waren *David Bowie – Lets dance, Peter Schilling – Major Tom* und *Nena – Ganz oben live*.

Tabelle 5: Beliebteste Singles, Alben und Filme in 1983 gemäß chartsurfer.de

Singles	Titel	Interpret/Bemerkung
1	Major Tom	Peter Schilling
2	99 Luftballons	Nena
3	Bruttosozialprodukt	Geier Sturzflug
Alben		
1	Nena	Nena
2	Crises	Mike Oldfield
3	Thriller	Michael Jackson
Kinofilme		
1	Tootsie	Mit Dustin Hoffman
2	James Bond - Octopussy	Mit Roger Moore und Maud Adams
3	Die Rückkehr der Jedi-Ritter	Mit Alec Guinness

4.5 1984

Im November 1984 bestand ich meine Doktorprüfung und war von nun an Dr. Ing. Da ich ein guter Student war, erhielt ich schon bald sieben Vorstellungsgespräche bei den sieben großen Chemieunternehmen in Darmstadt. Leider fanden alle Personalchefs, dass ich wegen meiner Vorerkrankung zwar arbeitsfähig, aber nicht ausreichend belastbar wäre und boten mir deshalb keine Stelle in ihrem Unternehmen an. Da auch keine weiterführende Stelle an der Hochschule verfügbar war, musste ich mich bei auswärtigen Unternehmen bewerben.

Ebenfalls 1984 erschien mein Buch „*Treu dient' ich Kirch' und Staat*", eine Chronik der Familie von Pidoll.

Zum Jahreswechsel 1984/85 erhielt ich ein Vorstellungsgespräch bei der *Feldmühle AG, Werk Plochingen* als wissenschaftlicher Referent und Leiter Dokumentation und Patentwesen. Die *Feldmühle* wollte einen wissenschaftlichen Generalisten, der den Bereich Maschinenbau – Automobiltechnik – Chemie – Implantate – Gummi fachlich abdeckte und der bereits ein Buch geschrieben hatte. Ich legte meine Kurse in Chemie, Physik, Mathematik und Medizin sowie mein Buch vor und bekam die Stelle, die ich zum 1.3.1985 antrat.

Abb. 160: Hurra, ich bin endlich Dr. Ing.

Unruhig wurde es am 18.10.1984 im Bundestag in Bonn, als es während einer Aussprache über die Regierungserklärung zu Tumulten kam, bei denen die *Grünen* Abgeordneten *Jürgen Reents* für fünf Tage und *Joschka Fischer* für zwei Tage ausgeschlossen wurden.

Ebenfalls 1984 ereignete sich Folgendes: *Richard von Weizsäcker* wurde Bundespräsident (1984-1994). Die Bundesregierung verhängt für die Autofahrer eine Anschnallpflicht mit Sicherheitsgurten. Die ersten Privatfernsehstationen (SAT1 und RTL) nahmen ihren Sendebetrieb auf, und das Kabelfernsehen wurde nach und nach eingeführt.

Der Höhepunkt des Jahres waren die Olympiaden in *Sarajevo* und *Los Angeles*. Besonders in Erinnerung geblieben ist mir der amerikanische 100 m Läufer und Weitspringer *Carl Lewis*, die rumänische Turnerin *Ecaterina Szabô* und der chinesische Turner *Li Ning*. Bei den Winterspielen dominierte die DDR mit dem Skispringer *Jens Weißflog* und der Eiskunstläuferin *Katarina Witt*.

1984 gab es erstmals Computer mit dem Betriebssystem CP/M und zwei Diskettenlaufwerken, welche als Schreibcomputer mit angeschlossener elektrischer Schreibmaschine oder 9-Nadeldrucker verwendet oder als Terminal, welches mit einem Akustikkoppler mit eingelegtem Telefonhörer und 300 Bit/s mit dem Datex-P-Netz verbunden werden konnten. Hierzu gehörte z.B. der *Epson QX10*, der 1985 von meinem zukünftigen Arbeitgeber gekauft wurde und der die Speicherung und Korrektur von Briefen und Berichten ermöglichte.

Aber auch *IBM* entwickelte seinen *PC XT* weiter. So gab es ab 1984 erstmals die *EGA* Grafikkarte mit 640x350 Punkten in 16 Farben aus einer Palette von 64 und *PC-DOS 2.11*, welches erstmals Unterverzeichnisse erlaubte. Noch immer waren *PC XT* Rechner allerdings unerschwinglich teuer.

Mit 12.000 DM Grundpreis noch etwas teurer war der von *IBM* ganz neu entwickelte *PC AT* („Advanced Technology") mit dem Intel 80286 Prozessor, 6 MHz, später 8 MHz Taktfrequenz, 20 MB Festplatte und *PC-DOS 3.0*, der erstmals über eine batteriegepufferte Uhr verfügte und somit das lästige Eingeben von Datum und Uhrzeit beim Start des PC vermied. Allerdings liefen viele Computerspiele (z.B. *Digger*) nicht auf dem *AT*. Die hohen Preise der *IBM* Computer führten jedoch dazu, dass andere Firmen Klone des *IBM PC XT* bzw. *AT* mit *MS-DOS* herstellten und diese viel billiger anboten. Als Folge davon setzte sich diese Computerbauform letztendlich als Standard durch und wurde in großen Stückzahlen gebaut.

Die Musik war in den letzten Jahren immer härter geworden, sodass mir immer weniger Lieder gefielen. Der *Hip-Hop* Sprechgesang, der sich seit *Suger Hill Gang – Rappers Delight* (1979) entwickelte, und der Bumm-Klatsch oder Bumm-Bumm Rhythmus, welcher sich seit *ABBA – Lay all your Love on Me* (1981) immer mehr durchsetzte, hatten nur noch wenig mit den melodischen Pop- oder Discofox-Liedern der vergangenen Jahre zu tun. Ich habe daher ab 1984 nicht mehr viel Musik im Radio gehört und nur noch wenige Platten gekauft. Zu den Liedern, die mir 1984 gefielen, gehörten *ABC – The look of Love, Alphaville – Forever Young,* und *Real Life – Send me an Angel.*

Abb. 161: Die Herreys gewinnen mit Diggi Loo Diggi Lee den ESC 84 NDR

Beim *Eurovision Song Contest 1984* gewann erstmals eine Boygroup: Die *Herreys* mit *Diggi Loo Diggi Lee,* einer schönen synchronen Choreografie und einer geschmackvollen farbigen Bekleidung. Dennoch wurde das Lied kein Hit.

Tabelle 6: Beliebteste Singles, Alben und Filme in 1984 gemäß chartsurfer.de

Singles	Titel	Interpret/Bemerkung
1	I just called to say I love You	Stevie Wonder
2	Relax	Frankie goes to Hollywood
3	Self Control	Laura Branigan
Alben		
1	4630 Bochum	Herbert Grönemeyer
2	Man on the Line	Chris de Burgh
3	Diamond Life	Sade
Kinofilme		
1	Police Academy	Komödie
2	Die unendliche Geschichte	Fantasyfilm
3	Indiana Jones und der Tempel des Todes	Mit Harrisson Ford

4.6 1985

Am 1.3.1985 begann ich meinen Dienst bei der *Feldmühle* in Plochingen. Ich hatte hierzu ab 1.4.1985 eine eigene Wohnung in der Mozartstr. 14 angemietet. Gleichzeitig mit mir zog eine junge Frau in dieses Haus, in die ich mich gleich verliebte: *Christine*. Sie war schüchtern und stellte wenige Ansprüche. Es war daher sehr leicht für mich, mit ihr auszukommen.

Unsere Beziehung begann, als sie mich am 29.5.1985 zu einem großen Fußballspiel in ihre Wohnung einlud. An diesem Tag sollte es jedoch im *Heysel-Stadion* in *Brüssel* nicht zu dem angekündigten Fußballendspiel kommen, da im Vorfeld infolge von Fan-Krawallen eine Massenpanik mit 39 Toten und 454 Verletzten auftrat. Unsere Beziehung hielt bis Ende 2005.

Mein Dienst bei der *Feldmühle* stellte mich vor Aufgaben, die ich in meinem Studium nicht gelernt hatte, aber ich passte mich schnell an die neuen Herausforderungen an. Anfangs bestand mein Arbeitstag in dem Verwalten von Karteikarten und Aktensätzen, und dem Diktieren von Briefen und Gutachten in ein Diktiergerät, dessen Band dann von einer Sekretärin mit einer Kugelkopfmaschine getippt wurde.

Doch bereits im Laufe des Jahres wurden neue *Epson QX10* Computer mit Betriebssystem *CP/M* angeschafft und via serieller Schnittstelle an die Kugelkopfschreibmaschinen der Sekretärinnen angeschlossen. Ich erhielt nach Ablauf meiner Probezeit auch so einen Computer mit einem lauten *Epson* 9-Nadeldrucker und einem 300 Bit/s *Epson* Akustikkoppler für Recherchen bei *FIZ Karlsruhe* via *Datex-P* Telefonverbindung. Oft fuhr ich auch zu Recherchen in die Universitätsbibliotheken nach Stuttgart Vaihingen oder Tübingen. Hierbei gab es neben der Erstattung aller angefallenen Reise- und Verpflegungskosten auch immer ein Tagegeld, sodass viele Mitarbeiter ausgesprochen gerne reisten.

Abb. 162: Mein neuer Arbeitgeber, die Feldmühle AG Werk Plochingen, 1985

Abb. 163: Meine neue Wohnung in Plochingen, Mozartstr. 14, Dachgeschoss, 1985

Am 8.5.1985, dem 40. Jahrestag des Kriegsendes, hielt Bundespräsident *Richard von Weizsäcker* eine vielbeachtete Rede, in der er verdeutlichte, dass der Tag des Kriegsendes in Europa für die Deutschen kein Tag der Niederlage, sondern ein *„Tag der Befreiung vom menschenverachtenden System der nationalsozialistischen Gewaltherrschaft"* gewesen sei.

Diese Rede wurde von den meisten Deutschen begeistert aufgenommen, doch einige Historiker (z.B. *Henning Köhler*) und Politiker von CDU (z.B. *Alfred Dregger*) und CSU (z.B. *Franz Josef Strauß*) wehrten sich dagegen, diesen Tag einseitig als *„Tag der Befreiung"* zu sehen.

Die unerfreulichste Nachricht des Jahres war, dass am 19.6.1985 am Frankfurter Flughafen ein Gepäckstück mit mehreren Kilo Sprengstoff explodierte. Bei der Explosion starben drei Menschen und 40 wurden schwer verletzt. Als Drahtzieher galten zwei palästinensische Terroristen, die im Dezember weitere Sprengstoffanschläge auf die Flughäfen von Rom und Wien verübten. Seitdem werden Gepäck und Passagiere bei jedem Flug gründlich kontrolliert.

Die erfreulichste Nachricht des Jahres war am 7.7.1985 der Sieg von *Boris Becker* im Grand-Slam Tennisturnier in Wimbledon gegen *Kevin Curren*. Ebenfalls erfreulich war die neue Arztserie *Schwarzwaldklinik* (1985-89, *ZDF*), in welcher *Klausjürgen Wussow* als *Professor Brinkmann* sich mit zahlreichen medizinischen und menschlichen Problemen herumschlagen musste.

Abb. 164: Die Schwarzwaldklinik, (original: Klinik Glotterbad) Matze Trier 2006

Abb. 165: Seit 1985 gab es Automatenmarken zum Frankieren

Abb. 166: Bobbysocks gewannen den ESC 85 mit La det swinge NDR

Mit den ersten Automatenmarken, die 1985 herauskamen, und die ich vom fortschrittlichen Hessen ins gemütliche Schwabenland importierte, hatte ich allerdings kein Glück. Der erste damit frankierte Brief kam mit der Bemerkung „ungültige

Frankatur" wieder zurück. Mehr Glück hatte da das norwegische Frauenduo *Bobbysocks*, das mit einer tollen Performance und einem mitreißenden Rock'n'Roll Lied *La det swinge* den *Eurovision Song Contest 1985* gewannen. Auch dieses Lied war zwar gut, wurde aber wie die meisten ESC Sieger kein Hit.

Bei den Hits des Jahres habe ich es diesmal leicht: Der Sound von *Modern Talking* mit *Dieter Bohlen* und *Thomas Anders* entsprach genau dem sanften melodisch-rhythmischen Popsong, den ich mag. Auch *Live is Life* von *Opus* gefiel mir sehr gut.

Tabelle 7: Beliebteste Singles, Alben und Filme in 1985 gemäß chartsurfer.de

Singles	Titel	Interpret/Bemerkung
1	You're my Heart, You're my Soul	Modern Talking
2	Live is Life	Opus
3	Rock me Amadeus	Falco
Alben		
1	Brothers in Arms	Dire Straits
2	Born in the USA	Bruce Springsteen
3	4630 Bochum	Herbert Grönemeyer
Kinofilme		
1	Otto der Film	Komödie mit Otto Waalkes
2	Männer	Mit Heiner Lauterbach und Uwe Ochsenknecht
3	Zurück in die Zukunft	Science-Fiction Komödie

4.7 1986

Als angesehener Doktor, der nur einen gewöhnlichen Opel Kadett fuhr, wurde ich auf der Arbeit immer etwas schief angesehen. Da zur Wohnung meiner Freundin auch eine leere Garage gehörte, suchte ich deshalb bereits seit Mitte 1985 einen *Volkswagen* Oldtimer. Doch alle besichtigten Exemplaren waren entweder verbastelt, verrostet oder unverschämt teuer.

Dann fand ich Anfang 1986 endlich einen sehr guten 1958er *Volkswagen Export*, den ich für 950 DM mit 54.000 km aus erster Hand kaufte. Doch die erste Werkstattrechnung über 2500 DM war unerwartet hoch und ich ziemlich unglücklich! Heute weiß ich, dass ich diesen Wagen anschließend dreißig Jahre (!) und 70.000 km ohne Mängel, Reparaturen und Pannen (!) gefahren und dann für 10.000 Euro verkauft habe. Was für ein Qualitätsunterschied zu meinem ersten Käfer!

Nachdem meine Mutter 1986 erneut geheiratet hatte und aus Seeheim wegzog und ich ebenfalls nicht mehr nach Seeheim zurückkehren konnte, überließ sie mir die Abwicklung des Verkaufs unseres dortigen Wohnhauses. Als Gegenleistung für die Abwicklung erhielt ich das gesamte Inventar, das ich nach dem Hausverkauf erst einmal einlagern ließ.

Nach dem Verkauf des Hauses mit Gewinn gab es erst einmal heftige Diskussionen über meinen Anteil, doch dann erhielt ich 1987 doch noch eine großzügige Abfindung.

Abb. 167/168: Mein unverwüstlicher Volkswagen Export 1958 mit 30 PS, dem originalen Kennzeichen und altem D-Schild unterwegs in der Schweiz und Frankreich

Schon in den ersten Wochen wurden mit dem alten *Volkswagen* große Touren gemacht. Die erste größere Ausfahrt führte auf den Feldberg im Schwarzwald, die

Urlaubsreise ging nach Frankreich. Auch meine Arbeitskollegen waren von dem Wagen begeistert!

Am 26.4.1986 ereignete sich der Reaktorunfall in Tschernobyl, bei dem eine große Menge Radioaktivität freigesetzt und die deutsche Bevölkerung vor dem Verzehr von Waldpilzen gewarnt wurde. Etwa zum gleichen Zeitpunkt trat eine Erhöhung der Durchschnittstemperatur in Europa auf. Doch davon hörte ich erst viel später.

1986 wurde bei der *Feldmühle* beschlossen, dass ich für die Vorträge von Mitarbeitern Präsentationsgrafiken auf Transparentfolien anfertigen sollte. Das ging nicht mit meinem *QX10*, wohl aber mit einem dieser neumodischen *PC XTs* und einem Plotter. Es wurde daher für mich für 8000 DM ein NoName *PC XT* mit 640 kB Speicher, Coprozessor, 20 MB Festplatte (damals hieß das noch „*Winchester Laufwerk*"), MS-DOS 2.11, einem *CGA* Farbbildschirm und einem *HP*-Plotter angeschafft. Das war damals etwas ganz besonderes! Meinen *QX10* Rechner bekam eine andere Sekretärin, mir blieb lediglich der Akustikkoppler. Als Bonus wurde dem PC das Computerspiel *Digger* beigefügt. Als Folge davon wurde mein Büro zum beliebten Treffpunkt der jungen männlichen Mitarbeiter in der Mittagspause.

Die meines Erachtens größte technische Verbesserung des Jahres war die Einführung des Satellitenempfangs. Die schlechtesten Nachrichten waren neben Tschernobyl die Ermordung von *Karl-Heinz Beckurts* und *Gerold von Braunmühl* durch Linksterroristen der *RAF*. Ferner das Bombenattentat libyscher Terroristen auf die Berliner Diskothek *La Belle*, welches zu Vergeltungsangriffen der USA auf libysche Städte führte.

Gewinnerin des *Eurovision Song Contest 1986* war wie so oft eine Frau: *Sandra Kim – J'aime la vie*, und wie fast immer wurde dieses Lied kein Hit.

Meine Lieblingslieder waren 1986 *Europe – The final Countdown, Modern Talking – Brother Louie*, und *Münchner Freiheit – Ohne dich*. Und endlich gab es mal wieder einen guten Kinofilm: *Der Name der Rose* – ein Historienthriller ganz nach meinem Geschmack.

Tabelle 8: Beliebteste Singles, Alben und Filme in 1986 gemäß chartsurfer.de

Singles	**Titel**	**Interpret/Bemerkung**
1	Jeanny (Part I)	Falco
2	Lessons in Love	Level 42
3	Midnight Lady	Chris Norman
Alben		
1	Into the Light	Chris de Burgh
2	True Blue	Madonna
3	Movin'	Jennifer Rush
Kinofilme		
1	Der Name der Rose	Historienfilm mit Sean Connery
2	Jenseits von Afrika	Melodram mit Robert Redford
3	Top Gun	Abenteuerfilm mit Tom Cruise

4.8 1987

Das Jahr 1987 begann mit einer Bundestagswahl, bei der die *CDU/CSU/FDP*-Koalition unter Bundeskanzler *Helmut Kohl* bestätigt wurde. Im Frühling machte ich dann mit Freundin und Käfer eine Alpentour, die mich bis auf die *Franz-Josef Höhe* führte.

Abb. 169: Der Höhepunkt meiner Alpenrundfahrt 1987: Die Franz-Josef Höhe

Im Sommer 1987 beschloss mein Arbeitgeber, eine größere Zahl von Mitarbeitern mit einem eigenen NoName *PC XT* auszustatten. Bei der Sammelbestellung klinkte ich mich ein und bestellte für mich privat den damals bestmöglichen *PC XT* mit 8 MHz Taktfrequenz (umschaltbar auf 4,77 MHz für Spiele), 640 kB Speicher, 32 MB Festplatte, Coprozessor, *MS-DOS 3.3* und einem Telefonmodem, das allein schon 1200 DM kostete.

Statt der bestellten *EGA* Grafikkarte erhielt ich als Bonus die gerade entwickelte *VGA* Karte mit 640x480 Punkten und 16 Farben aus einer 18 bit Farbpalette, und außerdem das Computerspiel *Leisure Suit Larry*. Die übliche Software (*Symphony* für Textverarbeitung, Tabellenkalkulation und Terminal, *Harvard Graphics* für Präsentationsgrafiken, *Norton Commander* als DOS-Oberfläche) sowie einen 9-Nadeldrucker von *Epson* hatte ich gleich mit bestellt.

Damit war ich für die nächsten Jahre PC-mäßig auf dem bestmöglichen Stand. Noch dachte niemand an Audio-, Video- oder Fotobearbeitung, dazu war die Rechenleistung der *PC XTs* einfach zu gering: Für die Anzeige eines GIF-Fotos benötigte mein Rechner trotz Coprozessor volle 30 Minuten!

Im Herbst 1987 berichtete der *Spiegel*, dass der Ministerpräsident von Schleswig-Holstein *Uwe Barschel, CDU*, seinen Gegner *Björn Engholm, SPD*, von *Reiner Pfeiffer* bespitzeln ließ, um belastendes Material gegen ihn zu bekommen. *Barschel* bestritt die Vorwürfe mit einem Eid und seinem Ehrenwort, doch wurde immer mehr belastendes Material gegen ihn gefunden. *Barschel* erklärte daraufhin am 25.9.1987 seinen Rücktritt und wurde am 11.10.1987 tot in einer Badewanne eines Hotels in Genf gefunden. Er starb an einer Vergiftung mit mehreren Beruhigungsmitteln, darunter k.o.-Tropfen, deren Packungen nicht in seinem Hotelzimmer gefunden wurden. Ein späterer Untersuchungsausschuss kam zu dem Ergebnis, dass *Barschel* möglicherweise nichts von den Aktivitäten *Pfeiffers* gewusst hatte.

Die erfreulichste Nachricht des Jahres war, dass die Tennisspielerin *Steffi Graf* die *French Open* gewann und Weltranglisten Erste wurde. Unerfreulich war, dass ich bisher keine geeignete Immobilie für mich zum Kaufen fand. Gute Objekte waren schon innerhalb von 24 h nach Erscheinen der Anzeige verkauft und wurden von Woche zu Woche teurer. Ebenfalls unerfreulich war, dass 1987 die langjährige Sendung *EWG* mit *Hans Joachim Kulenkampff* eingestellt wurde. *Er War Grauenhaft*, dieser Beschluss!

Musikalisch gab es 1987 zwar immer weniger gute Lieder, aber immer noch genügend, die mir gefielen, z.B.: *Voyage Voyage – Desireless, You came – Kim Wilde*, und *It's a sin – Pet Shop Boys*. Die Sensation des Jahres war jedoch, dass *Johnny Logan* zum zweiten Mal den *Eurovision Song Contest* gewann. Diesmal mit *Hold me now*. Ein schönes Lied, aber wie immer kein Hit.

Abb. 170: Johnny Logan gewann 87 zum zweiten Mal den ESC mit Hold me now NDR

Tabelle 9: Beliebteste Singles, Alben und Filme in 1987 gemäß chartsurfer.de

Singles	Titel	Interpret/Bemerkung
1	Voyage Voyage	Desireless
2	You win Again	Bee Gees
3	I wanna Dance with Somebody	Whitney Houston
Alben		
1	The Joshua Tree	U2
2	Heart over Mind	Jennifer Rush
3	Whitney	Whitney Houston
Kinofilme		
1	Dirty Dancing	Mit Patrick Swayze und Jennifer Grey
2	Otto – der neue Film	Komödie mit Otto Waalkes
3	Crocodile Dundee	Abenteuerfilm mit Paul Hogan

4.9 1988

Das Jahr 1988 wurde geprägt durch den Rücktritt von Bundestagspräsident *Philipp Jenninger* am 11.11.1988 wegen seiner Bundestagsrede am 10.11.1988. In dieser Rede berichtete er auch von den Erfolgen *Adolf Hitlers*:

„Aus Massenarbeitslosigkeit war Vollbeschäftigung, aus Massenelend so etwas wie Wohlstand für breiteste Schichten geworden. Statt Verzweiflung und Hoffnungslosigkeit herrschten Optimismus und Selbstvertrauen. .. Man genoss vielleicht in einzelnen Lebensbereichen weniger individuelle Freiheiten; aber es ging einem persönlich doch besser als zuvor, und das Reich war doch unbezweifelbar wieder groß, ja, größer und mächtiger als je zuvor. – Hatten nicht eben erst die Führer Großbritanniens, Frankreichs und Italiens Hitler in München ihre Aufwartung gemacht und ihm zu einem weiteren dieser nicht für möglich gehaltenen Erfolge verholfen?"

Ein bereits vor der Rede geplanter Protest der Grünen Politikerin *Jutta Österle-Schwerin*, die mit weiteren Abgeordneten von *Grünen*, *SPD* und *FDP* noch während der Rede aus Protest den Plenarsaal verließ, führte zu einem verheerenden medialen Echo (*„Jenninger vom Faschismus fasziniert"*), bei dem es zu falschen Zitaten und unzulässigen Verkürzungen kam. Man warf ihm vor, er habe sich nicht genügend von den Nazi-Verbrechen distanziert, ja er habe in der Sprache der Nazis gesprochen. Inzwischen wurde *Jenninger* wieder weitgehend rehabilitiert.

1988 hörte ich erstmals von einer neuen Partei: *Die Republikaner*, damals geführt von *Franz Schönhuber*. Diese Partei wurde bereits 1983 als Abspaltung von der CSU gegründet und setzte sich gegen Migration und gegen die derzeitige EU und stattdessen für ein Europa der Vaterländer ein. Der bayerische Ministerpräsident *Franz Josef Strauß* war entsetzt: *„Rechts von der CSU darf es keine demokratisch legitimierte Partei geben!"*

Ganz anderes Thema: Die neuen *PC XT* Computer haben bei meinem Arbeitgeber zu einer Revolution geführt: Jetzt wurde in der Mittagspause bei mir nicht mehr gediggert, sondern wir spielten alle zusammen *Leisure Suit Larry*. Trotz weniger Pixel gab es atemberaubend schöne junge Frauen zu sehen (Abbn. 171/172)!

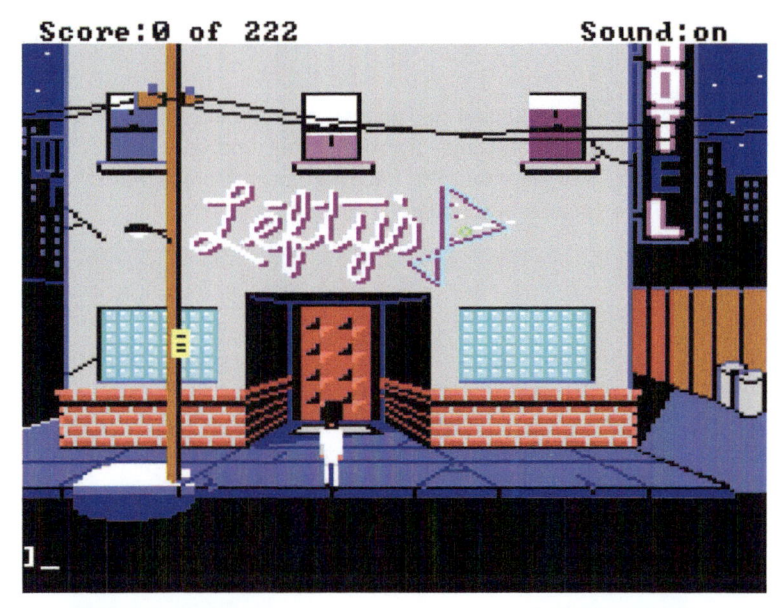

Abb. 171/172: Originalbilder Leisure Suit Larry (320x200 Pixel, 8 Farben) Sierra On-Line

Das erfreulichste Ereignis des Jahres war jedoch, dass ich endlich ein geeignetes Immobilienobjekt fand: Ein renovierungsbedürftiges Reihenendhaus mit Garage in Deizisau, der Nachbarort von Plochingen. Ich besichtigte das Haus noch am Tag der Anzeige und machte gleich einen Vorvertrag mit einer Anzahlung in bar. Das war auch gut so, denn nach mir haben andere Interessenten sogar noch einen höheren

Kaufpreis geboten. Aber der Verkäufer blieb Gott-sei-Dank standhaft und verkaufte an mich.

Zusätzlich zu meinem Eigenkapital der angesparten 1000 DM/Monat plus der Hausabfindung nahm ich daraufhin einen Bankkredit auf und zog am 1.10.1988 in den August-Lämmle Weg 8 in Deizisau. Die nächsten zwölf Monate war ich dann voll mit der Renovierung des Hauses beschäftigt.

Abb. 173: Das fertig renovierte Wohnhaus des Autors in Deizisau 1989

So hatte das Haus außer einem mit Öl (mit Ölkanne aus dem Keller zu holen!) betriebenen Kachelofen im Wohnzimmer keine Heizung. Ich baute daraufhin eine Ölpumpe zum Brenner und verbesserte die Warmluftführung vom Kachelofen in zwei Zimmer nach oben durch eine Luftrückführung, sodass diese hervorragend heizte.

Den Elektroboiler für die Badewanne (60 Minuten Wartezeit für ein karges „Schwabenbad", wie ich es damals nannte!) ersetzte ich durch einen Durchlauferhitzer und lies mir hierzu einen Drehstromanschluss ins Haus legen. Das ungeheizte Bad wertete ich durch einen zeitgesteuerten Heizlüfter auf. Für die restlichen Zimmer wählte ich Elektro-Nachtspeicheröfen als Wärmequelle aus. Auch brauchte das Haus einen neuen Anstrich innen und außen und eine neue Dachantenne. All diese Veränderungen hatte ich schon beim Besichtigungstermin geplant und ihre Kosten abgeschätzt und dann noch 30 % aufgeschlagen.

Wegen des Hauskaufs gab es 1988 nur einen Kurzurlaub: Ein Wochenende in Paris mit *Christine*.

Abb. 174: Auch 1988 gab es eine neue Dauermarkenserie: Berühmte Frauen

Ein Höhepunkt des Jahres 1988 waren die Olympischen Spiele in *Seoul* und *Calgary*. Der Höhepunkt der Sommerspiele war das Duell *Carl Lewis* gegen *Ben Johnson* im 100 m Lauf, das *Johnson* in 9,79 s gewann. Bei den Schwimmerinnen dominierte *Kristin Otto* aus der *DDR* mit sechs Goldmedaillen. Die beste Leichtathletin war *Florence Griffith-Joyner* mit dreimal Gold. Bei den Winterspielen gewann *Marina Kiehl* in der Abfahrt und *Katarina Witt (DDR)* im Eiskunstlauf. Andere Höhepunkte sind mir nicht in Erinnerung geblieben.

Den *Eurovision Song Contest 1988* gewann mal wieder eine Frau: *Celine Dion* mit *Ne partez pas sans moi*. Ein Lied, an das ich mich nicht mehr erinnere und das auch kein Hit wurde.

Dagegen waren meine Lieblingslieder des Jahres durchaus in den Hitparaden zu finden: *Belinda Carlisle – Heaven is a Place on Earth, George Harrison – Got my Mind set on You* und *Whitney Houston – One Moment in Time*.

Da sich inzwischen der Musikstil drastisch verändert hatte, hörte ich in Deizisau das *Bürgerradio*, ein brandneuer Privatsender (Sendebeginn 4.7.1988) auf 100,70 MHz, der genau meinem Musikgeschmack entsprach.

Zur gleichen Zeit wurde das bisherige Programm meines Lieblingssenders *RTL* beendet und als *RTL Hörfunk* mit ganz neuem Programm wieder eröffnet. Bereits 1981 wurde meine Lieblingssendung *Diskothek im WDR* mit *Mal Sondock* eingestellt. Die *Frankfurter Schlagerbörse* mit *Hans Verres* wurde schon 1971 durch die *Hitparade International* (1971-1989) mit *Achim Graul*, ab 1974 *Werner Reinke*, ersetzt. Nichts war mehr so, wie ich es kannte. Irgendwie fühlte ich mich plötzlich schon sehr alt.

Tabelle 10: Beliebteste Singles, Alben und Filme in 1988 gemäß chartsurfer.de

Singles	Titel	Interpret/Bemerkung
1	Girl You know It's True	Milli Vanilli
2	Im Nin'alu	Ofra Haza
3	Okay	O.K.
Alben		
1	Dirty Dancing	Soundtrack
2	Ö	Herbert Grönemeyer
3	Tracy Chapman	Tracy Chapman
Kinofilme		
1	Eine verhängnisvolle Affäre	Thriller mit Michael Douglas
2	Ödipussi	Mit Loriot und Evelyn Hamann
3	Falsches Spiel	Kriminalzeichentrickfilm

4.10 1989

Das Jahr 1989 begann und endete mit einer Katastrophe: Am 24.3.1989 fuhr der Öltanker *Exxon Valdez* vor Alaska auf ein Riff. Hierbei wurde er so beschädigt, dass 40.000 Tonnen Rohöl ausliefen und eine der schwersten Umweltkatastrophen der Seefahrt verursachten.

Etwa zur gleichen Zeit erlaubte Russland die Öffnung der Grenze zwischen Ungarn und Österreich, welche am 2.5.1989 mit Kontrolle und ab 11.9.1989 ohne Kontrolle geöffnet wurde. Daraufhin verließen viele Bewohner der DDR während ihres Urlaubs in Ungarn über diese Grenze ihr Heimatland in Richtung Westen. Zeitgleich flüchteten zahlreiche Bürger der DDR während ihres Urlaubs in die deutsche Botschaft in Prag. Diese wurde am 30.9.1989 vom deutschen Außenminister *Hans-Dietrich Genscher* besucht, und Genscher sprach vom Balkon zu den Flüchtenden: *"Ich bin hierhergekommen, um ihnen mitzuteilen, dass ihre Ausreise noch heute (Jubelgeschrei)."*

Am 1.10.1989 wurden alle Bürger aus der deutschen Botschaft in Sonderzügen durch die DDR in die Bundesrepublik gebracht. Doch bereits am Folgetag waren weitere 5000 Flüchtlinge in der deutschen Botschaft angekommen. Auch diesen wurde am 3.10.1989 die Ausreise in die Bundesrepublik gestattet.

Es war offensichtlich, dass die Bürger der DDR nicht mehr mit ihrem Staat zufrieden waren und eine Abstimmung mit den Füßen vornahmen. Zu diesen Fluchtbewegungen gesellten sich ab November 1989 zahlreiche Massendemonstrationen mit mehreren 100.000 Teilnehmern in allen größeren Städten der DDR. Hierzu kam es wie folgt:

Bereits Ende 1988 kam es in Leipzig nach dem Friedensgebet am Montag gegen das Wettrüsten in Ost und West (siehe 1981) an der Nikolaikirche und fünf weiteren Kirchen zu Demonstrationen gegen das DDR Regime. Seit dem 4.9.1989 fanden diese Demonstrationen regelmäßig vor der Nikolaikirche statt und wurden als *Montagsdemonstrationen* bezeichnet. Auf den von den Demonstranten gehaltenen Transparenten stand *"Für ein offenes Land mit freien Menschen"*, *"Freiheit!"* und *"Wir wollen raus!"*

Abb. 175: Montagsdemonstration am 23.10.1989 in Leipzig Friedrich Gahlbeck

Die Sicherheitskräfte der DDR gingen in Leipzig teilweise mit Gewalt und Verhaftungen gegen die Demonstrierenden vor. Dennoch entwickelten sich die Montagsdemonstrationen immer mehr zu einer Massenbewegung. Da die Sicherheitskräfte am 9.10.1989 nicht mehr gegen die 70.000 Teilnehmer vorgingen, kamen bei der nächsten Demo 120.000 Teilnehmer und dann sogar über 300.000 Teilnehmer bei den folgenden Demonstrationen zusammen. In Berlin demonstrierten am 4.11.1989 sogar über eine Million Bürger.

Nachdem auch die Tschechoslowakei und Ungarn bei der Regierung der DDR protestierten, dass DDR Bürger massenweise über ihr Land ausreisten, sah sich die Regierung der DDR gezwungen, ein neues Reisegesetz zu verabschieden, welches für DDR Bürger ein Recht auf den Besuch von Weststaaten vorsah. Durch ein Versehen berichtete *Günter Schabowski* am 9.11.1989 um 18:57 Uhr auf einer Pressekonferenz im Fernsehen vorzeitig über dieses noch unfertige Reisegesetz:

„Privatreisen nach dem Ausland können ohne Vorliegen von Voraussetzungen beantragt werden. Die Genehmigungen werden kurzfristig erteilt. Die zuständigen Abteilungen sind angewiesen, Visa zur ständigen Ausreise unverzüglich zu erteilen, ohne dass dafür noch geltende Voraussetzungen für eine ständige Ausreise vorliegen müssen. Ständige Ausreisen können über alle Grenzübergangsstellen der DDR zur BRD erfolgen." Auf die Zwischenfrage *„Wann tritt das in Kraft?"* antwortete Schabowski wörtlich: *„Das tritt nach meiner Kenntnis – ist das sofort, unverzüglich."*

Abb. 176: Das Brandenburger Tor in Berlin am 10.11.1989 Lear 21

Nach dieser Aussage drängten noch am gleichen Abend Tausende von DDR Bürgern an die Grenzen zur BRD, insbesondere West-Berlin und verlangten die sofortige

Grenzöffnung. Am Grenzübergang Bornholmer Straße wurde deshalb um 21:20 Uhr den DDR-Bürgern die Ausreise nach West-Berlin gestattet. Um Mitternacht waren alle Grenzen offen. Die Mauer war gefallen.

Noch vor diesen Vorkommnissen verbrachte ich meinem Sommerurlaub mit meinem *Volkswagen* in West-Berlin. Niemand ahnte zu diesem Zeitpunkt, dass schon bald das Bild meines Käfers vor der Berliner Mauer Geschichte sein würde.

Abb. 177: Bild meines Volkswagens vor der Berliner Mauer am Brandenburger Tor im Sommer 1989

Am 10.8.1989 begann ich erneut mit dem Schreiben eines Buchs: *VW-Käfer – Ein Auto schreibt Geschichte*. Am 13.10.1993 gab ich das fertige Manuskript ab, und am 24.11.1994 erschien das Buch im *Autovision Verlag Hamburg*.

Montag, den 2.10.1989 ging ich frohgemut zur Arbeit, denn ich war gerade mit der Renovierung meines Hauses fertig geworden. Doch genau am gleichen Tag erfuhr ich von geplanten Massenentlassungen meines Arbeitgebers, von denen ich auch betroffen sein würde. Ich ahnte, dass ich schon bald mein schönes Haus wieder verkaufen musste. Meine Kündigung erfolgte zum 1.3.1990, ich war also auf den Tag genau 5 Jahre bei der Feldmühle. Aufgrund eines erheblichen Zeitguthabens war jedoch bereits am 12.12.1989 mein letzter Arbeitstag, den ich um 12:12 Uhr beendete.

Wie mag es wohl mit mir weitergehen? Sicher war, dass ich von der Schriftstellerei und von wissenschaftlichen Gutachten alleine nicht leben konnte. Andererseits konnten mindestens 5 Jahre Industrieerfahrung als Habilitation für eine Professorenstelle anerkannt werden. Das nächste Jahr dürfte sehr spannend werden!

Nun zur Musik. Den *Eurovision Song Contest 1989* gewann die Sängerin *Riva* mit *Rock me*. Wieder einmal kein Hit. Hingegen waren meine Lieblingsplatten des Jahres: *Kaoma – Lambada*, *Enya – Sail away*, und *Looking for Freedom – David Hasselhoff* in den Hitparaden vertreten.

Tabelle 11: Beliebteste Singles, Alben und Filme in 1989 gemäß chartsurfer.de

Singles	Titel	Interpret/Bemerkung
1	Lambada	Kaoma
2	Das Omen (Teil I)	Mysterious Arts
3	The Look	Roxette
Alben		
1	The Miracle	Queen
2	Ancient Heart	Tanita Tikarem
3	A new Flame	Simply Red
Kinofilme		
1	Rain Man	Drama mit Tom Cruise und Dustin Hoffman
2	Ein Fisch namens Wanda	Komödie
3	Zurück in die Zukunft II	Science-Fiction Film

5. Die 1990er Jahre

Nach der Wiedervereinigung am 3.10.1990 setzte Bundeskanzler *Helmut Kohl* die Einführung des Euro durch. Die Spendenaffäre, die *Kohl* nie aufgeklärt hat, führte zum Rücktritt der gesamten Führung der CDU, sodass *Angela Merkel* als unbescholtener Neuling an die Spitze kam.

Durch dem *Vertrag von Maastricht* wurde 1993 die *EWG* in *Europäische Gemeinschaft (EG)* umbenannt und war eine der drei Säulen *der Europäischen Union*. Die anderen beiden Säulen betrafen die innere und die äußere Sicherheit. Eigentlich hatten die Gründerväter die *EU* mit durchdachten Verträgen auf sichere Standbeine gestellt. Dass jedes dieser Standbeine einmal von ihren Nachfolgern gekippt wird, haben damals nur wenige für möglich gehalten.

In der zweiten Hälfte der 1990er Jahre waren die PCs so leistungsstark geworden, dass Bildbearbeitung, Audiobearbeitung, Videoschnitt und Internetzugang per 56 kBit/s Telefonmodem möglich war. Letzteres wurde erstmals 1991 von AOL und 1995 von T-Online, jeweils in Kombination mit einer eigener eMail-Adresse angeboten.

1998 wurde Bundeskanzler *Kohl* durch *Gerhard Schröder* mit seiner SPD der „Neuen Mitte" abgelöst. Etwa zum gleichen Zeitpunkt begann der Massenverkauf von Mobilfunkgeräten (nur Telefon und SMS) für private Haushalte.

5.1 1990

Das Jahr 1990 war geprägt durch Bewerbungsschreiben, das Schreiben an meinem Buch, und zwei Probevorlesungen an Hochschulen. Zwar waren meine Probevorlesungen durchaus gut, doch wurde meine Berufstätigkeit für die Feldmühle nicht als Berufstätigkeit in der Chemischen Industrie anerkannt. Ich war darüber sehr traurig. Immerhin schaffte ich es noch, bei der Feldmühle eine Abfindung wegen meiner Kündigung herauszuschlagen. Jetzt hatte ich endlich Geld für einen richtigen Oldtimer und kaufte einen restaurierungsbedürftigen *Volkswagen* von 1949.

Heute weiß ich, es ist gut, wie alles damals gekommen war, denn einige Zeit später las ich eine Stellenausschreibung der Physikalisch-Technischen Bundesanstalt in Braunschweig für einen Chemiker mit Berufserfahrung. Dieser sollte selbstständig Forschungsvorhaben betreuen, wobei ihm Personal unterstand.

Ein sicherer Job als Beamter erschien mir nach meiner Kündigung bei der Feldmühle trotz reduziertem Gehalt nicht das Schlechteste zu sein. Ich bewarb mich daher und wurde genommen. Als Dienstantritt wurde der 1.10.1990 vereinbart. Daraufhin gönnte ich mir noch ein paar Tage Urlaub an der Nordsee in Dorum.

Abb. 178. Meinen letzten Urlaub für lange Zeit verbrachte ich an der Nordsee

Anschließend verkaufte ich mein Haus in Deizisau mit Gewinn – genau 2 Jahre und 1 Tag hatte ich es besessen, gerade lang genug, um die zweijährige Sperrfrist wegen Spekulationssteuer einzuhalten, und kaufte für 265.000 DM erneut ein renovierungsbedürftiges Reihenendhaus mit Garage in Braunschweig, In den Wiesen 17, also in der Nähe meines neues Arbeitgebers. Ab sofort hörte ich zwangsläufig nicht mehr das *Bürgerradio*, sondern *NDR1 Radio Niedersachsen,* das nördliche Gegenstück.

Schon bald merkte ich, dass die Arbeit bei der PTB mir viel Spaß machte. PTB war gleichbedeutend mit *Phantastischer Traum Beruf*. Mein erster PC war sogar ein besseres Modell als bei der Feldmühle: Ein *PC AT* mit *MS Word 5.0* und einem *HP* Tintenstrahldrucker. Nach dem Dienst wurde fleißig mein Haus nach und nach instand gesetzt. Allerdings ging mir schon bald wegen einer unerwartet notwendigen Hausdrainage das Geld aus. Deshalb verkaufte ich mein Erstauto und fuhr den ersten Winter mit meinem alten Käfer als Alltagswagen. Das ging recht gut, denn dieser Winter war sehr mild und es wurde nicht gestreut.

Politisch war das Jahr 1990 geprägt durch die Wiedervereinigung Deutschlands am 3.10.1990. Sie begann mit der von *Helmut Kohl* und seiner CDU am 5.2.1990 initiierten *Allianz für Deutschland*, ein Wahlbündnis von Parteien für die Volkskammerwahl am 18.3.1990, welches für eine schnelle Wiedervereinigung mit der BRD eintrat und die Volkskammerwahl mit 48,15 % gewann. Die CDU-Ost stellte daraufhin mit *Lothar de Maizière* den Ministerpräsidenten. Zusammen mit der SPD-Ost hatte man eine Zweidrittelmehrheit, die notwendig war, um die notwendigen Änderungen für eine Wiedervereinigung beschließen zu können.

Um die volkseigenen Betriebe in private Hände gelangen zu lassen, übernahm eine zum 1.7.1990 gegründete *Treuhand* alle volkseigenen Betriebe und Immobilien und verkaufte die guten weiter und wickelte die schlechten ab.

Abb. 179: Helmut und Hannelore Kohl vor dem Reichstag bei den Festlichkeiten zur deutschen Einheit in der Nacht vom 2. zum 3.10.1990 Peer Grimm

Verhandlungen zwischen Vertretern der BRD, DDR und den vier Siegermächten (*Zwei-plus-Vier-Gespräche*) führten schließlich zum *Zwei-plus-Vier-Vertrag*, der anstelle eines Friedensvertrags die endgültige Souveränität des vereinten Deutschlands in den derzeitigen unveränderbaren Grenzen sowie den Ausschluss von Reparationsforderungen auch von Drittstaaten vereinbarte, am 12.9.1990 unterschrieben und am 15.3.1991 in Kraft trat. Hierin verpflichtete sich das wiedervereinigte Deutschland unter Anderem zu keinen kriegerischen Handlungen, einer stark begrenzten Anzahl von Soldaten, dem Verzicht auf ABC-Waffen und der Nichtstationierung von Atomwaffen Dritter auf dem ehemaligen Gebiet der DDR.

Nachdem im *Einigungsvertrag* die Übernahme der westlichen Gesetze und die Einführung der DM im Osten geregelt wurde, setzte die *Volkskammer* den 3.10.1990 als Tag der Wiedervereinigung fest.

Abb. 180: Die neue Dauermarkenserie „Sehenswürdigkeiten" ab 1990

Am 19.6.1990 wurde das *Schengener Abkommen* von Deutschland, Frankreich und den Beneluxstaaten unterzeichnet. Hierdurch werden die bisherigen Grenzkontrollen für Personen zwischen diesen Ländern am 26.3.1995 entfallen. Viele EU-Staaten werden sich dem Abkommen anschließen und den *Schengener-Raum* ohne Personenkontrollen bilden.

Der Höhepunkt des Jahres 1990 war jedoch ohne Frage die Fußballweltmeisterschaft in Italien. Nach Siegen im Achtelfinale gegen Holland, im Viertelfinale gegen die Tschechoslowakei und im Halbfinale gegen England im Elfmeterschießen stand die deutsche Mannschaft im Endspiel gegen Argentinien. Dieses wurde durch einen Elfmeter von *Andi Brehme* mit 1:0 zugunsten Deutschlands entschieden. Damit war Deutschland nach 1954 und 1974 zum dritten Mal Fußballweltmeister. Überragender Spieler war *Lothar Matthäus*, der dann auch zum Weltfußballer des Jahres gewählt wurde.

Den *Eurovision Song Contest 1990 gewann* ausnahmsweise mal ein Mann: *Toto Cutugno* mit *Insieme*. Ein Interpret und ein Lied, an das ich mich überhaupt nicht mehr erinnern kann.

Meine Lieblingslieder des Jahres waren *Londonbeat – I've been thinking about You, Matthias Reim – Verdammt ich lieb dich* und *Torfrock – Beinhart*.

Tabelle 12: Beliebteste Singles, Alben und Filme in 1990 gemäß chartsurfer.de

Singles	**Titel**	**Interpret/Bemerkung**
1	Verdammt ich lieb dich	Matthias Reim
2	Nothing compares 2 U	Sinead O'Connor
3	Tom's Diner	DNA & Suzanne Vega
Alben		
1	But seriously	Phil Collins
2	Reim	Matthias Reim
3	In ogni senso	Eros Ramazzotti
Kinofilme		
1	Pretty Woman	Julia Roberts
2	Kuck mal, wer da spricht	John Travolta
3	Werner – Beinhart!	Zeichentrickfilm

5.2 1991

Die Freude über die Wiedervereinigung führte Anfang des Jahres 1991 zur Wiederwahl von *Helmut Kohl* als Bundeskanzler. Leider führte dieser einen Solidaritätszuschlag von 7,5 % der Einkommen- und Körperschaftsteuer vom 1.7.1991 bis 30.6.1992 ein. Etwa gleichzeitig wurde ich mit der Renovierung meines Hauses fertig. Das war der richtige Zeitpunkt, meine langjährige Freundin *Christine* zu heiraten. Den Beginn des zweiten Golfkriegs in Jugoslawien und den Zerfall der Sowjetunion in diesem Jahr habe ich da vor lauter Heiratsfieber gar nicht richtig mitbekommen.

Auch dass 1991 die Mobilfunknetze D1 und D2 für die private Nutzung freigegeben wurden, habe ich erst später erfahren. Viel wichtiger war für mich damals, endlich wieder ein richtiges Alltagsauto zu besitzen.

Eine angenehme Überraschung war in diesem Jahr der *Eurovision Song Contest 1991*. Hier gewann nämlich *Carola* mit *Fangad av en Stormwind*. Eine schöne junge Sängerin, die wirklich alles gab und zusammen mit zwei herumwirbelnden Tänzern die Gesangs- und Tanzperformance ihres Lebens leistete. Für mich die beste Performance beim *ESC* überhaupt! Leider wurde dieses schöne Lied wie immer kein Hit.

Abb. 181: Carola gewann mit Fangad av en Stormwind den ESC 91 NDR

Eine unangenehme Überraschung war, dass es ab 1991 keine Schallplatten mehr in Braunschweig zu kaufen gab. Stattdessen gab es die neuen CDs. Da ich bereits genug Schallplatten besaß, stellte ich daraufhin den Kauf von Musik vorerst ein.

Meine Lieblingssongs 1991 waren die *Scorpions – Wind of Change*, *Cher – The Shoop Shoop Song* und *Achim Reichel – Aloha Heja He*.

Tabelle 13: Beliebteste Singles, Alben und Filme in 1991 gemäß chartsurfer.de

Singles	Titel	Interpret/Bemerkung
1	Wind of Change	Scorpions
2	Everything I do I do It for You	Bryan Adams
3	Joyride	Roxette
Alben		
1	Joyride	Roxette
2	Crazy World	Scorpions
3	Greatest Hits	Eurythmics

	Kinofilme	
1	Der mit dem Wolf tanzt	Western mit Kevin Costner
2	Kevin – Allein zu Haus	Mit Catherine O'Hara
3	Robin Hood – König der Diebe	Abenteuerfilm mit Kevin Costner

5.3 1992

Am 7.2.1992 wurde der *Vertrag von Maastricht* geschlossen. Mit diesem Vertrag wurde die *Europäische Union EU* als übergeordneter Verbund europäischer Staaten gegründet. Er trat am 1.11.1993 in Kraft. Die wichtigsten Vereinbarungen bezüglich des Euro waren:

1. Spätestens zum 1.1.1999 wird der Euro als Buchwährung, am 1.1.2002 als Bargeld eingeführt.
2. Damit ein Land an der Währungsunion teilhaben kann, muss es die Maastricht-Kriterien dauerhaft erfüllen, nämlich insbesondere:
   1) Ein Staat darf nicht mehr als 3 % seines Haushalts an Neuschulden aufnehmen.
   2) Ein Staat darf nicht mehr als 60 % seines Bruttoinlandsprodukts als Schuldenstand haben.
   3) Ein Staat darf keine Inflation höher als 1,5 Prozentpunkte über der Inflationsrate der drei preisstabilsten Länder haben.
   4) Ein Staat darf für seine langfristigen Staatsanleihen nicht mehr als 2 Prozentpunkte mehr zahlen als die drei preisstabilsten Länder.
3. Länder, die die Maastricht-Kriterien erfüllen, müssen an der Währungsunion teilnehmen. GB und DK dürfen diesbezüglich selbst entscheiden.
4. Weder die Zentralregierung noch ein Mitgliedsstaat haften für die Verbindlichkeiten anderer Mitgliedstaaten.
5. Die Europäische Zentralbank darf den Mitgliedsstaaten keine Kredite einräumen oder deren Staatsanleihen unmittelbar erwerben.

Die weiteren Vereinbarungen des Vertrags von Maastricht können dem umseitigen Säulenmodell entnommen werden.

Die bisherige politische Ausgrenzung der Republikaner durch die Altparteien und die Beobachtung der Partei durch den Verfassungsschutz ab 1992 führen nach den bisherigen Wahlerfolgen der Partei zum Zusammenbruch ihrer Wählerschicht und zum Absturz in die Bedeutungslosigkeit.

Wie immer waren die *Olympischen Spiele* ein Höhepunkt des Jahres. Sie fanden diesmal in Barcelona und Albertville statt. Obwohl die Deutschen bei den Sommerspielen immerhin 33 Goldmedaillen erreichten, kann ich mich an keine herausragende Leistung irgendeines Athleten erinnern. Lediglich das Lied *Barcelona* von *Freddy Mercury* und *Montserrat Caballe* ist mir von Barcelona in Erinnerung geblieben. Bei den Winterspielen kann ich mich nur noch an die Superläufe von *Alberto Tomba* im Riesenslalom erinnern.

Das für mich wichtigste Ereignis des Jahres war die Geburt meiner Tochter. Deshalb kaufte ich damals eine S-VHS-Videokamera und einen S-VHS-Videorekorder.

Die Europäische Union

1. Säule
Europäische Gemeinschaften

EG
- Agrarpolitik
- Zollunion und Binnenmarkt
- Strukturpolitik
- Handelspolitik
- Wirtschafts- und Währungsunion
- Bildung und Kultur
- Forschung und Umwelt
- Gesundheitswesen
- Verbraucherschutz
- Sozialpolitik

EURATOM
- Zusammenarbeit im Bereich Kernenergie

2. Säule
Gemeinsame Außen- und Sicherheitspolitik

Außenpolitik:
- Gemeinsame Positionen
- Friedenserhaltung
- Menschenrechte
- Demokratie
- Hilfe für Nicht-EU-Staaten

Sicherheitspolitik:
- Gemeinsames Vorgehen
- Kampf gegen den Terrorismus
- Gemeinsame Truppen

3. Säule
Polizeiliche und justiz. Zusammenarbeit

- Kampf gegen die organisierte Kriminaltität (z.B. Drogen, Menschenhandel)
- Einwanderungs- / Asylpolitik
- Zusammenarbeit in Zivil- und Strafprozessen
- Polizeiliche Zusammenarbeit

EG   GASP   PJZS

Abb. 182: Säulenmodell der EU nach dem Vertrag von Maastricht Daniel Kaneider

1992 war nach meinem Geschmack ein ziemlich hitarmes Jahr. Mir gefiel lediglich *Marc Cohan – Walking in Memphis* und *Whitney Houston – I will always love You*. Den *Eurovision Song Contest 1992* gewann die Sängerin *Linda Martin* mit *Why Me*, ein Song von Mr. Grand-Prix *Johnny Logan*, aber wieder kein Hit.

Tabelle 14: Beliebteste Singles, Alben und Filme in 1992 gemäß chartsurfer.de

Singles	Titel	Interpret/Bemerkung
1	It's my Life	Dr. Alban
2	Rhythm is a Dancer	Snap!
3	Das Boot	U96
Alben		
1	We can't dance	Genesis
2	Greatest Hits II	Queen
3	Dangerous	Micheal Jackson
Kinofilme		
1	Die Schöne und das Biest	Zeichentrickfilm
2	Sister Act – Eine himmlische Karriere	Komödie
3	Kevin – Allein in New York	Mit Catherina O'Hara

5.4 1993

Bereits meine allererste Forschungsarbeit an der PTB über die Entzündbarkeit von Lacken durch elektrostatische Lackieranlagen wurde 1993 mit dem *Helmholtzpreis* ausgezeichnet und meine Ergebnisse in fünf europäische Normen über elektrostatische Sprüheinrichtungen übernommen.

Politisch nennenswert war 1993 lediglich der Amtswechsel des amerikanischen Präsidenten *George H. W. Bushs* (1989-93) zu *Bill Clinton* (1993-2001).

Inzwischen war mein VW von 1949 fertig restauriert, und ich habe mit ihm gleich einen Abstecher nach Seeheim gemacht. Wie sein jüngerer Zwillingsbruder lief er bis auf einen von mir selbst verursachten Motorschaden ohne Probleme während meines Besitzes. Noch war das Restaurieren alter Autos relativ preiswert!

Abb. 183: Mein Volkswagen von 1949 oberhalb von Jugenheim

Auch 1993 gab es nur wenige Hits, die mir gefielen. Hierzu gehörten *What is love – Haddaway* und *Mariah Carey – Without You.*

Den *Eurovision Song Contest 1993* gewann natürlich wieder eine Sängerin: *Niamh Kavanagh* mit dem Nicht-Hit *In your eyes*.

Tabelle 15: Beliebteste Singles, Alben und Filme in 1993 gemäß chartsurfer.de

Singles	Titel	Interpret/Bemerkung
1	What is Love	Haddaway
2	What's Up?	4 Non Blondes
3	Mr. Vain	Culture Beat

Alben		
1	Keep the Faith	Bon Jovi
2	Happy Nation	Ace of Base
3	The Bodyguard	Soundtrack Whitney Houston
Kinofilme		
1	Jurassic Park	Fantasyfilm mit Richard Attenborough
2	Aladdin	Zeichentrickfilm
3	Bodyguard	Krimi mit Kevin Costner und Whitney Houston

5.5 1994

Anfang 1994 hatte ich wieder einmal einen Schicksalstag, als ich im Vorzimmer meines Vorgesetzten *Prof. Helmut Krämer* aufgrund einer geöffneten Verbindungstür Zeuge eines Gesprächs über unerklärliche Brände beim Betanken von Kraftfahrzeugen wurde. Die Brände waren deshalb so unerklärlich, weil an den betroffenen Zapfsäulen keine Fehler festgestellt werden konnten. Ich erinnerte mich sofort an die Vorgehensweise eines Sherlock Holmes in so einem Fall und ging unaufgefordert ins Chefzimmer.

Dort sagte ich: *„Entschuldigung, dass ich hier einfach so hereinplatze, aber ich habe unfreiwillig von ihrem Problem gehört, dass ich glaube, lösen zu können. Welche Kraftfahrzeugtypen sind denn von den Bränden betroffen?"*

Prof. Krämer war überrascht von meinem Eindringen und bemerkte daraufhin: *„Es waren verschiedene Fahrzeugtypen von Fiat, Peugeot und Opel, wieso?"*.

Darauf antwortete ich: *„Die derzeit meistverkauften Kraftfahrzeugtypen sind der VW Golf, der Mercedes 190 und der VW Passat. Keiner dieser Typen war bisher an den Bränden beteiligt, sondern nur seltenere Autotypen. Es muss daher an den Autos liegen und nicht an den Zapfsäulen. Aus diesem Grund findet man ja auch keinen Fehler an der Zapfsäule."*

Prof. Krämer blieb skeptisch: *„Aber es kann doch gar nicht an den Kraftfahrzeugen liegen, die werden doch vom Kraftfahrtbundesamt genauestens geprüft"*.

„Schon richtig", entgegnete ich, *„aber man wusste sicherlich nicht, wonach man in diesem Fall suchen sollte. Es liegt an den Autos, da bin ich mir ganz sicher"*.

Prof. Krämer war jetzt überzeugt: *„OK, dann liegt es an den Autos, aber es ist nicht unsere Aufgabe, das zu ändern"*.

„Das mag ja sein, aber ich befürchte, dass es einmal zu einem schweren Brand mit Toten kommen wird und dass man mir dann eine Mitschuld an den Toten vorwerfen wird, weil ich trotz vorhandenem Fachwissen nichts dafür getan habe, um den Unfall zu verhindern. Ich bitte Sie daher, mir eine Aktennotiz auszustellen, dass sie mich an diesem Handeln gehindert haben".

Das wollte *Prof. Krämer* jedoch auf keinen Fall, und so wurde ich zur Bearbeitung dieser Fälle von meinen sonstigen Arbeiten entbunden. Noch ahnte ich nicht, dass dieses Schicksalsgespräch mein ganzes Leben verändern sollte.

Abb. 184: Der Autor um 1995

Als erstes lieh ich mir dann die betroffenen Fahrzeugtypen aus und stellte schnell fest, dass sich einige beim Betanken auf eine Spannung von mehreren 1000 V aufluden. Die Höhe der Spannung war dabei stark abhängig von der Zapfsäule, dem betankten Kraftstoff und den aufgezogenen Reifen.

Dann entdeckte ich mögliche Funkenstrecken zwischen der Fahrzeugkarosserie und der geerdeten Zapfsäule im Bereich der austretenden Kraftstoffdämpfe. Damit waren elektrostatische Aufladungen am Kraftfahrzeug als Ursache der Brände erkannt.

Automobile

Lodernde Stutzen

Wegen Feuergefahr ruft Opel 2,3 Millionen Autos zurück. Der Hersteller hat seit Monaten von einem Konstruktionsfehler am Tank gewußt.

Ahnungslos blickte Waltraut Anderhalten, 47, auf das Zählwerk der Zapfsäule. Als sie sich umdrehte, bot sich ihr ein furchterregender Anblick: Aus dem Tankstutzen ihres Opel Astra züngelten Flammen.

Abb. 185: Der Spiegel, Bericht über Tankstellenbrände, 27.2.1995

Leider stieß ich mit meinen Erkenntnissen bei den Fahrzeugherstellern auf taube Ohren. Das änderte sich erst, als im Februar 1995 ein Brand beim Betanken eines Opel Astra einem Reporter von *Autobild* bekannt wurde. Plötzlich war das Thema in aller Munde und ich der rettende Fachmann im Fernsehen.

Von heute auf morgen wurde ich der Experte für unerklärliche Brände durch elektrostatische Aufladungen und erhielt zahlreiche Folgeaufträge, die ich auf die gleiche systematische Art und Weise und oft auch sehr spektakulär löste. Innerhalb von wenigen Jahren wurde ich zu den 500 besten Wissenschaftlern der Welt gewählt und Leiter von sieben zum Teil weltweiten Arbeitskreisen.

Ganz anderes Thema: Da mein bisheriges Alltagsauto nach einem Blechschaden verursacht von meiner Frau als Alltagswagen ausschied, brauchte ich einen neuen Wagen für wenig Geld. Für 2000 DM kaufte ich mir daraufhin einen 1982er *Special Bug*. Jetzt hatte ich plötzlich gleich drei VW Käfer.

Abb. 186: Die drei Käfer des Autors 1994

Doch nun zur Politik im Jahre 1994: Bei der Bundestagswahl 1994 blieb *Helmut Kohl* Bundeskanzler einer CDU/CSU/FDP Koalition. Sein Herausforderer war *Rudolf Scharping* von der SPD. *Roman Herzog* (1994-99) wurde neuer Bundespräsident.

1994 fand die erste Winterolympiade zwischen den Sommerolympiaden statt, und zwar in Lillehammer. Hier sind mir besonders die Skiläufer *Markus Wasmeier* und die Schweizerin *Vreni Schneider* in Erinnerung geblieben. Einen Skandal gab es im Eiskunstlauf, da der Ehemann der Siegerin *Tonya Harding* ihre Konkurrentin *Nancy Kerrigan* überfallen und schwer am Knie verletzen ließ. Die genesene *Nancy Kerrigan* gewann dennoch Silber.

Bei der Fußballweltmeisterschaft in den USA schied die deutsche Mannschaft im Viertelfinale gegen Bulgarien mit 1:2 aus.

Am 13.11.1994 wurde *Michael Schumacher* erster deutscher Formel 1 Weltmeister.

Meine Lieblingslieder 1994 waren *Mariah Carey – Without You*, *die Prinzen – Alles nur geklaut* und die *Gipsy Kings – Volare*. Letzteres war 1958 schon mal mein Lieblingslied, aber nicht so fetzig gespielt wie von den *Gipsy Kings*!

Den *Eurovision Song Contest 1994* gewann ausnahmsweise einmal keine Sängerin, sondern das Duo *Paul Harrington & Charlie McGettican* mit *Rock'n'Roll Kids*. Ein nettes Lied, aber wie in den letzten Jahren kein Hit.

Tabelle 16: Beliebteste Singles, Alben und Filme in 1994 gemäß chartsurfer.de

Singles	Titel	Interpret/Bemerkung
1	Without You	Mariah Carey
2	I Swear	All-4-One
3	Love is all around	Wet Wet Wet
Alben		
1	Music Box	Mariah Carey
2	The Division Bell	Pink Floyd
3	So far so good	Bryan Adams
Kinofilme		
1	Der König der Löwen	Zeichentrickfilm
2	Forest Gump	Komödie mit Tom Hanks und Sally Field
3	Der bewegte Mann	Komödie mit Katja Riemann und Til Schweiger

5.6   1995

Zum 1.1.1995 wurde die Pflegeversicherung in Deutschland eingeführt. Am 26.3.1995 entfielen die Grenzkontrollen an der deutschen Westgrenze (Schengen-Raum). Im Juli 1995 fand das *Massaker von Srebrenica* statt, bei dem 8000 Bosnier getötet wurden. Am 4.11.1995 wurde der israelische Friedenspolitiker und Ministerpräsident *Jitzchak Rabin* ermordet. Damit endete erst einmal der Friedensprozess im Nahen Osten.

Doch das Ereignis des Jahres war für mich die Einführung von *Microsoft Windows 95* am 24.8.1995. Bereits zwei Wochen später erhielt ich auf meiner Dienststelle einen neuen PC mit einem 100 MHz *Pentium* Prozessor, einer 200 MB Festplatte, einem Farbbildschirm 800x600 Bildpunkte, sowie der Software *Windows 95* mit *Internet Explorer 3.0*, *Word 95* und *Harvard Graphics for Windows*.

Was für ein Unterschied zu meinem bisherigen *AT*! Erstmals konnte ich beim Blocksatz genau sehen, wie die geschriebene Textseite aussehen wird. Erstmals konnte man längere Dateinamen eingeben, was die Archivierung viel übersichtlicher machte. Zum ersten Mal sah ich Videos auf einem PC (die beigefügten Videos von *Windows 95*). Und erstmals hatte ich einen Internet Anschluss. Doch damals war das Internet noch ziemlich leer und damit uninteressant! Immerhin erhielt ich gleich eine eMail-Adresse zugeteilt.

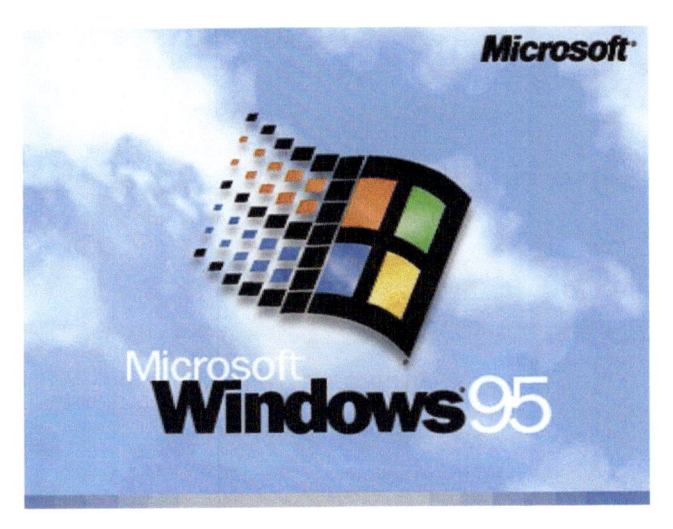

Abb. 187: Startbildschirm von Windows 95 Microsoft

Beruflich begann für mich eine turbulente Zeit mit vielen Dienstreisen (siehe 1994). Es hat mir Spaß gemacht, die Welt zu bereisen. Überall wurde ich als Problemlöser mit offenen Armen empfangen. Dass ich keinen Alkohol vertrug und auch nicht alles essen konnte, spielte überhaupt keine Rolle. Bald schon hatte ich den Spitznamen „Sherlock Holmes der PTB". Dass mich zwei Wissenschaftler aus Israel wegen meiner deutschen Staatsbürgerschaft ablehnten, störte mich da nicht.

Sherlock Holmes im Auftrag der PTB

Polizisten und Gerichte fragen den Forscher Ulrich von Pidoll, wenn Sie nicht mehr weiter wissen

Von Monika Herbst und Anne von Figura

Ein Abend im Winter '93, irgendwo in Norddeutschland: Eigentlich will der junge Mann auf dem Weg in die Disko nur schnell tanken. Doch dann schlagen plötzlich Flammen aus dem Tank.

Der Mann wird panisch, zieht das laufende Zapfventil heraus. Brennendes Benzin spritzt, entzündet seinen Wagen, die Tankstelle, einen anderen Autofahrer.

Die Polizei findet später einen frischen Zigarettenstummel neben dem ausgebrannten Auto. Sie verhaftet den jungen Mann. Der Vorwurf: Fahrlässige Brandstiftung.

Doch dann stellt sich heraus, dass der Verdächtige Nichtraucher ist.

Die Polizisten rätseln. Wieso hat sich das Benzin entzündet, ohne dass Feuer im Spiel war? Eine Antwort gibt den Beamten Dr. Ulrich von Pidoll.

„Manchmal denke ich, ich gehöre eher zur Polizei als zur PTB."

Ulrich von Pidoll

Abb. 188: Bericht der Braunschweiger Zeitung über den Autor

Ganz anderes Thema: 1995 gab es neue Automatenmarken in wesentlich schönerem Design als die alten von 1985.

Den *Eurovision Song Contest 1995* gewann die Gruppe *Secret Garden* mit *Nocturne*. Meine Lieblingslieder in 1995 waren der *Earth Song – Michael Jackson*, und *Adiemus – Adiemus*.

Abb. 189: 1995 gab es neue Automatenmarken

Tabelle 17: Beliebteste Singles, Alben und Filme in 1995 gemäß chartsurfer.de

Singles	Titel	Interpret/Bemerkung
1	Conquest of Paradise	Vangelis
2	Wish You were here	Rednex
3	Zombie	The Cranberries
Alben		
1	No need to argue	The Cranberries
2	Over the Hump	The Kelly Family
3	1492 Conquest of Paradise	Soundtrack Vangelis
Kinofilme		
1	Ein Schweinchen namens Babe	Kinderkomödie
2	James Bond - Goldeneye	Actionfilm mit Pierce Brosnan
3	Während du schliefst	Komödie mit Sandra Bullock

5.7 1996

Das Jahr 1996 war geprägt durch eine intensive Diskussion über die neue deutsche Rechtschreibung, welche zum 1.8.1998 verbindlich eingeführt wurde. Es dauerte jedoch noch 20 Jahre, bis alle Fehler der neuen Rechtschreibung beseitigt waren.

1996 erschienen die ersten Videocapturekarten für PC, und ich bestellte mir sofort eine von *Miro* (später *Pinnacle*) für meinen Dienst PC. Ich war begeistert, wie leicht man Videos aufnehmen und zusammenschneiden konnte. Auch die Bearbeitung von Audio war ganz leicht. Seitdem setzte ich Filme in großem Stil zur Dokumentation und Präsentation von Unfallnachstellungen sowie als Lehrfilme ein. Diese Filme wurden auf das brandneue Medium DVD gebrannt, von dem 1996 der erste DVD-Brenner erhältlich war, der sofort in meinen Dienstrechner eingebaut wurde.

Dieser technische Fortschritt, den ich in der PTB erleben konnte, inspirierte mich, meinen alten PC zu verkaufen. Ich kaufte mir einen neuen PC mit *Pentium* 133 MHz

Prozessor, 200 MB Festplatte, CD-Player, DVD-Brenner, *Matrox Millenium II* Grafikkarte mit *Rainbow Runner* Videocapturekarte, Soundkarte *Soundblaster live 32* mit 8 MB Wavetable, einem Scanner, einem 56k Telefonmodem und einem neuen Tintenstrahldrucker.

Ferner erwarb ich die Software *Windows 95*, *Word 95*, *Harvard Graphics for Windows*, und zur Erstellung von eigenen Kompositionen *capella* (Notensatz), *capella scan* (zum Einscannen von Noten), *tonica* (zum Komponieren), und *capriccio* (Midi-Editor), sowie *Ulead Media Studio* und *Audio Studio* für die Audio und Videobearbeitung. Den alten BTX-Zugang kündigte ich und wählte stattdessen ein Angebot von *T-Online* für den Internetzugang in Kombination mit einer eigenen eMail-Adresse, das es seit 1995 gab.

Ich nutzte diesen Rechner in der ersten Zeit hauptsächlich für Textverarbeitung (mein nächstes Buch *VW Golf – Das Geheimnis eines Welterfolgs*) und zum Komponieren. Meine erste Arbeit war eine Orchesterversion der deutschen Nationalhymne ohne Vorlage aus dem Kopf. Dann folgten MIDI Versionen von Popsongs und schließlich eigene Kompositionen. Da meine Tochter sich als sehr pflegeleicht erwies, hatte ich etwas Freizeit für die genannten Projekte.

1996 begann meine Frau nach der Babypause wieder zu arbeiten. Damit sie zur Arbeit fahren konnte, schenkte ich ihr einen blauen *VW Polo*.

Der Höhepunkt des Jahres war die *Sommer Olympiade* in Atlanta. Hier ist mir allerdings nur der Weltrekord von *Michael Johnson* über 200 m und die Goldmedaille für *Carl Lewis* im Weitsprung in Erinnerung geblieben.

Meine Lieblingslieder 1996 waren *Coco Jamboo – Mr President*, *Lemon Tree – Fools Garden* und *Conquest of Paradise – Version Ulrich von Pidoll 1996*. Den *Eurovision Song Contest 1996* gewann die Sängerin *Elmear Quinn* mit *The Voice* (wie immer kein Hit).

Tabelle 18: Beliebteste Singles, Alben und Filme in 1996 gemäß chartsurfer.de

Singles	Titel	Interpret/Bemerkung
1	Macarena	Los Del Rio
2	Children	Robert Miles
3	Killing me softly	Fugees
Alben		
1	The Score	Fugees
2	Dove C'e Musica	Eros Ramazotti
3	Backstreet Boys	Backstreet Boys
Kinofilme		
1	Independence Day	Katastrophenfilm
2	Werner – Das muß kesseln!!!	Zeichentrickfilm
3	Twister	Katastrophenfilm

5.8 1997

Der größte technische Fortschritt des Jahres war das Aufkommen der Digitalkameras, die allerdings vierstellige Kaufpreise hatten. Ich bestellte mir sofort eine für meine

Arbeit. Eine der ersten Aufnahmen, die ich digital gemacht habe, war die Aufnahme meines Dienstgebäudes. Ferner führte der Fortschritt bei der Prozessortechnik dazu, dass ich bereits 1997 die Prozessoren in Dienst- und Privatrechner gegen neue mit 233 MHz austauschte. Diese doppelt so schnellen Prozessoren waren für meine anspruchsvollen Aufgaben einfach besser geeignet.

Abb. 190: Gebäude Sicherheitstechnik der PTB 1997

Die politisch erfreulichste Nachricht des Jahres war die Unterzeichnung des Vertrags von Amsterdam am 2.10.1997 bezüglich des *Schengen Besitzstands*, mit dem sich die EU auf eine Osterweiterung vorbereitete.

Die traurigste Nachricht des Jahres war, dass *Diana, Princess of Wales*, am 31.8.1997 kurz nach Mitternacht in ihrem Wagen verunglückte und starb. Gemäß Zeugenaussagen wurde ihr Fahrer durch einen Blitz aus einer Stroboskoplampe geblendet und lenkte daraufhin den Wagen mit hoher Geschwindigkeit an einen Brückenpfeiler in der Alma Unterführung nahe der Alma Brücke in Paris. Bis heute blieb offen, ob dieser Blitz oder bereits die 1,8 Promille Blutalkohol ihres Fahrers zu dem Unfall führten. Nach ihrem Tod widmete ihr *Elton John* das Lied *Candle in the Wind* mit der Textzeile *Goodbye, England's Rose*, und stürmte damals die Hitparaden.

Mein Lieblingslied des Jahres war *Andrea Bocelli & Sarah Brighton* mit *Time to say Goodbye*. Den Eurovision Song Contest 1997 gewannen *Katrina and the Waves* mit *Love shine a Light*. Auch diesmal wieder kein Hit!

Tabelle 19: Beliebteste Singles, Alben und Filme in 1997 gemäß chartsurfer.de

Singles	Titel	Interpret/Bemerkung
1	Time to say Goodbye	Sarah Brightman & Andrea Bocelli
2	I'll be missing You	Puff Daddy & Faith Evans feat. 112
3	Candle in the Wind 1997	Elton John
Alben		
1	Bocelli	Andrea Bocelli
2	Klappe die 2te	Tic Tac Toe
3	Romanza	Andrea Bocelli
Kinofilme		
1	Men in Black	Science Fiction Film
2	Bean	Komödie mit Rowan Atkinson
3	Vergessene Welt: Jurassic Park	Fantasyfilm mit Richard Attenborough

5.9 1998

Seit 1996 hatte die Arbeitslosigkeit in Deutschland permanent zugenommen. Das aus diesem Grund von Bundeskanzler *Helmut Kohl* eingesetzte *Bündnis für Arbeit* scheiterte jedoch. Im Sommer 1998 gab es deshalb mehrere Großdemonstrationen gegen die Politik *Kohls*, da die Menschen die geplanten Kürzungen bei den Leistungen von Kranken- und Rentenversicherung ablehnten. Dadurch gelang es *Gerhard Schröder* mit seiner SPD der „Neuen Mitte" die Bundestagswahl im Herbst 1998 zu gewinnen und mit einer Rot/Grünen Koalition zum neuen Bundeskanzler gewählt zu werden. Und das, obwohl die Grünen bereits im März eine Ökosteuer auf Benzin forderten, sodass der Benzinpreis in mehreren Schritten auf 5 DM/l angehoben werden sollte. *Oskar Lafontaine* (SPD) wurde Finanzminister.

Abb. 191: Bundeskanzler Gerhard Schröder SPD Schleswig Holstein 2009

Veränderungen gab es auch in meinem Privatleben. Mein *Käfer* von 1949 war zwar optisch ein Traum, aber innen sehr laut und ausgesprochen hart gefedert. Ich stieg daher immer mit einem Brummschädel aus. Inzwischen beruflich befördert, wollte ich mir ein bisschen mehr Luxus gönnen. Ich verkaufte daher den 49er Käfer und meinen 82er Käfer, legte ein bisschen drauf und kaufte mir einen Mercedes C180 in brilliantsilber. Ich fühlte mich auf dem Höhepunkt meines Lebens!

Leider hielt dieses Gefühl nicht sehr lange an, da meine Ehefrau die eheliche finanzielle Solidarität aufkündigte. Ich war entsetzt und weinte mich diesbezüglich bei meiner neuen Bekannten *Randi* aus. Diese befürchtete schon damals, dass meine Ehe nicht mehr zu retten war.

Um mich abzulenken, startete ich ein Großprojekt: Ich kaufte alle erhältlichen CDs von meinen Langspielplatten und digitalisierte fast alle übrigen Platten mit meiner guten Soundkarte. Ferner kaufte ich mir einen Dia/Negativ Scanner und digitalisierte Tausende von Dias und Negativen. Die erhaltenen Daten (WAV und JPG 97%) speicherte ich 2x auf je rund hundert DVDs. Hierfür benötigte ich etwa ein halbes Jahr.

Die erfreulichste Nachricht des Jahres war die Reduzierung des Solidaritätszuschlags von 7,5 % auf 5,5 % der Einkommens-/Körperschaftssteuer. Auch dass *Katja Seizinger* Gold bei der Abfahrt der Damen bei den *Olympischen Winterspielen* in *Nagano* holte, war sehr erfreulich. Die unerfreulichste Nachricht war, das die deutsche Mannschaft bei der Fußballweltmeisterschaft in Frankreich bereits im Viertelfinale gegen Kroatien mit 0:3 verlor und ausschied.

Meine Lieblingslieder des Jahres 1998 waren *Cher – Believe*, und *Celine Dion – My Heart will go on*. Bedingt gefallen hat mir *Blümchen – SOS – Herz in Not*: Tolle Sängerin, toller Text, tolle Melodie, aber für mein Alter ein viel zu schneller Rhythmus! Den Eurovision Song Contest 1998 gewann die Sängerin *Dana International* mit *Diva*.

Tabelle 20: Beliebteste Singles, Alben und Filme in 1998 gemäß chartsurfer.de

Singles	Titel	Interpret/Bemerkung
1	My Heart will go on	Celine Dion
2	Ein Schwein namens Männer	Die Ärzte
3	Flugzeuge im Bauch	Oli P.
Alben		
1	Eros	Eros Ramazzotti
2	Let's talk about Love	Celine Dion
3	Titanic	Soundtrack James Horner
Kinofilme		
1	Titanic	Kate Winslet, Leonardo DiCaprio
2	Armageddon – Das jüngste Gericht	Science Fiction Film
3	Mulan	Zeichentrickfilm

5.10 1999

1999 war ein Jahr, in dem es viele Veränderungen gab: So wurde bereits am 1.1.1999 in Deutschland der Euro als Buchgeld eingeführt. Am 10.1.1999 wurde in der Talk-show *Sabine Christiansen* intensiv über das von Rot-Grün geplante neue Staatsbürgerschaftsrecht diskutiert. Rot-Grün wollte, dass jede in Deutschland geborene oder eingebürgerte Person ihre bisherige Staatsbürgerschaft in Form einer doppelten Staatsbürgerschaft behalten konnte. Die CDU/CSU war dagegen und organisierte eine von *Wolfgang Schäuble* und *Edmund Stoiber* initiierte Unterschriftenaktion „*Ja zu Integration – Nein zu doppelter Staatsangehörigkeit*". Es kam daraufhin zu massiven Protestaktionen von Anhängern der SPD, Grünen und FDP.

In den ersten Wochen von Rot-Grün hielt *Oskar Lafontaine* seine Wahlversprechen ein und revidierte zahlreiche unter *Kohl* geänderte Sozialgesetze. Insbesondere führte er wieder den vollen Kündigungsschutz und die volle Lohnfortzahlung im Krankheitsfall ein. Im Februar 1999 setzte er sich gegen das neu geplante Staatsbürgerschaftsrecht von Rot-Grün und für die Versteuerung kurzfristiger Spekulationsgewinne an den Finanzmärkten ein. Als daraufhin am 10.3.1999 *Gerhard Schröder* erklärte, eine wirtschaftsfeindliche Politik sei „*mit ihm nicht zu machen*", trat *Oskar Lafontaine* am 11.3.1999 von allen seinen Ämtern zurück. Sein Nachfolger als Finanzminister wurde *Hans Eichel*.

Am 1.5.1999 wurde der *Schengen-Besitzstand* (keine Grenzkontrollen im Schengen-Gebiet der EU) in EU-Recht überführt.

Gegen Ende des Jahres, am 16.12.1999, kam es zu einem großen Skandal: Der ehemalige Bundeskanzler Helmut Kohl gab zu, dass er in der CDU-Spendenaffäre insgesamt 2,1 Millionen DM an illegalen Parteispenden angenommen und an die CDU weitergegeben hatte. Die Namen der Spender gab Kohl auch unter Druck nicht preis und verwies als Begründung auf ein von ihm gegebenes Ehrenwort.

Nach diesem Eingeständnis kam das CDU-Präsidium zu einer Krisensitzung zusammen – ohne ihren Ehrenvorsitzenden. Generalsekretärin Merkel, gerade einmal ein Jahr im Amt, forderte in einem Beitrag in der "FAZ" die CDU auf, sich von Kohl zu lösen. "*Die Partei muss also laufen lernen, muss sich zutrauen, in Zukunft auch ohne ihr altes Schlachtross, wie Helmut Kohl sich oft selbst gerne genannt hat, den Kampf mit dem politischen Gegner aufzunehmen*", hieß es darin. Mit diesen spektakulären Worten emanzipierte sich Merkel auch von Schäuble, dessen Verstrickung in der Spendenaffäre sich wenig später herausstellte. Er hatte 1994 in einem Bonner Hotel 100.000 DM in bar entgegengenommen – jene Summe hatte Schreiber als "*hundert hässliche Männer umschrieben*". Schäuble trat zurück, Merkel wurde CDU-Chefin.

Abb. 192: Die Welt online vom 4.11.2009

Auch auf meiner Dienststelle gab es Veränderungen: Ende der 1990er Jahre kamen die ersten nicht mit elektrischen Leitern gemischten antistatischen Kunststoffe auf den Markt. Diese waren zwar nachweislich antistatisch, konnten allerdings als Isolierstoffe nicht zugelassen werden, da Isolierstoffe damals als hoch aufladbar galten. Daraufhin entwickelte ich eine universell anwendbare Testmethode für Produkte, die in explosionsgefährdeten Bereichen eingesetzt werden sollen. Diese Methode bestand darin, Prüfmuster mit vorgegebenen, von mir ausgearbeiteten Verfahren möglichst hoch elektrostatisch aufzuladen und dann die übertragene Ladung einer provozierten elektrostatischen Entladung mit von mir mitentwickelten Messgeräten (Handcoulombmeter oder HF-Shunt mit Oszilloskop) zu messen und mit Grenzwerten zu vergleichen, die ich selbst ermittelt hatte.

Nachdem ich für die Bereitstellung entsprechender Messgeräte im Handel gesorgt hatte, fand meine Methode weltweit große Zustimmung. Und so wurde ich 1999 von *Barons* in die Gruppe der 500 besten Wissenschaftler der Welt gewählt und auch in *Marquis „Who is Who"* aufgenommen. Die Folge war: Ich durfte noch mehr reisen. Damit ich mich auf Reisen im einsamen Hotelzimmer (damals z.T. noch ohne Fernseher, Internet, WC) nicht langweilte, kaufte ich mir privat ein *Sony Vaio PCG C1XD* Subnotebook (*Windows 98,* 400 MHz *Pentium II* Prozessor, *128 MB RAM, 12 GB Festplatte,* MPG Hardwaredecoder) und konnte so auch unterwegs meine Musik hören, meine Bilder und Lieblingsfilme anschauen, über ein 56k PCMCIA-Telefonmodem ins Internet gehen oder sogar komponieren.

Abb. 193: Mein reisefreundliches Sony Vaio PCG-C1XD Subnotebook (1 kg Gewicht) von 1999 funktioniert mit neuem Akku auch noch in den 2020er Jahren, ebenso…

...wie mein genauso altes Mobiltelefon Siemens C25.

Der Preisverfall der Mobiltelefone im Verlauf der 1990er Jahre führte dazu, dass Ende der 1990er Jahre ein Boom bei der Anschaffung von privaten Handys auftrat. Auch ich kaufte mir 1999 erstmals ein Handy: Ein *Siemens C25* mit hervorragender Sprachübertragung, Adressbuch, der Möglichkeit von SMS und einer Lebensdauer von über 20 Jahren. Was brauchte man mehr?

Die unerfreulichste Nachricht des Jahres 1999 war der erste Computervirus *Melissa*. Ein einfacher *Word* Makrovirus, der dennoch einen Schaden von 80.000.000 $ anrichtete. Weitere Viren sollten schon bald folgen.

Meine Lieblingslieder 1999 waren *DJ Bobo – Freedom, Emilia – Big big World* und *Guildo Horn – Wunder gibt es immer wieder.* Den letzten Eurovision Song Contest im alten Jahrtausend gewann – wen wundert's – eine Sängerin, nämlich *Charlotte Nilsson* mit *Take me to your Heaven*.

Tabelle 21: Beliebteste Singles, Alben und Filme in 1999 gemäß chartsurfer.de

Singles	Titel	Interpret/Bemerkung
1	Mambo No. 5	Lou Bega
2	Blue Da Ba Dee	Eiffel 65
3	Baby one more Time	Britney Spears

Alben		
1	Nicht von dieser Welt	Xavier Naidoo
2	Believe	Cher
3	Buena Vista Social Club	Buena Vista Social Club
Kinofilme		
1	Star Wars: I – Die dunkle Bedrohung	Science-Fiction Film
2	Tarzan	Zeichentrickfilm
3	Notting Hill	Mit Julia Roberts und Huge Grant

6. Die 2000er Jahre

Das politische Schlüsselereignis dieses Jahrzehnts war der Anschlag auf das World Trade Center in New York am 11.11.2001, welche im Westen als Kriegserklärung radikaler Islamisten an alle Ungläubigen aufgefasst wurde. Die Folgen waren Kriegszüge des Westens in Afghanistan und im Irak.

In den ersten Jahren des 21. Jahrhunderts setzen sich Heimcomputer, Internet, eMail, Handy, Flachbildschirm und Spieleboxen langsam aber sicher durch.

2002 wurde der Euro eingeführt, obwohl einzelne EU-Staaten bei der Erfüllung der Konvergenzbedingungen geschummelt hatten und schlechter haushielten als angegeben.

Die Hartz IV Reformen von Bundeskanzler *Gerhard Schröder* (1998-2005) führten zu einer Stabilisierung der Sozialausgaben mit der Folge einer wirtschaftlichen Blütezeit für Deutschland, von der allerdings nicht *Schröder*, sondern seine Nachfolgerin *Angela Merkel* (2005-2021) profitiert. Diese ist bereit, ihre politischen Ziele, insbesondere das Zusammenhalten der Europäischen Union, um jeden Preis durchzusetzen, was Deutschland erpressbar machte und langfristig zu hohen Zahlungen Deutschlands an andere Länder führte.

Waren in den 1960er Jahren Staat und Arbeitgeber noch großzügig gegenüber ihren Mitarbeitern und Bürgern und gaben ihnen z.B. zahlreiche Sozialleistungen und zinsgünstige Immobilienkredite, so hat sich dies spätestens in der Ära *Merkel* geändert.

6.1 2000

Mit Wirkung vom 1.1.2000 gab es ein neues Staatsangehörigkeitsgesetz von der rotgrünen Koalition. War es früher so, dass die deutsche Staatsbürgerschaft i.d.R. durch Abstammung erhalten wurde, so führte die große Zuwanderung von Personen aus Drittstaaten dazu, dass jetzt alle seit 1990 in Deutschland geborenen Kinder automatisch die deutsche Staatsangehörigkeit erhielten. Im Falle ausländischer Eltern besaßen sie damit zwei Staatsangehörigkeiten. In diesem Fall musste sich das Kind bei Eintritt der Volljährigkeit für eine Staatsangehörigkeit entscheiden, um Probleme, z.B. Militärdienst für zwei Staaten, zu vermeiden. Diese Optionspflicht wurde jedoch ab 20.12.2014 wieder fallen gelassen.

Eine Einbürgerung erfolgt jedoch nicht nur durch Geburt, sondern auch auf Antrag durch Verwaltungsakt, wenn der Betroffene acht Jahre in Deutschland ohne wesentliche Straftaten und ohne selbst verursachte Inanspruchnahme von Sozialleistungen gelebt hat. Eine Einbürgerung kann aber auch per Ermessensbescheid gestattet werden, wenn kein Ausweisungsgrund vorliegt.

Am 10.4.2000 wurde *Angela Merkel* als neue Vorsitzende der CDU gewählt.

Am 14.6.2000 beschloss die rot-grüne Bundesregierung den Ausstieg aus der Atomenergie. Die Laufzeit der bestehenden Atomkraftwerke wurde auf höchstens 32 Jahre befristet. Somit würde das letzte Atomkraftwerk etwa 2021 abgeschaltet.

Am 18.8.2000 erhielt die Bundesregierung 50,8 Millionen Euro aus der Versteigerung von UMTS-Mobilfunklizenzen.

Am 24.11.2000 wurde der erste Fall von Rinderwahn in Deutschland bekannt. Damit begann die BSE-Krise.

Für mich der Höhepunkt des Jahres war der Besuch der *Expo 2000* in Hannover (1.6.2000-31.10.2000). Zahlreiche Länder und Firmen hatten hier Pavillons aufgebaut, welche Sehenswürdigkeiten und technische Höhepunkte ihres Landes präsentierten. Jeder Besucher hatte die Möglichkeit, sich einen Dreiradroller mit Elektroantrieb zu mieten oder eine Seilbahn zu benutzen, um die großen Entfernungen besser zu überwinden.

Abb. 194: Blick auf den südöstlichen Teil der Expo 2000 in Hannover

Die ersten Stars der *Expo* waren Fahrer des *New Beetle* von *Volkswagen*, die diesen Wagen aus Amerika exportiert hatten. Weitere Stars waren für mich die Kamele im Arabischen Pavillon mit einem Beduinenzelt. Doch auch das kleine Auto aus Recyclingmaterial auf dem norwegischen Stand hat mich beeindruckt.

Bereits am 12.5.1999 hatte ich meine erste dienstliche eMail versendet. Es wurde daher Zeit, auch privat eine Internetseite und eine endgültige eMail Adresse einzurichten. Im Jahre 2000 eröffnete ich daher meine Internetseite www.von-pidoll.com mit meiner endgültigen eMail-Adresse. Doch noch war das Internet ziemlich leer. Beispielsweise gab es die deutsche *Wikipedia* erst ab 2001. Und auch unerwünschte SPAM-Mails habe ich erst viel später, nämlich ab 2002 erhalten.

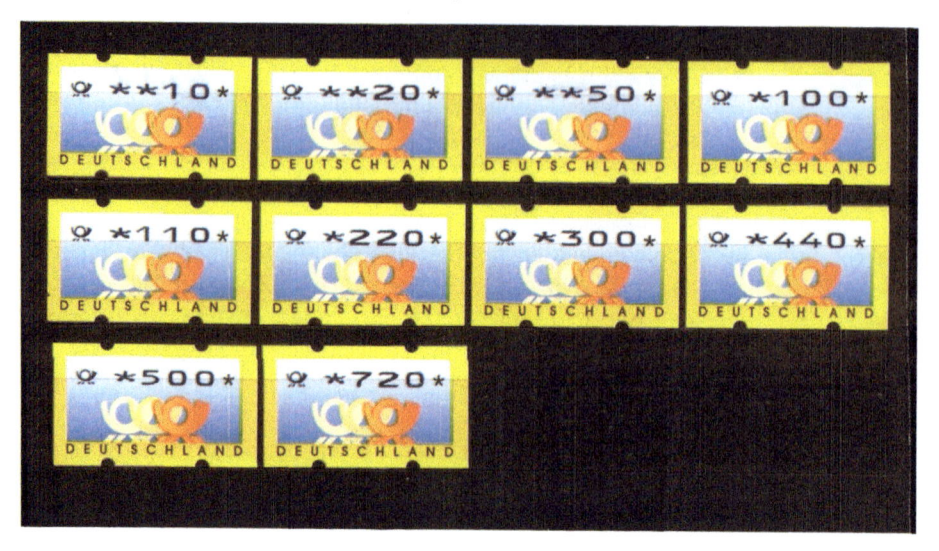

Abb. 195: Im Jahre 2000 gab es noch einmal eine neue Serie von Automatenmarken

Natürlich war auch die *Olympiade 2000* in Sydney ein Höhepunkt des Jahres. In Erinnerung geblieben ist mir insbesondere *Ludger Beerbaum*, der seit 1988 vier Goldmedaillen im *Springreiten* (Einzel und Mannschaft) gewonnen hatte. Ebenso *Franziska van Almsick*, die seit 1992 vier Silber und sechs Bronze Medaillen im *Schwimmen* errungen hatte.

Den *Eurovision Song Contest 2000* gewannen die *Olsen Brothers* mit *Fly on the wings of love*. Ich erspare mir die Aussage, ob dieses Lied ein Hit oder eine Niete geworden ist. Das war übrigens der letzte *ESC*, den ich mir ganz angesehen habe. In die folgenden *ESCs* habe ich zwar immer mal wieder kurz hineingeschaut, war aber jedes Mal von der mangelnden musikalischen Qualität und den übertriebenen Showeffekten enttäuscht.

Da die aktuelle Musik mir immer weniger zusagte, gab es ab jetzt nur noch ein Lied pro Jahr, das mir ganz besonders gefiel. 2000 war dies *Madonna* mit *American Pie*, ein Lied, das ich bereits 1971 von *Don McLean* gerne hörte.

Tabelle 22: Beliebteste Singles, Alben und Filme in 2000 gemäß chartsurfer.de

Singles	Titel	Interpret/Bemerkung
1	Spirit of the Hawk	Rednex
2	Freestyler	Bomfunk MC's
3	It's my Life	Bon Jovi
Alben		
1	Supernatural	Santana
2	Oops! I did it again	Britney Spears
3	Crush	Bon Jovi
Kinofilme		
1	American Pie	Komödie
2	Mission: Impossible 2	Actionfilm
3	American Beauty	Drama

6.2 2001

Meine neue Untersuchungsmethode von 1999 wurde schnell international anerkannt. Ich wurde deshalb ab 2001 nach und nach mit der Leitung von sieben elektrostatischen Normungsgremien bei IEC (International Electrotechnical Commission) und CENELEC (Comité Européen de Normalisation Électrotechnique) beauftragt. 2004 wurde ich für meine Methode mit einer *Helmholtz Prämie*, 2005 mit dem *James Melcher Paper Prize* und 2011 mit dem *Scientific Award of Excellence* ausgezeichnet.

Abb. 196: 2001 erschienen die letzten Dauermarken in der Währung DM, aber auch schon Euro. Nach dieser Briefmarkenserie stellte ich das Briefmarkensammeln ein.

Das prägende Ereignis dieses Jahres waren am 11.9.2001 die Anschläge islamistischer Terroristen auf das *World Trade Center* in New York und das *Pentagon*, bei denen fast 3000 Menschen starben. Es handelte sich hierbei um vier koordinierte Flugzeugentführungen mit anschließendem Selbstmordattentat. Zwei Flugzeuge wurden in die Türme des *World Trade Centers* gelenkt, eins in das *Pentagon* in Arlington. Das vierte Flugzeug mit dem wahrscheinlichen Ziel *Weißes Haus* in Washington D.C. kam nach Kämpfen an Bord bereits vorher zum Absturz.

Abb. 197: Die brennenden Türme des World Trade Centers nach dem Angriff am 11.9.2001 Michael Foran

Auftraggeber der Anschläge war das islamistische Terrornetzwerk *al-Qaida* in Afghanistan unter der Führung von *Osama bin Laden*. Die Anschläge führten zum Krieg in Afghanistan unter deutscher Beteiligung und schließlich zur Ermordung *Osama bin Ladens* am 2.5.2011 durch US-Soldaten.

Doch damit war die Serie der Anschläge noch nicht vorbei. Am 18.9.2001 begann eine Serie von Anschlägen mittels Briefen mit tödlichen Milzbrandsporen (Anthrax) aus dem Biowaffenlager der US-Armee. 22 Menschen wurden infiziert, 5 starben. Die Briefe enthielten die Nachricht: DEATH TO AMERICA; DEATH TO ISRAEL; ALLAH IS GREAT. Am 5.2.2003 verwies der amerikanische Außenminister *Colin Powell* auf diese Attentate und behauptete wahrheitswidrig, dass *Saddam Hussein* inzwischen

25.000 l Anthrax hergestellt habe. Mit dieser Falschaussage wurde der Krieg der USA gegen den Irak begründet.

2001 wurden eingetragene Lebenspartnerschaften eingeführt und weitgehend den Eheleuten gleichgestellt.

Mein Lieblingssong in 2001 waren die *No Angels* mit *Still in Love with You*.

Tabelle 23: Beliebteste Singles, Alben und Filme in 2001 gemäß chartsurfer.de

Singles	**Titel**	**Interpret/Bemerkung**
1	Played A Live	Safri Duo
2	Butterfly	Crazy Town
3	Can't get You out of my Head	Kylie Minogue
Alben		
1	A Day without Rain	Enya
2	No Angel	Dido
3	Hybrid Theory	Linkin Park
Kinofilme		
1	Harry Potter und der Stein der Weisen	Fantasyfilm mit Daniel Radcliffe und Emma Watson
2	Der Herr der Ringe – Die Gefährten	Fantasyfilm
3	Der Schuh des Manitu	Westernkomödie

6.3 2002

Am 1.1.2002 wurde der Euro als Bargeld in Deutschland eingeführt. Hierfür gab es für 20 DM Startersets mit 20 Münzen zu insgesamt 10,23 €. 1 € entsprach dabei 1,95 DM.

Das Jahr 2002 führte zu einer heftigen Diskussion zwischen der rot-grünen Regierung und der CDU/CSU/FDP Opposition wegen eines neuen Zuwanderungsgesetzes. Während Rot-Grün unter *Gerhard Schröder* und *Joschka Fischer* sich für eine unbegrenzte Zuwanderung einsetzten, war die CDU/CSU unter *Angela Merkel* gegen eine weitere Zuwanderung:

„Bevor wir **neue** Zuwanderung haben, müssen wir erst einmal die Integration der bei uns lebenden ausländischen Kinder verbessern, meine Damen und Herren, damit (Beifall). Sie haben keine einzige Mark vorgesehen um das Problem zu beseitigen, dass hier in Berlin-Kreuzberg 40% der ausländischen Kinder und Jugendlichen weder einen Schulabschluss haben noch einen Berufsabschluss und trotzdem reden Sie über **mehr** Zuwanderung. Mit uns haben sie die Alternative. Wir werden das ändern, dieses Gesetz wird so nicht in Kraft treten".

Abb. 198: Ausschnitt einer Bundestagsrede von Angela Merkel am 13.9.2002

> Ohne Solidarität und das Gefühl der Zusammengehörigkeit kann auch ein moderner Staat nicht bestehen. Deutschland soll seine Identität bewahren. Die von Rot-Grün betriebene Umgestaltung in eine multikulturelle Einwanderergesellschaft lehnen wir ab.

Abb. 199: Ausschnitt aus dem CDU Programm 2002, Seite 62

Die Bundestagswahl am 22.9.2002 führte zu einer Wiederwahl von *Gerhard Schröder* und *Joschka Fischer*. Hierbei hatte das staatsmännische Verhalten von *Schröder* beim Jahrhunderthochwasser an der Elbe und der Donau im August 2002 wesentlich beigetragen.

Die *olympischen Winterspiele 2002* fanden in Salt Lake City statt. *Claudia Pechstein* gewann zwei Goldmedaillen im Eisschnelllauf. Der Rennrodler *Georg Hackl* gewann Silber. *Sven Hannawald* gewann auf der Normalschanze Silber. Die Kroatin *Janica Costelić* gewann fast alle Skirennen der Damen.

Das erfreulichste Ereignis des Jahres war der Gewinn der *Vizeweltmeisterschaft* für die deutsche Fussballmannschaft, die im Endspiel trotz einer sehr guten Leistung mit 0:2 gegen Brasilien verlor. Die deutsche Mannschaft wurde daraufhin zur Mannschaft des Jahres, *Michael Ballak* zum Fußballer des Jahres, und Torwart *Oliver Kahn* zum besten Spieler des Turniers gewählt.

Das unerfreulichste Ereignis des Jahres war am 1.7.2002 der Zusammenstoß eines russischen Passagierflugzeugs mit einer Frachtmaschine der DHL über dem Bodensee bei Überlingen mit 71 Toten. Als Ursache wurde ein Fehler der zuständigen schweizerischen Luftüberwachung *Skyguide* angegeben. Dies war das schwerste Flugzeugunglück über Deutschland in neuerer Zeit. Aber auch der *Amoklauf von Erfurt* am 26.4.2002 mit 16 Toten am Gutenberg-Gymnasium, bei dem der Täter sich zu Unrecht von der Schule verwiesen fühlte, war sehr unerfreulich.

Mein Lieblingssong 2002 war *The Ketchup Song* von *Las Ketchup*. Grottenschlecht gesungen, absolut einfallsloser Text, aber irgendwie doch ein Ohrwurm.

Tabelle 24: Beliebteste Singles, Alben und Filme in 2002 gemäß chartsurfer.de

Singles	Titel	Interpret/Bemerkung
1	Without Me	Eminem
2	Whenever Wherever	Shakira
3	The Ketchup Song	Las Ketchup
Alben		
1	Laundry Services	Shakira
2	Freak of Nature	Anastacia
3	Zwischenspiel – Alles für den Herrn	Xavier Naidoo
Kinofilme		
1	Der Herr der Ringe – Die zwei Türme	Fantasyfilm
2	Harry Potter und die Kammer des Schreckens	Fantasyfilm mit Daniel Radcliffe und Emma Watson
3	Ice Age	Zeichentrickfilm

6.4 2003

Am 14.3.2003 verkündete Bundeskanzler *Gerhard Schröder* die *Agenda 2010*, bei der ab 1.1.2004 Sozialleistungen gekürzt wurden. Hierzu gehörte:

- Streichung von Krankenkassenleistungen (z.B. Entfall von Brillen-, Entbinde- und Sterbegeld; 10 % (5-10 €) Zuzahlung bei verschreibungspflichtigen, 100 % Zuzahlung bei nicht verschreibungspflichtigen Arzneimitteln und Hilfsmitteln, 10 € Praxis- und Notaufnahmegebühr, Begrenzung der Ärztevergütung auf ein vorgegebenes Budget),
- Dämpfung des Rentenanstiegs durch einen Nachhaltigkeitsfaktor und Wegfall versicherungsfremder Leistungen,
- Verkürzung des Bezugs von Arbeitslosengeld auf 12 Monate (18 Monate bei über 55 jährigen),
- Bildung von geldsparenden Bedarfsgemeinschaften und Zahlung des neuen *Hartz IV* nur bei echter Bedürftigkeit. Dabei ist jede nicht sittenwidrige Arbeit zumutbar.

Wegen dieser geplanten Kürzungen kam es im April 2003 zu Großdemonstrationen mit insgesamt 500.000 Personen in Berlin, Köln und Stuttgart gegen die Agenda 2010. Die Agenda 2010 wurde aber dennoch verabschiedet.

Am 24.3.2003 erklärte US-Präsident *George W. Bush* dem Irak unter *Saddam Hussein* den Krieg. Als Begründung dienten falsche Behauptungen über den Besitz von Massenvernichtungswaffen (siehe 2001). Deutschland beteiligte sich nicht an diesem dritten Golfkrieg.

In der ersten Hälfte des Augusts kam es zu mindestens 45.000 Toten vor allem in Südeuropa wegen einer Hitzewelle. Am 13.8.2003 wurden in Freiburg im Breisgau, Mannheim, Karlsruhe sowie in March bei Freiburg 40,2 °C gemessen. Etwa 3500 Menschen starben hierbei in Deutschland an Lungenversagen.

Mein Lieblingssong in 2003 war *Anyplace, Anywhere, Anytime* von *Nena & Kim Wild*.

Tabelle 25: Beliebteste Singles, Alben und Filme in 2003 gemäß chartsurfer.de

Singles	Titel	Interpret/Bemerkung
1	Ich kenne nichts	RZA feat. Xavier Naidoo
2	All the Things she said	T.A.T.U.
3	Für dich	Yvonne Catterfeld
Alben		
1	20 Jahre Nena feat. Nena	Nena
2	Up!	Shania Twain
3	Mensch	Herbert Grönemeyer
Kinofilme		
1	Der Herr der Ringe – Die Rückkehr des Königs	Fantasyfilm
2	Findet Nemo	Animationsfilm
3	Good Bye, Lenin	Komödie

6.5 2004

Am 30.7.2004 wurde ein neues Zuwanderungsgesetz beschlossen, das zum 1.1.2005 in Kraft treten wird. Während früher einem Flüchtling nur bei einer staatlichen Verfolgung Asyl gewährt wurde, wurde jetzt auch eine Verfolgung durch Organisationen oder Familienangehörige anerkannt, ebenso die Flucht wegen Bürgerkrieg. Allerdings schränkt das Grundgesetz, Artikel 16a, im Absatz 2 das Asylrecht erheblich ein, sodass Einreisende aus den deutschen Nachbarstaaten oder anderen EU-Staaten keinen Anspruch auf Asyl haben:

> **Grundgesetz der BRD, Artikel 16a:**
> (1) Politisch Verfolgte genießen Asylrecht.
> (2) Auf Absatz 1 kann sich nicht berufen, wer aus einem Mitgliedstaat der Europäischen Gemeinschaften oder aus einem anderen Drittstaat einreist, in dem die Anwendung des Abkommens über die Rechtsstellung der Flüchtlinge und der Konvention zum Schutze der Menschenrechte und Grundfreiheiten sichergestellt ist. ...

Gemäß Absatz 3 können sichere Drittstaaten durch Gesetz bestimmt werden. Absatz 4 betrifft die Ausweisung von Personen aus Drittstaaten gemäß Absatz 3. Absatz 5 besagt, dass die Absätze 1-4 anderen völkerrechtlichen Verträgen nicht entgegenstehen.

Im Jahre 2004 wurde *Horst Köhler* (2004-10) neuer Bundespräsident und löste *Johannes Rau* (1999-2004) ab.

2004 gab es die ersten erschwinglichen Videoprojektoren mit DLP und LED Technik.

Herausragender Sportler bei den *Olympischen Sommerspielen 2004* in Athen war der amerikanische Schwimmer *Michael Phelps*, der sechs Gold- und zwei Bronzemedaillen gewann. Ansonsten kann ich mich an kein herausragendes Ereignis erinnern.

Mein Lieblingssong in 2004 war *Haiducii* mit *Dragostea Din Tei*.

Tabelle 26: Beliebteste Singles, Alben und Filme in 2004 gemäß chartsurfer.de

Singles	Titel	Interpret/Bemerkung
1	Dragostea Din Tei	O-Zone
2	Augen Auf	Oomph!
3	Obsesion	Aventura
Alben		
1	Anastacia	Anastacia
2	Feels like Home	Norah Jones
3	Verschwende deine Zeit	Silbermond
Kinofilme		
1	(T)Raumschiff Surprise	Science-Fiction Komödie
2	7 Zwerge – Männer allein im Wald	Komödie mit Helge Schneider, Otto Waalkes und Nina Hagen
3	Harry Potter und der Gefangene von Askaban	Fantasyfilm mit Daniel Radcliffe und Emma Watson

6.6 2005

In den letzten Jahren habe ich nicht viel über mein Privatleben berichtet, weil sich einfach nicht viel Berichtenswertes ereignete. Das änderte sich 2005. In diesem Jahr wurde meine Ehe für mich immer unerträglicher. Ende des Jahres teilte ich daher meiner Frau mit, dass ich die Absicht habe, mich von ihr scheiden zu lassen, und kündigte eine Trennung ab Januar 2006 an.

Physikbücher statt Spielsachen
Dr. Ulrich von Pidoll lernte als Vierjähriger Lesen – Selbstdisziplin ist ihm wichtig

BRAUNSCHWEIG. Wenn Dr. Ulrich von Pidoll (49) den Satz eines Pfarrers zitiert, dann macht er das nicht, weil er an Gott glaubt. Es ist die menschliche Seite, die ihn einnimmt: „Pfarrer haben ein gutes Gespür dafür, was für Menschen gut ist und was nicht."

Auch sich selbst sieht der Wissenschaftler als Wohltäter. Als jemand, der den Menschen einen Dienst erweisen will. Dabei geht er ganz pragmatisch vor, gibt sein Wissen lieber in einem Vortrag an 100 Menschen weiter als an einen – die Zeit ist für ihn damit nutzbringender angelegt.

Von Pidoll war vier Jahre alt, als ihm sein Großvater Lesen und Schreiben beibrachte. Für Spielsachen war kein Geld da. Die Mutter verdiente nicht viel, der Vater starb, als der Junge ein halbes Jahr alt war. Der Kleine war viel allein und nutzte die Zeit, um die alten Bücher seines Vaters zu lesen. Darunter auch eine Buchreihe zur Physik mit Titeln wie: „Du und die Wellen", oder „Du und die Elektrizität".

Der Grundstein für seine Karriere war gelegt. „Ich hatte immer einen Vorsprung, den musste ich nur halten." Das tat er, studierte physikalische Chemie, promovierte. Seit 1990 arbeitet er als Experte für elektrostatische Zündgefahren bei der PTB.

Für Müßiggang ist in seinem Leben kein Platz: Er sieht es als seine Pflicht an, etwas für die Menschen zu tun und sich nicht gehen zu lassen. Selbstdisziplin ist wichtig. „Ich kann mir nicht vorstellen, dass Leute es nicht schaffen, abzunehmen oder mit dem Rauchen aufzuhören."

Als er sein erstes Gehalt bekam, legte von Pidoll jeden Monat 1000 Mark zurück, als Grundstock für eine Firmengründung, die er damals in Erwägung zog. „Man findet jeden Monat Gründe, warum man das gerade nicht kann. Davon darf man sich nicht stören lassen."

Auch seine berufliche Rolle hat er klar definiert: „Ich möchte ganz vorne in der Welt mitschwimmen, an der vordersten Front der Wissenschaft."

Er müsse eigentlich selbst ein Institut führen, rieten ihm andere. Doch von Pidoll ist skeptisch: Er will lieber forschen als leiten. af/mhe

Ulrich von Pidoll.

Abb. 200: Braunschweiger Zeitung vom 24.3.2005

Doch nun zur Politik. Die *Agenda 2010* mit den *Hartz IV Gesetzen* kostete Bundeskanzler *Gerhard Schröder* Wählerstimmen und den Rückhalt in seiner Partei. Nach mehreren verlorenen Landtagswahlen kündigte deshalb SPD-Parteichef *Franz Müntefering* und kurze Zeit später auch *Gerhard Schröder* an, im Herbst 2005 eine vorgezogene Neuwahl des Bundestages zu veranlassen.

Im Gegensatz zu *Schröder* war seine Konkurrentin *Angela Merkel* in ihrer Partei unumstritten. Im Fernsehduell beider Kanzlerkandidaten am 4.9.2005 sagte *Merkel* „*Ich habe die CDU auf einen Modernisierungskurs gebracht*" (2:37 Min), und es gilt „*Vorfahrt für Arbeit, und das heißt, die Lohnzusatzkosten senken*" (5:50 Min). Merkel war gegen die Ökosteuer: „*Wir haben inzwischen mit die höchsten Benzinpreise in ganz Europa*" (6:25 Min) weil „*die Ökosteuer nicht die richtige ist*" (7:40 Min). Zu kompliziert sei die Steuererklärung, „*dann bleibt der Bierdeckel das ganz einfache Modell, das Ziel, das wir haben wollen*" (24:15 Min).

Abb. 201: Bundeskanzlerin Angela Merkel 2010 Armin Linnartz

Angela Merkel war gegen die Abschaltung der Kernkraftwerke: „Ich bin für einen breiten Energiemix, dazu gehören die erneuerbaren Energien,... dazu gehört Kohle, dazu gehört Erdgas, dazu gehört Erdöl und aus meiner Sicht, da wir in Deutschland die sichersten Kernkraftwerke der Welt haben, auch wissend, dass weltweit hier weiter gebaut wird, gehört dazu auch, dass wir die Kernkraftwerke, die wir haben,... laufen lassen, solange die sicherheitstechnischen Voraussetzungen gegeben sind. Alles andere ist Verschleuderung des Volksvermögens" (77:43 Min).

„Ich schaue sorgenvoll in die Zukunft, dass unsere Strompreise in Deutschland mit zu den Höchsten in Europa gehören, und ich habe gerade Maßnahmen genannt, von denen ich glaube, dass sie dazu führen würden, dass wir geringere Strompreise haben. ... Wenn ich Arbeitsplätze schaffen will, dann darf ich nicht die energieintensive Industrie aus Deutschland vertreiben" (78:38 Min).

Mit diesen Statements gewann *Angela Merkel* die Bundestagswahl 2005 und wurde am 22.11.2005 neue Bundeskanzlerin einer großen Koalition zwischen CDU/CSU und SPD. Im gleichen Jahr wurde *Joseph Ratzinger* als *Benedikt XVI* zum neuen Papst gewählt.

Abb. 202: Der Luisenplatz in Darmstadt, zeigt 2005 eine deutliche Veränderung gegenüber 1980 auf dem Titelbild Heidas

Die unerfreulichste Nachricht des Jahres war der *Hurrikan Katrina*, der große Schäden in New Orleans anrichtete. Kurz danach kam der *Hurrikan Rita*, der stärkste Hurrikan seit Beginn der Wetteraufzeichnungen, erneut in den Süden der USA.

Mein Lieblingssong in 2005 war *Nena* mit *Liebe ist*.

Tabelle 27: Beliebteste Singles, Alben und Filme in 2005 gemäß chartsurfer.de

Singles	Titel	Interpret/Bemerkung
1	Schnappi das kleine Krokodil	Schnappi
2	Lonely	Akon
3	First Day of my Life	Melanie C
Alben		
1	Von Hier an blind	Wir sind Helden
2	Noiz	Söhne Mannheims
3	X & Y	Coldplay
Kinofilme		
1	Harry Potter und der Feuerkelch	Fantasyfilm mit Daniel Radcliffe und Emma Watson
2	Madagascar	Animationsfilm
3	Star Wars III – Die Rache der Sith	Science-Fiction Film

6.7 2006

Am 6.1.2006 zog ich in den Partykeller meines Hauses, wusch von da an meine Wäsche selbst, kochte mein Essen und kaufte auch selbst für mich ein. Die Kassenbons hob ich auf. Mehrere Freunde besuchten mich im Partykeller und waren bereit vor Gericht auszusagen, dass ich tatsächlich von meiner Frau getrennt lebte.

Ich blühte richtig auf und zog mich nach meinem eigenen Geschmack besser als bisher an. Endlich fühlte ich mich wieder wie ein richtiger Mensch. Dann kam es am 22.9.2006 zu einem schicksalhaften Tag.

An diesem Tag war ich auf einer Sitzung des DKE K239 im Hotel Weierich in Bamberg. Nach dem Ende der Sitzung hatten wir noch etwas Zeit und bestellten eine Stadtführerin für eine Führung durch das historische Bamberg. Nach dieser Stadtführung wurde ich noch von vielen Kollegen umschwärmt, bevor ich vom Rosengarten zu Fuß Richtung Hotel Weierich ging, wo mein Gepäck aufbewahrt wurde.

Hundert Meter vor mir ging die Stadtführerin, die sich uns als *Françoise* vorgestellt hatte. In Höhe Domherrenhof blieb sie plötzlich stehen und ich traf auf sie. Wir kamen ins Gespräch und sie schlug mir vor, auf einen Kaffee ins *Café Bassanese* zu gehen. Diese Einladung nahm ich gerne an, da ich außer meiner Rückreise nichts vorhatte und der letzte Zug nach Braunschweig erst gegen 19:30 Uhr fuhr.

Im Café plauderten wir ausgiebig. Wir hatten im Bereich Geschichte große gemeinsame Interessen. Im Laufe dieses Gesprächs schüttete ich ihr auch mein Herz aus über meine gescheiterte Ehe und dass ich jetzt im Keller meines Hauses wohnte. Da fingen ihre Augen an zu leuchten und sie sagte die folgenden Worte, die ich nie vergessen werde: *„Ich hätte gerne ein Verhältnis mit Dir. Aber bevor ich ein Verhältnis mit Dir eingehe, musst Du mir ein Eheversprechen machen. Du wirst es nicht bereuen. Ich bin eine Vollblutfrau"*.

Ich war wie geschockt. Mein erster Gedanke war: Das ist eine Duplizität des Ereignisses von 1967 mit Monika. Diesmal sagst du nicht nein. Also antwortete ich: *„Bevor ich Dir ein Eheversprechen machen kann, möchte ich Dich noch näher kennenlernen"*. Sie strahlte mich an und zeigte mir daraufhin ihre Wohnung, stellte mich ihrer Tochter vor und schminkte sich anschließend. Da erkannte ich erst, dass sie eine wunderschöne Frau mit unglaublich dichtem Haar war, und habe mich gleich in sie verliebt.

Anschließend gingen wir zu *Françesco* am Michaelsberg Abendessen. Es war ein schöner Herbsttag, noch 24 °C. Danach brachte mich *Françoise* mit ihrem Auto zum Bahnhof. Zum Abschied küsste ich sie innig, und sie stellte ihre Augen auf volle Leuchtstärke und sagte *„Süß"*.

Abb: 203/204: Der Autor und seine zweite Frau Françoise 2006

Schon am nächsten Tag rief ich bei ihr an und fuhr wieder nach Bamberg. Wir liefen Hand in Hand hoch zur Altenburg. Anschließend aßen wir bei ihr zu Hause. *Françoise* Kochkünste waren exzellent. Später begleitete sie mich in mein Zimmer im *Hotel National*. Als ich erkannte, dass sie mein Zimmer nicht verlassen wollte, machte ich ihr ein Eheversprechen. Seitdem waren wir ein Paar.

Ich war noch gar nicht geschieden, da hatte ich schon die nächste Frau. Der Unterschied zwischen beiden Frauen war extrem. *Franzi* sagte zu mir: „*Du bist ein erfolgreicher Mann, und ich eine gutaussehende Frau. Wir sind ein wunderbares Pärchen. Ich liebe dich, mein Normannenkönig*" und ließ keinen Zweifel daran, dass sie unter allen Umständen zu mir halten würde. Damit begann ein völlig neuer Lebensabschnitt für mich, und schon bald hatte ich mein altes Leben vergessen.

Abb. 205: Die deutsche Delegation bei einer IEC TC31 Sitzung in Rio de Janeiro 2006

Da ich dienstlich viel auf Dienstreise war, spielte es in den nächsten Jahren keine Rolle, dass ich viele meiner Dienstreisen von meinem Zweitwohnsitz Bamberg antrat oder beendete.

Die unerfreulichste Nachricht des Jahres war die Erhöhung der Mehrwertsteuer von 16 % auf 19 % zum 1.1.2007 trotz gegenteiliger Wahlversprechen. Erfreulicher waren da die *olympischen Winterspiele 2006* in Turin. Deutschland war die erfolgreichste

Mannschaft mit 11 Goldmedaillen, davon 5 im Biathlon. Beim Eisschnelllauf waren *Claudia Pechstein* und *Anni Friesinger* für Deutschland erfolgreich.

2006 war mein Lieblingssong die *Texas Lightning* mit *No no never*.

Tabelle 28: Beliebteste Singles, Alben und Filme in 2006 gemäß chartsurfer.de

Singles	Titel	Interpret/Bemerkung
1	Love Generation	Bob Sinclar pres. Goleo VI etc.
2	No no never	Texas Lightning
3	Crazy	Gnarls Barkley
Alben		
1	Das große Leben	Rosenstolz
2	Piece by Piece	Katie Melua
3	Telegramm für X	Xavier Naidoo
Kinofilme		
1	Ice Age 2 – Jetzt taut's	Animationsfilm
2	Fluch der Karibik 2	Piratenfilm mit Johnny Depp
3	The Da Vinci Story - Sakrileg	Thriller mit Tom Hanks

6.8 2007

Anfang 2007 forderte ich meine erste Frau auf, mein Wohnhaus zu verlassen. Meine Tochter könne bei mir wohnen bleiben, wenn sie es wollte. Ferner bot ich ihr an, mich auf Basis der gesetzlichen Regelungen von ihr scheiden zu lassen, gerne mit nur einem gemeinsamen Anwalt. Das lehnte meine erste Frau jedoch ab.

Daraufhin begann ein Rosenkrieg, der zu Gunsten meiner ersten Frau verlief. So musste ich meiner Tochter ein vorzeitiges Erbe für ihr Studium auszahlen, obwohl die erforderliche Summe nicht vorhanden war. Das erforderte die Aufnahme eines Kredits. Daraufhin verblieben mir für eine lange Zeit von vier Jahren gerade einmal rund 400 € pro Monat zum Leben. Ich gab diese 400 € praktisch nur für Lebensmittel und sonst nichts aus.

Die erfreulichste Nachricht des Jahres war die vollständige Umstellung von ARD und ZDF auf 16:9 im Sommer 2007. Die unerfreulichste Nachricht des Jahres war die schrittweise Erhöhung des Renteneintrittalters von 65 auf 67 Jahre.

Mein Lieblingssong war in 2007 *Ein Stern der deinen Namen trägt* von *DJ Ötzi*.

Tabelle 29: Beliebteste Singles, Alben und Filme in 2007 gemäß chartsurfer.de

Singles	Titel	Interpret/Bemerkung
1	Ein Stern der Deinen Namen trägt	DJ Ötzi & Nik P.
2	Summer Wine	Ville Valo & Natalia Avelon
3	Don't stop the Music	Rihanna
Alben		
1	Loose	Nelly Furtado
2	12	Herbert Grönemeyer
3	Minutes to Midnight	Linkin Park

	Kinofilme	
1	Harry Potter und der Orden des Phönix	Fantasyfilm mit Daniel Radcliffe und Emma Watson
2	Keinohrhasen	Mit Til Schweiger und Barbara Rudnik
3	Ratatouille	Animationsfilm

6.9 2008

Das Jahr 2008 begann mit einem spektakulären Gerichtsgutachten von mir: Ein Videofilm zeigte einen Arbeiter von hinten, der vor einem geschlossenen Plastikfass stand und 8 Sekunden mit seinen bloßen Händen an dem geschlossenen Fass herumfummelte, das plötzlich explodierte und den Mann tötete. Das Problem war: Wie kann man in 8 Sekunden mit den bloßen Händen ohne an dem Fass zu reiben ein geschlossenes Plastikfass zur Explosion bringen?

Dank meiner Messgeräte war es mir möglich, den Unfall mit einem Vergleichsfass erfolgreich nachzustellen: Der Mann hatte die beiden Gefahrgutaufkleber von dem Fass abgezogen und dadurch eine elektrostatische Entladung ins Fassinnere ausgelöst, die eine durch undichte Sprühdosen erzeugte explosionsfähige Atmosphäre im Inneren zur Explosion brachte.

Abb. 206: Bild Saarland vom 9.4.2008

Die Verteidiger der Angeklagten forderten daraufhin Freispruch für ihre Mandanten: *„Da zahlreiche Sachverständige nicht erklären konnten, wie es zu dem Unfall kam, und es eines Dr. von Pidolls bedurfte, um den Unfall aufzuklären, war der Unfall für unsere Mandanten nicht vorhersehbar gewesen. Sie haben daher an dem Unfall keine Schuld."* Das Gericht schloss sich dieser Argumentation an.

Mitte des Jahres wurde ich endlich geschieden. Mir verblieb mein Haus, mein alter Mercedes C-Klasse, mein 58er Käfer, meine Privatgegenstände wie Familienbilder und Urkunden, mein Klavier, wenige wertlose Möbel und ein Haufen Schulden und Zahlungsverpflichtungen.

Vom Familiengericht ging es gleich per Flugzeug nach China, wo ich als „*Professor*"
einige Vorträge hielt. Nach dem Rückflug feierten *Franzi* und ich Verlobung und einige
Monate später Hochzeit im Bamberger Dom.

Abb: 207: Der Autor als Professor im Jiangnan College

Das wichtigste politische Ereignis des Jahres war die Wahl von *Barack Obama* als neuer Präsident der USA (2009-2017).

Die *Olympischen Sommerspiele 2008* fanden in Peking statt. Der mit Abstand erfolgreichste Sportler war wie bereits 2004 der US-Schwimmer *Michael Phelps*. Ein weiterer herausragender Sportler war *Usain Bolt* aus Jamaika, der den 100 m und den 200 m Lauf gewann. Besondere Leistungen deutscher Sportler sind mir nicht in Erinnerung geblieben.

Der größte technische Fortschritt war 2008, dass ab diesem Jahr zahlreiche Fernsehsendungen in HD aufgenommen wurden.

Abb. 208: Der Autor und seine zweite Frau Françoise als Hochzeitspaar in Bamberg

Das unerfreulichste Ereignis des Jahres war der Konkurs der amerikanischen *Lehman Brothers* Bank am 15.9.2008. Nachdem seit 1997 ein starker Anstieg der Immobilienpreise in den USA auftrat, waren die US-Banken bereit, Hausfinanzierungskredite an Personen mit immer schlechterer Bonität zu vergeben. Als dann 2006 viele dieser riskanten Kredite platzten und die Immobilienpreise daraufhin fielen, gerieten zahlreiche US-Banken in finanzielle Schwierigkeiten.

Nachdem die US-Regierung unter *George W. Bush* (2001-2009) drei große US-Banken mit Milliarden US-Dollar gerettet hatte, war man nicht bereit, Geld für die Rettung der *Lehman Brothers* Bank bereitzustellen. Da *Lehman Brothers* auch eine Filiale in Frankfurt besaß, welche zahlreiche *Lehman-Zertifikate* an andere deutsche Banken verkauft hatte, gerieten auch viele deutsche Banken in Schwierigkeiten. Damit waren einerseits die Spareinlagen aller Deutschen gefährdet, andererseits bestand auch die Gefahr, dass es zukünftig keine Käufer mehr für deutsche Staatsanleihen geben wird. Es kam daraufhin zu einer sehr teuren Bankenrettung durch die Bundesregierung mit einer staatlichen Beteiligung an einigen Banken.

> **"Wir lassen die Sparer nicht im Stich"**
>
> Kanzlerin Angela Merkel hatte sich bereits am Nachmittag persönlich in die Bemühungen zur Lösung der Finanzkrise eingeschaltet. Die Bundesregierung sei "fest entschlossen", durch die Schieflage der HRE nicht das ganze Finanzsystem in Gefahr geraten zu lassen, sagte die CDU-Politikerin. Die angekündigte Komplettgarantie für private Sparer deckt eine Summe von 568 Milliarden Euro ab. Es geht um alle Spargeldeinlagen, Termineinlagen und das Geld auf privaten Girokonten.

Abb. 209: Der Spiegel online vom 5.10.2008

2008 schwärmte ich erstmals wieder für ein deutsches Lied: *Andrea Berg* mit *Du hast mich tausendmal belogen*.

Tabelle 30: Beliebteste Singles, Alben und Filme in 2008 gemäß chartsurfer.de

Singles	**Titel**	**Interpret/Bemerkung**
1	This is the Life	Amy MacDonald
2	Bleeding Love	Leona Lewis
3	All summer long	Kid Rock
Alben		
1	Back to Black	Amy Winehouse
2	Vom selben Stern	Ich + Ich
3	Jazz ist anders	Die Ärzte
Kinofilme		
1	Madagascar 2	Animationsfilm
2	James Bond – Ein Quantum Trost	Actionfilm mit Daniel Craig
3	Mamma Mia!	Musical mit Meryl Streep und Pierce Brosnan

6.10 2009

Der 23.12.2009 war wieder so ein Schicksalstag für mich, aber noch mehr für meine Ehefrau. *Franzi* hatte die letzten Wochen vorher über Schmerzen an ihrem Brustbein geklagt, wenn sie mich an sich gedrückt hatte. Nach vielen Untersuchungen wurde endlich mittels Computertomografie eine Zyste entdeckt, die an diesem Tag im Bamberger Klinikum operiert werden sollte.

Doch groß war die Überraschung der Chirurgen, als sie den Brustkorb meiner Frau öffneten: Brustkrebs am Brustbein im fortgeschrittenen Stadium, inoperabel, unheilbar. Die Ärzte gaben meiner Frau noch zwei bis drei Jahre. Ich würde bald Witwer! Das war die schlimmste Weihnachtsbotschaft, die ich je erhalten habe!

2009 gab es jedoch auch schlimme Nachrichten in der Politik.

> Der 15. September 2008, an dem die Investmentbank Lehman Brothers unterging, markiert einen der großen schwarzen Tage in der Wirtschaftsgeschichte, vergleichbar mit dem Börsenkrach vom 24. Oktober 1929 oder dem Zusammenbruch der Wiener Credit-Anstalt am 11. Mai 1931, mit dem die letzte, katastrophale Phase der Wirtschaftskrise in Europa begann. In den dreieinhalb Monaten seither haben sich die Grundlinien der Wirtschaftspolitik mehr verändert als in den dreißig Jahren zuvor. Der Staat hat ein Ausmaß an Verantwortung übernommen, das bis zum Abend des 14. September unvorstellbar erschien. Die Regierungen haben sich Hunderte von Milliarden Dollar und Euro an Schulden aufgebürdet, weitere Milliarden werden dazukommen müssen, wenn der Absturz der Weltwirtschaft gestoppt werden soll. Niemand weiß heute, was dies auf lange Sicht für die Staatsfinanzen und den Geldwert bedeutet. Sicher ist nur: Eine Wiederholung der Weltwirtschaftskrise wäre so schlimm, dass im Vergleich dazu alles andere als erträglich erscheint.

Abb. 210: Süddeutsche Zeitung online vom 17.5.2009

Wer glaubte, es könnte nicht noch schlimmer kommen, wurde schon bald eines besseren belehrt. Im Oktober 2009 gab die neue griechische Regierung bekannt, dass die Staatsverschuldung Griechenlands höher als bisher angegeben war. Bereits im Folgejahr war Griechenland pleite und wurde von *Angela Merkel* ebenfalls gerettet.

Eine weitere schlechte Nachricht war am 1.1.2009 die Einführung einer Abgeltungssteuer von 25 % plus 5,5 % Solidaritätszuschlag plus 8-9 % Kirchensteuer in Form einer - bis auf einen Sparerpauschbetrag von 801 €/Person - von den Banken direkt abgezogenen Steuer auf alle Kapitalerträge, Dividenden, und Gewinne aus Wertpapiergeschäften. Damit waren jetzt alle Einnahmequellen einkommensteuerpflichtig.

2009 war mein Lieblingssong *Peggy March & Andreas Zaron* mit *When the rain begins to fall*.

Tabelle 31: Beliebteste Singles, Alben und Filme in 2009 gemäß chartsurfer.de

Singles	**Titel**	**Interpret/Bemerkung**
1	Poker Face	Lady Gaga
2	Stadt	Cassandra Steen & Adel Tawil
3	Jungle Drum	Emiliana Torrini
Alben		
1	Stadtaffe	Peter Fox
2	The Fame	Lady Gaga
3	King of Pop – German Edition	Michael Jackson
Kinofilme		
1	Avatar	Science-Fiction Film
2	Ice Age 3 – Die Dinosaurier sind los	Animationsfilm
3	Harry Potter und der Halbblutprinz	Fantasyfilm mit Daniel Radcliffe und Emma Watson

7. Die 2010er Jahre

In den 2010er Jahren waren Heimcomputer, Internet, eMail, Smartphone, Flachbildschirm und Spieleboxen in praktisch jedem Haushalt vorhanden, und MP3 und Blue Ray Player lösten CD- und DVD Player ab. In den Firmen setzte man immer mehr auf das digitale Büro mit Computerzeichnungen und pdf-Dateien statt umfangreichen Papierablagen. Das digitale Zeitalter hatte begonnen.

Politisch waren die 2010er Jahre geprägt durch das Aufkommen eines linken Hypermoralismus in Deutschland. Ausgelöst durch die Politik von Bundeskanzlerin *Angela Merkel*, welche mit deutschen Steuergeldern von einer Rettungsaktion zur nächsten hastete, fühlten sich andere Staaten hinsichtlich ihrer Haushaltsführung, ihrer Migrations- und ihrer Klimapolitik von den Deutschen moralisch belehrt. Es kam dadurch zu Rissen innerhalb der EU, und als erstes Land verließ Großbritannien die EU.

All das, was die Gründungsväter der EU als Sicherheit in die EU-Verträge eingebaut hatten, wurde gebrochen: Seit der Eurokrise 2008 die *Maastricht-Kriterien* (Beschränkung der Verschuldungsmöglichkeit von EU Staaten), seit dem 3.5.2010 die *No-Bailout Klausel* (keine Haftung für die Schulden anderer Staaten), seit dem 25.8.2015 das *Dublin-Abkommen* (für einreisende Personen ist das EU-Land zuständig, das sie zuerst betreten), aber auch die *Target2* Vereinbarung (hieraus resultieren nicht bezahlte 1000 Milliarden Euro an Deutschland im Rahmen des europäischen Zahlungsverkehrs). Die EZB, gemäß Gesetz ausschließlich für Preisstabilität verantwortlich, hat seit 9.5.2010 die EU mit Geld geflutet und Staatsanleihen klammer EU-Staaten gekauft, obwohl die EZB per Vertrag keine Staatsfinanzierung tätigen darf.

7.1 2010

Nach der fatalen Nachricht zu Weihnachten letzten Jahres verlebten *Franzi* und ich eine schöne erste Jahreshälfte. Im Sommer fuhren wir gemeinsam mit dem Zug nach Budapest, wo ich an einer Sitzung teilnahm. Schmerzen hatte sie da nur ganz wenige, und man merkte ihr ihre schwere Krankheit überhaupt nicht an.

Das Drama begann jedoch, als sie am 15.7.2010 ihre erste Chemo bekam und noch in der Nacht als Notfall in die Intensivabteilung verlegt werden musste. Hiervon hatte sie sich nicht mehr erholt. Ich wurde daraufhin von der PTB für ihre Pflege in Bamberg mit Heimarbeit freigestellt.

Drei Monate später war *Franzi* tot. Ich war so geschockt, dass ich daraufhin eine Kur antrat. Hierdurch konnte ich 2011 mit frischen Kräften meine Arbeit in Braunschweig wieder antreten.

Nun zu den politischen Ereignissen des Jahres. Am 28.10.2010 machte *Angela Merkel* ihr Versprechen wahr, den rot/grünen Atomausstieg von 2000 wieder rückgängig zu machen. Ältere Atomkraftwerke durften 8 Jahre länger am Netz bleiben, neuere 14 Jahre. Somit würde das letzte Atomkraftwerk in Deutschland nicht 2021, sondern 2036 abgeschaltet.

Umseitig: Abb. 211: Braunschweiger Zeitung vom 27.4.2010, Seite 19

Wissen aus Braunschweig Ulrich von Pidoll

Nach Tankstellenbränden im europäischen Ausland, nach dem Brand auf der Ölplattform „Deep Horizon" im mexikanischen Golf ist der PTB-Wissenschaftler Ulrich von Pidoll wieder einmal als Ursachenforscher gefragt. Pidoll ist Experte für leicht explosive Gemische.

Funken, die zum Inferno führen

Serie von Tankstellenbränden im europäischen Ausland schreckt Physikalisch-Technische Bundesanstalt auf

Von Harald Duin

Nicht immer liefert die Wissenschaft spektakuläre Bilder. Das Fotomaterial, das Ulrich von Pidoll uns schickte, ist da schon heißer – Aufnahmen von simulierten Tankstellenbränden für die Sendung „Bitte nicht nachmachen" des WDR. Hintergrund: In seltenen Fällen können sich beim Tanken Benzindämpfe entzünden. Wer dann in Panik das noch laufende Zapfventil aus der Tanköffnung reißt, setzt mit großer Wahrscheinlichkeit das eigene Auto, die Tankstelle und umstehende Personen in Brand.

Was kümmert die PTB-Wissenschaftler, die Weltmeister des stillen Messens, solche Brände? Sie muss sich dafür interessieren, hat sie doch als Bundesbehörde den Auftrag, Menschen vor Bränden und Explosionen zu schützen.

Die Kraftstoffdämpfe können beim Tanken insbesondere durch elektrostatische Entladungen entzündet werden. Diese kennen alle von der Reibungselektrizität her. Wer über einen Teppichboden läuft, kann mit ca. 30 000 Volt aufgeladen werden. Die Folgen der Entladung sind harmlos. Nur ein kleiner Schreck. Dasselbe Phänomen kann aber an Tankstellen, Gasanlagen und in Kohlebergwerken zu Bränden und Explosionen führen.

Elektrostatische Entladungen sind, wie Ulrich von Pidoll sagt, auf vielfältige Weise möglich. Zum Beispiel durch Reibung der Kleidung auf dem Autositz, durch unfachmännische Reparaturen am Tankeinfüllstutzen oder durch die Montage von No-Name-Reifen, welche die internationalen Anforderungen hinsichtlich elektrischer Leitfähigkeit nicht immer erfüllen.

Entsteht auf diese Weise eine Flamme beim Betanken, ist das noch kein großes Problem, wenn möglichst bald der Treibstoffzufluss manuell gestoppt wird oder sich das Zapfventil bei gefülltem Tank von alleine ausschaltet. Die Flamme wird dann in der Regel von allein wieder verlöschen, ohne dass ein Schaden am Lack oder Tanksystem entsteht.

Kommt es beim Tanken zur Entzündung von Kraftstoffdämpfen am Tankstutzen, sollte niemals das noch laufende Zapfventil aus dem Tankstutzen gezogen werden. Foto: Physikalisch-Technische Bundesanstalt

Von Pidoll: „Mutige dürfen auch pusten." Richtig gefährlich wird es erst dann, wenn der Mensch aus Angst vor einer Explosion das noch laufende Zapfventil herauszieht. Die Folge ist ein wahres Flammeninferno in seiner Umgebung.

In Deutschland ist seit Monaten kein Tankstellenbrand passiert. Dafür sechs im nahen Ausland. In jedem Fall wollte der PTB-Mann genau wissen: Wie konnte das passieren? Tote gab es glücklicherweise nicht.

„Die PTB rät dringend davon ab, Diesel mit Ottokraftstoff zu mischen."
Dr. Ulrich von Pidoll,
AG Physikalische Zündvorgänge

Es ist ja noch sehr die Frage, ob der Fahrer bei ersten züngelnden Flammen am Tankstutzen völlig rational reagieren kann. Vielleicht hat er zu viele Hollywood-Filme gesehen, in denen Autos effektvoll explodieren. Manchmal laufen in diesen Filmen die Protagonisten, die ja noch für den Fortlauf der Handlung gebraucht werden, rechtzeitig weg, was von Pidoll nicht für die schlechteste Lösung hält. Es gibt halt diese Angst, dass auch der Tankinhalt explodieren könnte. Aber ein Rückschlag der Flammen in das Tankinnere ist nach Aussage des Physikers nahezu unmöglich.

Wer einen „Diesel" fährt, muss sich weniger Sorgen machen. Dieselkraftstoffe lassen sich durch elektrostatische Entladungen nicht entzünden. Die PTB rät aber dringend davon ab, Diesel –wie früher oft empfohlen — mit Ottokraftstoff zu mischen. „In diesem Fall entsteht eine explosive Mischung im Tank."

Ein explosives Gas- und Luftgemisch muss auch auf der Ölplattform „Deep Horizon" geherrscht haben. Nicht ausgeschlossen, dass Ulrich von Pidoll bei dieser Katastrophe als Experte hinzugezogen wird.

ZUR PERSON

Ulrich von Pidoll
Geboren: 1956 in Köln.
Beruf: Seit 1990 bei der PTB, Abteilung Physikalische Zündvorgänge. International gefragter Experte und Gutachter.
Hobbys: Familienkunde (die Pidolls stammen aus einem uralten lothringischen Geschlecht) und VW-Käfer. Autor der Bücher „VW-Käfer. Ein Auto schreibt Geschichte" und „Vom Käfer zum New Beetle".

Christian Wulff wurde als Wunschkandidat von *Angela Merkel* zum neuen Bundespräsident gewählt (2010-2012).

Doch nun zu den unerfreulichen Nachrichten des Jahres.

Das sich mit geschönten Zahlen in die Euro-Zone gelogene Griechenland ist pleite. Bundeskanzlerin Angela Merkel schlägt daher vor, Griechenland durch deutsche Bürgschaften für griechische Schulden zu retten. Über 22,4 Milliarden Euro für die Pleite-Griechen muss der Bundestag ab heute abstimmen. Es geht um UNSER Steuergeld. Und es geht um den Euro. „Europa steht am Scheideweg", das ist die Kernaussage in Merkels Regierungserklärung. Energisch und eindringlich verteidigt Merkel die Griechenland-Hilfe. Deutschland müsse unbedingt mitziehen, anders sei die Krise nicht zu stoppen.

„Das Gesetz ist von enormer Tragweite für Deutschland und für Europa. Es geht um die Stabilität des Euro", warnt die Kanzlerin. „Es geht um die Zukunft Europas." „Für diese Kredite bürgt in letzter Konsequenz der Steuerzahler, also wir alle", so Merkel. ABER: „Die beschlossenen Hilfen sind alternativlos", so Merkel. „Alle Voraussetzungen sind erfüllt."

Abb. 212: Bild Zeitung vom 3.5.2010

Da die Griechenlandkrise in der Folge zu einer Euro-Währungskrise führte, wurde noch im gleichen Monat ein Hilfsfond über 750 Milliarden € aufgelegt.

Von einer "existenziellen Bewährungsprobe für Europa" hat Bundeskanzlerin Dr. Angela Merkel (CDU) am Mittwoch, 19. Mai 2010, im Bundestag gesprochen. In ihrer Regierungserklärung zu Maßnahmen zur Stabilisierung des Euro sagte Merkel: "Scheitert der Euro, dann scheitert Europa." Die geplanten Maßnahmen bezeichnete sie als "alternativlos". Um die Stabilität des Euro zu gewährleisten, solle ein Schutzschirm für notleidende Euro-Länder im Umfang von bis zu 750 Milliarden Euro gespannt werden. Deutschland solle sich an diesem Schutzschirm mit bis zu 123 Milliarden Euro beteiligen. Bei "unvorhergesehenem und unabweisbaren Bedarf" solle der Betrag - mit Einwilligung des Haushaltsausschusses - um 20 Prozent überschritten werden können, wie es in dem von den Koalitionsfraktionen vorgelegten Gesetzentwurf zur "Übernahme von Gewährleistungen im Rahmen eines europäischen Stabilisierungsmechanismus" heißt.

Abb. 213: Protokoll des Deutschen Bundestags vom 19.5.2010

Doch trotz dieser kostspieligen Maßnahmen waren damit die Probleme leider noch nicht gelöst...

Das Jahr 2010 war geprägt durch eine intensive Diskussion über die Zuwanderung außereuropäischer Migranten und deren schlechte Integration in Deutschland. Bundeskanzlerin *Angela Merkel* und *Horst Seehofer* sprachen von einer deutschen Leitkultur, welche die Zuwanderer annehmen müssten. Hierzu gehöre insbesondere die deutsche Sprache.

Integration

Seehofer und Merkel befeuern Leitkultur-Debatte

"Multikulti ist tot": Im Streit um Integration hat CSU-Chef Horst Seehofer mit drastischer Wortwahl nachgelegt. Auch Angela Merkel drängt Zuwanderer zu mehr Integrationsbereitschaft. Wer das christliche Menschenbild nicht akzeptiere, sagte die Kanzlerin, sei "fehl am Platze" in Deutschland.

15.10.2010, 22.43 Uhr

Seehofer betonte bei seiner Rede, einen "Rechtsdrall" der Union strebe er keineswegs an. Er wolle vielmehr "die rechten Spinner verhindern". Man müsse die politischen Verführer von den Parlamenten fernhalten, indem man auf die Sorgen der Bürger eingehe.

Der bayerische Ministerpräsident erklärte, wer in Deutschland leben wolle, der müsse auch bereit sein, die Alltagskultur zu akzeptieren. Außerdem müsse man beim Kampf gegen den Fachkräftemangel zunächst auf die Qualifizierung der Arbeitslosen setzen, bevor man Personal aus dem Ausland rekrutiere. Für hochqualifizierte Fachkräfte gebe es bereits eine Sonderregelung, die sich in der Praxis gut bewährt habe. Auf keinen Fall dürfte Deutschland aber "zum Sozialamt für die ganze Welt werden", so Seehofer.

Bundeskanzlerin Angela Merkel zeigt sich moderater - aber auch sie hat die in Deutschland lebenden Ausländer aufgefordert, sich besser in die Gesellschaft zu integrieren. Die Bereitschaft dazu sei bei Menschen aus Einwandererfamilien dringend nötig, sagte Merkel am Freitagabend bei einer CDU-Regionalkonferenz in Berlin. "Die Voraussetzung für die Integration ist, dass man die Sprache hier spricht."

Abb. 214: Der Spiegel online vom 15.10.2010

Die Explosion der Bohrinsel *Deepwater Horizon* im Golf von Mexiko am 20.4.2010 wurde zur schlimmsten Ölkatastrophe in der Geschichte der USA. Aber auch in Deutschland gab es eine schwere Katastrophe: Am 24.7.2010 starben bei einem Gedränge im Zugangsbereich der *Loveparade* in Duisburg 21 Menschen, und mehr als 500 wurden verletzt.

Erfreulich war hingegen, dass seit 12.2.2010 ARD und ZDF hochauflösendes Fernsehen in HD 720p sendeten. Private Fernsehsender sendeten zum Teil bereits seit 2005 in der noch höheren Auflösung HD 1080i.

Bei den *olympischen Winterspielen 2010* in Vancouver gewann *Maria Riesch* die Goldmedaille in der *Super-Kombination* und *Felix Loch* Gold im *Rennrodeln*. Wie bereits 2002 gewann die *Skispringen* auf der Normalschanze und der Großschanze der Schweizer *Simon Ammann*.

Abb. 215: Lena Meyer-Landrut gewann den ESC 2010 Vincent Hasselgård

Ein Höhepunkt des Jahres war sicherlich der Gewinn des *European Song Contests 2010* durch die deutsche Sängerin *Lena Meyer-Landrut* mit *Satellite*. Endlich mal ein *ESC Sieger*, der es auf einen vorderen Platz bei den meistverkauften deutschen

Platten des Jahres geschafft hat! Dennoch gefiel mir 2010 *Andrea Berg* mit *Du kannst noch nicht mal richtig lügen* besser.

Tabelle 32: Beliebteste Singles, Alben und Filme in 2010 gemäß chartsurfer.de

Singles	Titel	Interpret/Bemerkung
1	Geboren um zu leben	Unheilig
2	Over the rainbow	Israel Kamakawiwo'ole
3	Waka Waka	Shakira feat. Freshlyground
Alben		
1	Große Freiheit	Unheilig
2	The Fame	Lady Gaga
3	My Cassette Player	Lena
Kinofilme		
1	Harry Potter und die Heiligtümer des Todes 1	Fantasyfilm mit Daniel Radcliffe und Emma Watson
2	Rapunzel – Neu verföhnt	Computeranimationsfilm
3	Eclipse – Biss zum Abendrot	Fantasyfilm

7.2 2011

Im Jahr 2011 hat es das Schicksal wieder einmal gut mit mir gemeint: Am 15.4.2011 lernte ich *Ulla* kennen und wir verabredeten uns zum Essen. Sie war gutaussehend, sehr unterhaltsam und wir hatten eine außergewöhnliche Übereinstimmung in unserer Lebenseinstellung. Und auch in geschmacklichen Dingen. Das erkannte ich sofort, als ich zum ersten Mal ihre Wohnung betrat. Auch war sie, wie ich, sehr ordentlich.

Ich war vom ersten Moment an in sie verliebt, denn sie war einfach meine Traumfrau. Am Vatertag gingen wir eng umschlungen am *Ölper See* spazieren, und eine Gruppe junger Leute rief uns zu „*Machen Sie ihr einen Heiratsantrag*". Den habe ich ihr dann auch im nächsten Jahr gemacht, und sie hat ihn angenommen.

Nun zur Politik: Nach dem Nuklearunfall im Kernkraftwerk *Fukushima* in Japan am 11.3.2011 als Folge eines Tsunamis entschloss sich *Angela Merkel*, ihren letztes Jahr vorgenommenen Ausstieg aus dem Atomausstieg zu revidieren. Am 6.6.2011 beschloss daher der Bundestag, dass nun doch alle Kernkraftwerke in Deutschland bis 2022 abgeschaltet werden müssen und nahm hiermit seinen Beschluss vom 28.10.2010 wieder zurück.

Die Griechenlandkrise war immer noch nicht gelöst, und deshalb wurde am 29.6.2011 ein weiteres Rettungspaket für Griechenland genehmigt.

Mein Lieblingslied war 2011 *Geboren um zu leben* von *Unheilig*.

Tabelle 33: Beliebteste Singles, Alben und Filme in 2011 gemäß chartsurfer.de

Singles	Titel	Interpret/Bemerkung
1	Rolling in the Deep	Adele
2	On the Floor	Jennifer Lopez feat. Pitbull
3	Still	Jupiter Jones

Alben		
1	21	Adele
2	MTV Unplugged	Udo Lindenberg
3	Schiffsverkehr	Herbert Grönemeyer
Kinofilme		
1	Harry Potter und die Heiligtümer des Todes 2	Fantasyfilm mit Daniel Radcliffe und Emma Watson
2	Pirates of the Caribbean – Fremde Gezeiten	Piratenfilm mit Johnny Depp
3	Kokowääh	Komödie mit Til Schweiger

7.3 2012

Meine experimentelle Testmethode hatte den Nachteil, dass bei den provozierten Entladungen eine statistische Streuung der gemessenen Werte auftritt in dem Sinne, dass wenn man z.B. 58 nC als maximal gemessene übertragene Ladung erhält und der zulässige Grenzwert bei 60 nC liegt, nicht sicher sein kann, dass eine andere Prüfstelle nicht 61 nC misst.

Um diesen Mangel zu beseitigen, entwickelte ich 2012 eine neue Methode mit exakt reproduzierbaren Messwerten, die eine sichere Vorhersage der elektrostatischen Aufladbarkeit von Materialien ohne die bisher notwendigen Aufladetests ermöglicht. Die neue Methode bestand im Messen des Oberflächenwiderstands des Prüfobjektes bei 10.000 V statt bisher 500 V. Denn bei dieser höheren Messspannung bricht bei genau den Stoffen der Oberflächenwiderstand auf die bereits früher zulässigen Werte zusammen, deren antistatische Eigenschaft bisher nur durch Aufladetests festgestellt werden konnte. Auch diese Methode wurde schon bald in Normen übernommen.

Nun zu den politischen Nachrichten des Jahres. Nachdem Bundespräsident *Christian Wulff* von der Presse plausibel Vorteilsnahme und Bestechlichkeit vorgeworfen wurde, trat er zurück und wurde durch *Joachim Gauck* (2012-17) ersetzt.

Bereits 2008 waren die analogen Satelliten Radio- und Fernsehsender abgeschaltet worden. 2012 begann man dann mit der Abschaltung der analogen terrestrischen Radio- und Fernsehsender. Die freiwerdenden Fernsehfrequenzen wurden für neue digitale HD-TV Kanäle genutzt. Die Abschaltung der deutschen Sender war am 31.12.2015 abgeschlossen. Die ebenfalls geplante Abschaltung der UKW-Radiosender zugunsten von DAB+ wurde jedoch bisher nicht vorgenommen.

Die *olympischen Sommerspiele 2012* fanden in *London* statt. Dabei gab es einen tragischen Unfall: Im Finaldurchgang des Gewichthebens im Superschwergewicht verließen *Matthias Steiner*, der Olympiasieger von 2008, beim Reißen von 196 kg die Kräfte und er stürzte, wobei er von der Hantelstange im Genick getroffen wurde. Glücklicherweise blieb der Unfall ohne schlimme Folgen. Höhepunkte der Olympiade waren die 100 m und 200 m Läufe, die der Jamaikaner *Usain Bolt* wie schon 2008 gewann.

2012 war mein Lieblingssong *Phänomen* von *Helene Fischer*.

Tabelle 34: Beliebteste Singles, Alben und Filme in 2012 gemäß chartsurfer.de

Singles	Titel	Interpret/Bemerkung
1	Tage wie diese	Die Toten Hosen
2	Ma chérie	DJ Antoine feat. The Best Shakers
3	Ai se eu te pego	Michel Teló
Alben		
1	Lichter der Stadt	Unheilig
2	Balast der Republik	Die Toten Hosen
3	21	Adele
Kinofilme		
1	Ziemlich beste Freunde	Französischer Spielfilm
2	James Bond - Skyfall	Actionfilm mit Daniel Craig
3	Ice Age 4 – Voll verschoben	Animationsfilm

7.4   2013

2013 erhielt ich den *Helmut Krämer Award*, den höchsten internationalen Preis auf dem Gebiet der Elektrostatik, eine weitere *Helmholtz Prämie* und eine Prämie der PTB sowie 2016 den *IEC 1906 Award*, jeweils für mein Lebenswerk hinsichtlich internationaler Standards. Die wichtigsten, unter meiner Federführung entstandenen Regelwerke sind:

• CENELEC TR 50404:2003 "Code of practice for the avoidance of hazards due to static electricity",

• IEC/TS 60079-32-1:2013 "Explosive atmospheres, Part 32 Electrostatics, Part 1 Guidance",

• IEC 60079-32-2:2015 "Explosive atmospheres, Part 32 Electrostatics, Part 2 Tests".

Abb. 216: Der Autor mit Ehefrau Ulla bei seiner Hochzeit 2013

Hohe Auszeichnung für Braunschweiger Wissenschaftler der PTB

Am 18.4.2013 fand um 20:00 Uhr im Festsaal der ungarischen Akademie der Wissenschaften in Budapest die Verleihung des *Helmut Krämer Awards* durch Vertreter der EFCE (*European Federation on Chemical Engineering, www.static-electricity.eu*) statt. Dieser Preis, der alle vier Jahre verliehen wird und als der höchste internationale Preis auf dem Fachgebiet *Elektrostatik* gilt, ging dieses Jahr an Dr. Ulrich von Pidoll von der PTB in Braunschweig.

Bild 1: Preisübergabe durch Prof. István Berta von der TU Budapest (links) an Dr. Ulrich von Pidoll (rechts).

Isolierende Kunststoffe können leicht durch Reibung elektrostatisch aufgeladen werden und dürfen deshalb normalerweise in Bereichen, in denen mit explosionsfähiger Atmosphäre gerechnet werden muss, nicht eingesetzt werden. Um dem zunehmenden Wunsch nach Verwendung von Kunststoffen für diesen Einsatz zu entsprechen, hat Dr. von Pidoll bereits vor einigen Jahren eine Testmethode entwickelt, mit der Kunststoffteile auf ihre Einsatzfähigkeit

Umseitig: *Abb. 217: Manuskript des PTB Jahresberichts 2013*

Kurze Zeit später habe ich meine *Ulla* geheiratet. Es wurde eine sehr schöne Feier mit vielen Gästen.

Als Geburtstagsgeschenk gönnte ich mir dieses Jahr etwas ganz Besonderes: einen alten *Mercedes 170S*. Hierzu musste ich leider 2016 meinen 58er *Käfer* verkaufen. Eine der ersten Touren ging zur Erstbesitzerin in die Schweiz, die den Wagen dort 37 Jahre lang gefahren hatte.

Abb. 218: Der Mercedes 170S des Autors mit Erstbesitzerin und Ulla in der Schweiz

Das politische Ereignis des Jahres war nach wie vor die Eurokrise, die kein Ende zu nehmen schien. Als Folge hiervon wurde am 6.2.2013 die *AfD* gegründet, die sich gegen das Zusammenhalten der EU durch immer mehr Geld einsetzte.

Der Skandal des Jahres waren die Aussagen von *Edward Snowdon* am 6.-9.6.2013, dass die Geheimdienste von USA und England deutsche Telefongespräche, auch das Handy der Bundeskanzlerin, deutsche Politiker und das Internet verdachtsunabhängig überwachten. Hierzu hätte der deutsche Nachrichtendienst BND Daten von dem deutschen Internetknoten an die amerikanische NSA weitergeleitet. Doch schon am 16.8.2013 erklärte Innenminister *Friedrich* die Affäre für beendet.

Das sportliche Ereignis des Jahres lieferte am 27.10.2013 *Sebastian Vettel*, der zum vierten Mal hintereinander die Formel-1-Weltmeisterschaft gewann.

2013 war mein Lieblingssong *Applaus, Applaus* von den *Sportfreunden Stiller*.

Tabelle 35: Beliebteste Singles, Alben und Filme in 2013 gemäß chartsurfer.de

Singles	Titel	Interpret/Bemerkung
1	Sonnentanz	Klangkarussell
2	Scream & Shout	Will.I.Am feat. Britney Spears
3	Let her go	Passenger
Alben		
1	Mit den Gezeiten	Santiano
2	Farbenspiel	Helene Fischer
3	Atlantis	Andrea Berg
Kinofilme		
1	Fack Ju Göhte	Mit Katja Riemann und Uschi Glas
2	Der Hobbit: Smaugs Einöde	Fantasyfilm
3	Die Eiskönigin – Völlig unverfroren	Computeranimationsfilm

7.5 2014

Die Jahre 2014 und 2015 waren geprägt durch private Bauarbeiten für meine Mutter und mich, die meine Frau und mich vollständig in Anspruch nahmen.

Dienstlich wurde ich immer mehr mit dem Problem konfrontiert, bei Verfahren in geschlossenen Behältern irgendwo auftretende zündwirksame elektrostatische Entladungen nachzuweisen. Mit meinen bisher verwendeten Messgeräten war dies nicht möglich, da man ja nicht weiß, wo genau die Entladung auftritt.

Aus meiner Radiobastelzeit wusste ich noch, dass bei Gewitterblitzen im Radio ein Krachen auf Mittelwelle zu hören war. Somit erzeugen elektrische Entladungen mit Antennen detektierbare Signale. Das brachte mich auf die Idee, in den geschlossenen Behältern eine Ringantenne zu verlegen und dieses Signal zur Detektion auf ein Oszilloskop zu geben.

Hierbei muss das Oszilloskop durch einen elektrischen Startimpuls gestartet werden. Um auch bei kleinen Entladungen eine Auslösung des Oszilloskops sicherzustellen, schaltete ich eine besonders empfindliche Antenne auf Kanal 1 zum Auslösen, und eine ein besonders sauberes Signal liefernde zweite Antenne zum Auswerten auf Kanal 2 des Oszilloskops. Damit war das Problem gelöst.

Am 1.1.2014 wurde die *Dublin-III-Verordnung* wirksam. Danach ist derjenige Staat verpflichtet, das Asylverfahren eines Asylbewerbers durchzuführen, in dem die asylsuchende Person zum ersten Mal die EU betritt. Ergibt diese Prüfung, dass ein anderer Dublin-Staat für den Asylantrag zuständig ist, so muss dieser Staat die asylsuchende Person übernehmen.

Um die immer höher verschuldeten Südstaaten der EU zu retten, senkte die EZB den Leitzins auf praktisch 0 %, sodass sich alle verschuldeten Staaten von der Zinslast ihrer Schulden entlasten konnten. Dies führte allerdings zu einer Zinskrise für den privaten Sparer.

> Niedrige Zinsen treiben Millionen Deutsche in den Anlagenotstand. Sparbücher, Staatsanleihen und Lebensversicherungen lohnen sich nicht mehr. Das Handelsblatt erwartet langfristig nicht mehr als 0,10 % Zins bei allen Banken.

Abb. 219: Das Handelsblatt online vom 8.7.2014

Unterdessen warben deutsche Politiker und ein Video des *Bundesamts für Migration und Flüchtlinge* für mehr Zuwanderung nach Deutschland.

> Bundespräsident Joachim Gauck hat vor indischen Schülern für die Zuwanderung nach Deutschland geworben. "*Wir haben Platz in Deutschland*", sagte er am Samstag in Bangalore. Die deutsche Bevölkerung werde immer kleiner, weil viele Familien nur noch ein Kind oder gar keinen Nachwuchs hätten. "*Deshalb warten wir auch auf Menschen aus anderen Teilen der Welt, die bei uns leben und arbeiten wollen. Darauf freuen wir uns schon.*"

Abb. 220: Die Welt online vom 8.2.2014

2014 gab es wieder einmal *olympische Winterspiele*, diesmal in Sotschi am Schwarzen Meer. In Erinnerung geblieben sind mir die Goldmedaille von *Maria Höfl-Riesch* in der *Super-Kombination* und ihre Silbermedaille im *Super-G*. *Viktoria Rebensburg* wurde Dritte in der *Super-Kombination*. *Felix Loch* gewann die Goldmedaille im *Rennrodeln*.

Mein Lieblingslied war 2014 *Helene Fischer* mit *Atemlos*.

Tabelle 36: Beliebteste Singles, Alben und Filme in 2014 gemäß chartsurfer.de

Singles	Titel	Interpret/Bemerkung
1	Atemlos	Helene Fischer
2	I see Fire	Ed Sheeran
3	Happy	Pharrell Williams
Alben		
1	Farbenspiel	Helene Fischer
2	Sing meinen Song	Various Artists
3	Wenn das so ist	Peter Maffay
Kinofilme		
1	Honig im Kopf	Mit Til Schweiger, Dieter Hallervorden und Udo Lindenberg
2	Der Hobbit: Die Schlacht der fünf Heere	Fantasyfilm
3	Die Tribute von Panem – Mockingjay 1	Science Fiction Film

7.6 2015

Das Ereignis des Jahres war die Flüchtlingskrise im Herbst 2015. Sie wurde bereits 2014 ausgelöst durch gravierende Kürzungen bei den Flüchtlingsrationen in den Flüchtlingslagern im arabischen Raum als Folge nicht eingehaltener Finanzzusagen der unterstützenden Staaten in Kombination mit international verbreiteten Videos des

Bundesamts für Migration und Flüchtlinge BAMF und deutschen Politikern, in denen diese Flüchtlinge in Deutschland willkommen hießen. Seit 2014 waren deshalb zahlreiche Flüchtlinge über das Mittelmeer nach Lampedusa (Italien) gelangt, welche größtenteils unregistriert Richtung Norden weiterreisten.

Ebenso gelangten Flüchtlinge über das Mittelmeer nach Lesbos (Griechenland). Mitte Juni erklärte das an Griechenland angrenzende Mazedonien, ankommende Flüchtlinge mittels eines Drei Tage Visums für jedermann nach Ungarn durchreisen zu lassen. Am 25.8.2015 twitterte das *Bundesamt für Migration und Flüchtlinge*: „Dublin Verfahren syrischer Flüchtlinge werden zum gegenwärtigen Zeitpunkt von uns weitgehend faktisch nicht weiter verfolgt".

Flüchtlinge

Deutschland setzt Dublin-Verfahren für Syrer aus

Flüchtlinge aus Syrien dürfen künftig in Deutschland bleiben. Sie werden nicht mehr in den EU-Staat zurückgeschickt, in dem sie zuerst registriert wurden.

25. August 2015, 17:24 Uhr / Quelle: ZEIT ONLINE, AFP, dpa, KNA, Reuters, stü / 201 Kommentare /

Abb. 221: Die Zeit online vom 25.8.2015

Diese Twitternachricht verbreitet sich in Windeseile unter den Flüchtlingen, besagte sie doch, wer unkontrolliert aus Ungarn kommt, den schickt Deutschland nicht zurück. Dies führte dazu, dass im August 2015 zahlreiche Flüchtlinge aus Griechenland mit dem Visum von Mazedonien in Ungarn ankamen und am Bahnhof Budapest Keleti pu in einen der nach München fahrenden ECs einsteigen wollten.

> Der lange Weg nach Westen endet nicht in Budapest. 40 österreichische Sonderzüge sind jetzt im Einsatz, um über 10.000 Kriegsflüchtlinge nach Deutschland zu bringen. Tags darauf werden 70 Flüchtlinge tot in einem LKW entdeckt. Diese Horrormeldung beherrscht das Wochenende. Am Montag zeigt die Kanzlerin tiefes Mitgefühl. Sie sagt, Deutschland werde allen hier ankommenden Kriegsflüchtlingen Asyl gewähren: *„Wir haben so vieles geschafft. Wir schaffen das!"*

Abb. 222: ZDF, Berlin direkt, 6.9.2015

WILLKOMMEN IN DEUTSCHLAND!

Tausende Flüchtlinge erreichen München

05.09.2015 - 17:45 Uhr

München – Menschen weinen vor Freude. Sie winken. Frauen und Kinder wirken erschöpft. Sie haben es endlich geschafft: Die Flüchtlinge haben München erreicht!

Bayern hat am Samstag (5. September) die bisher wohl größte Zahl von Flüchtlingen registriert, die über Ungarn und Österreich nach Deutschland einreisen. Am Mittag traf der erste Sonderzug mit etwa 250 Asylbewerbern ein.

Abb. 223: Bild online vom 5.9.2015

Ankunft tausender Flüchtling

Deutschland sagt: Refugees welcome!

Von wegen Dunkel-Deutschland: Seit gestern die ersten Züge mit Flüchtlingen aus Ungarn in Deutschland eingetroffen sind, schwappt den Menschen eine riesige Welle der Solidarität entgegen. Egal ob München, Dortmund, Hamburg oder Frankfurt: Die Bahnhöfe quellen über vor Sachspenden – und jeder Menge Herzenswärme.

Abb. 224: Der Stern online vom 6.9.2015

Als es um den Vorwurf geht, Merkel habe mit politischen Signalen dazu beigetragen, die Zahl der Flüchtlinge noch zu steigern, wird die Kanzlerin zugleich grundsätzlich und emotional. Die Sache sei "*aus dem Ruder geraten*", hat am Sonntag sogar ihr Innenminister Thomas de Maizière (CDU) eingestanden. Anders als er geht Merkel keinen Schritt zurück, auch die vorübergehende Wiedereinführung der Grenzkontrollen im Dienst der Sicherheit ist für sie kein Bruch mit der großen Linie der Offenheit. "*Wenn wir jetzt anfangen, uns noch entschuldigen zu müssen, dafür, dass wir in Notsituationen ein freundliches Gesicht zeigen, dann ist das nicht mein Land*", erklärt sie. In anderen Worten: Für die CDU-Chefin geht es um alles. "*Ich sage wieder und wieder, wir können das schaffen, und wir schaffen das*", meint sie.

Abb. 225: Der Tagesspiegel online vom 15.9.2015

Merkel ruiniert Europa. Als Merkel ankündigte, alle Flüchtlinge in Deutschland willkommen zu heißen, schob sie einfach die Bestimmungen des Dublin-Vertrags beiseite, auf dessen Verabschiedung gerade Deutschland gedrungen hatte. Noch deutlicher wurde Merkels Selbstherrlichkeit in der Griechenland-Krise, die sie selbst ausgelöst hatte, weil sie 2009 zur Rettung der griechischen Geldgeber – deutsche und französische Banken – den Maastricht-Vertrag außer Kraft setzen ließ, in dem eine No-Bailout- Klausel festgeschrieben ist. Legal – illegal – scheißegal. Ich bin Merkel, ich darf das. In der Folge wurden statt der deutschen Banken die deutschen Steuerzahler zu Griechenlands Gläubigern. Dadurch wurde Griechenlands Staatsinsolvenz von einer wirtschaftlichen zu einer politischen Krise, bei der deutsche Wähler gegen griechische standen und in der hier die euroskeptische AfD, dort die linksnationale Syriza aufsteigen konnten.

Abb. 226: Die Welt online vom 16.9.2015

Die Sogwirkung der deutschen Flüchtlingspolitik ist groß in Westafrika. In Mali wirkt die Willkommenskultur sogar bei denen, die bisher gar nicht weg wollten. "*Crise migratoire*" oder "*milliers de migrants*" – an diesem von Deutschland knapp 5000 Kilometer entfernten Ort hat die Flüchtlingskrise einen anderen, fast Hoffnung verheißenden Klang. Als Vizekanzler Sigmar Gabriel dann noch am Busbahnhof von Bamako auf der Mattscheibe erscheint, schaut wirklich jeder hin. „Allemagne pourrait avoir à accueillir jusqu'à un million d'immigrants" – eine Million Flüchtlinge seien dieses Jahr in Deutschland willkommen, sagt er da in sinngemäßer und galant klingender Übersetzung. Ein Raunen geht durch die Menge, als sich die Zahl in den Köpfen der malischen Zuschauer und Zuhörer festsetzt. Es wird geflüstert: "*Jetzt muss man losziehen.*"

Abb. 227: N24 online vom 14.10.2015

Die Flüchtlingspolitik der Bundesregierung hatte Deutschland in eine flüchtlingsfreundliche und eine flüchtlingsfeindliche Hälfte gespalten. Als Folge davon gingen viele Freundschaften und Familien in die Brüche, und der Ton zwischen Regierung und Volk wurde härter.

> **SPD-Chef spricht Klartext**
>
> ## Gabriel attackiert Fremdenhasser: „Pack, das eingesperrt werden muss"
>
> Am Wochenende kam es vor einer Notunterkunft für Flüchtlinge im sächsischen Heidenau zu Krawallen. Rechtsradikale Gruppen warfen mit Flaschen und Feuerwerkskörpern. Nun meldet sich SPD-Chef Sigmar Gabriel zu Wort: Er hat eine klare Meinung zu den Hetzern.
>
> Ausschreitungen im sächsischen Heidenau: Schon wieder haben Asylgegner mit Gewalt auf Flüchtlinge reagiert. Am Wochenende randalierten rechtsradikale Gruppen in der Stadt, in der bis zu 600 Menschen in einem Flüchtlingsheim untergebracht werden sollen.
>
> Vize-Kanzler Sigmar Gabriel platzte angesichts solcher Bilder der Kragen. Dem Fernsehsender N24 sagte er: „Das ist wirklich Pack und Mob, und was man da machen muss, man muss sie einsperren." Weiterhin sagte der SPD-Chef: „Diese Leute haben mit dem Land Deutschland, wie wir es wollen, nichts zu tun." „Im Grunde hat jeder Flüchtling, der hier herkommt, mehr mit diesem Land zu tun als diese Leute, die das Land missbrauchen, Menschen aufhetzen, zu Gewalt und Mord und Totschlag auffordern."

Abb. 228: Der Focus online vom 24.8.2015

Neben der Flüchtlingskrise gab es jedoch noch weitere wichtige Ereignisse im Jahre 2015. So gab es am 7.1.2015 einen Anschlag von Islamisten mit 12 Toten auf die Redaktion der französischen Zeitschrift *Charlie Hebdo*, da diese eine dänische Mohammed-Karikatur nachgedruckt hatte. Am 13.11.2015 kam es zu fünf weiteren islamistischen Anschlägen in Paris und seiner Vorstadt Saint Denis mit 130 Toten. Die Anschläge erfolgten im Fußballstadion *Stade de France*, im *Bataclan-Theater* sowie in Cafés und Restaurants.

Am 24.3.2015 zerschellte der Airbus des *Germanwings-Flugs 9525* von Barcelona nach Düsseldorf an den französischen Westalpen. Alle 150 Insassen kamen dabei ums Leben. Der Abschlussbericht der französischen Untersuchungsbehörde für Flugunfälle BEA stellte fest, dass der Kopilot den Absturz der Maschine in einer bewussten und geplanten Handlung herbeigeführt hatte, um Selbstmord zu begehen.

Am 20.9.2015 räumte *Volkswagen* bei einigen Dieselmotoren die Existenz von Vorrichtungen ein, welche einen Testmodus auf einem Prüfstand erkennen und in diesem Betriebszustand den Schadstoffausstoß verringern, damit gesetzliche Anforderungen erfüllt werden.

Am 12.12.2015 wurde auf der *UN-Klimakonferenz* in Paris beschlossen, die menschengemachte globale Erwärmung auf deutlich unter 2 Grad gegenüber den vorindustriellen Temperaturwerten zu begrenzen.

2015 war mein Lieblingslied immer noch *Atemlos* von *Helene Fischer*.

Tabelle 37: Beliebteste Singles, Alben und Filme in 2015 gemäß chartsurfer.de

Singles	Titel	Interpret/Bemerkung
1	Astronaut	Sido feat. Andreas Bourani
2	Ain't nobody	Felix Jahn feat. Jasmine Thompson
3	Sugar	Robin Schulz feat. Francesco Yates
Alben		
1	Muttersprache	Sarah Connor
2	Farbenspiel	Helene Fischer
3	Sing meinen Song Volume 2	Various Artists
Kinofilme		
1	Star Wars: Das Erwachen der Macht	Science Fiction Film
2	Fack Ju Göhte 2	Mit Katja Riemann und Uschi Glas
3	James Bond - Spectre	Actionfilm mit Daniel Craig

7.7 2016

2016 erhielt ich einen weiteren Preis für mein Lebenswerk hinsichtlich internationaler Standards: den *IEC 1906 Award*, der mir im Rahmen einer Feier beim VDE/DKE am 30.10.2016 in Frankfurt überreicht wurde.

Abb. 229: Überreichung des IEC 1906 Awards an den Autor am 30.10.2016

Seit dem 1.1.2016 ist die Mittelwelle in Deutschland, Frankreich und Luxemburg abgeschaltet. Erstmals seit 83 Jahren blieb mein Volksempfänger tagsüber stumm. Abends sind jedoch noch zahlreiche Sender aus dem ferneren Ausland zu empfangen.

Das unerfreulichste Ereignis des Jahres fand schon in der Neujahrsnacht statt: Es kam am Kölner Hauptbahnhof zu zahlreichen sexuellen Übergriffen und vollendeten Vergewaltigungen mit 1210 Strafanzeigen. Von den 290 verdächtigen Männern der etwa 1000 Anwesenden wiesen sich 265 als aus dem afrikanisch-arabischen Raum stammend aus, davon 122 als Asylbewerber und 52 als Illegale. Die Straftaten wurden anfangs von Polizei und Fernsehen vertuscht und wurden erst am 4.1. (ARD) bzw. 5.1. (ZDF) im Fernsehen berichtet.

> **Polizei NRW K**
> @PolizeiKoeln   **Folgen**
>
> #polizei #köln #leverkusen Ausgelassene Stimmung - Feiern weitgehend friedlich - Infos unter bit.ly/16pol-k002
>
> 11:45 - 1 Jan 2016

Abb. 230: Twittermeldung der Polizei Köln am 1.1.2016 Polizei NRW (Inhalt und Polizei-Logo) / Twitter (Layout und Twitter-Logo)

Noch am 5.1.2016 behauptete Kölns Oberbürgermeisterin *Henriette Rekers* auf einer Pressekonferenz, es gäbe keine Hinweise, dass es sich bei den Tätern um Flüchtlinge handele und dass entsprechende Vermutungen *„absolut unzulässig"* wären. Der Polizeipräsident von Köln bestätigte in der gleichen Pressekonferenz, dass es keine Erkenntnisse über die Täter gebe und dass der Tweet vom 1.1.2016 falsch gewesen war.

Gemäß Wikipedia wurden inzwischen die meisten Verfahren gegen die 290 Verdächtigen eingestellt. In vielen Fällen waren die Täter untergetaucht. Sechs Täter erhielten wegen sexueller Nötigung Bewährungsstrafen, ein Täter wegen räuberischem Diebstahl 1 Jahr und 10 Monate Haft. Eine Frau wurde schwanger.

Auch in Hamburg (245 Anzeigen), Bielefeld (5 Anzeigen), Stuttgart (4 Anzeigen), Frankfurt (3 Anzeigen) und Nürnberg (4 Anzeigen) kam es in der Silvesternacht zu sexuellen Übergriffen nordafrikanischer Tätergruppen auf Frauen. Gemäß Wikipedia kam es in keinem Fall zu einer Verurteilung eines Täters.

Ross Douthat von der *New-York Times* warnte daraufhin am 9.1.2016 vor den Konsequenzen einer unkontrollierten Masseneinwanderung junger Männer und forderte den Rücktritt von Bundeskanzlerin *Angela Merkel*, damit ihr Land keinen zu hohen Preis für ihren edelmütigen Irrsinn (*„high-minded folly"*) zahlen müsse.

Merkels Handstreich, das geltende EU-Recht einfach außer Kraft zu setzen und lieber freie Regeln ihrer Moral gelten zu lassen, hat eine Kettenreaktion ausgelöst. Erst wurden Grenzregeln außer Kraft gesetzt, dann wurde das Aufenthalts- und Asylrecht massenhaft gebrochen, zigtausendfach galt hernach auch in Alltagssituation kein „normales" Recht mehr. Bei Übergriffen auf Christen, Jesiden und Frauen in Flüchtlingsheimen sah die Staatsgewalt lieber weg. Wenn Fernzüge von Flüchtlingen per Notbremse angehalten wurden, gab es keine Strafverfolgungen, überall im Land kam es zu Hausfriedensbruch, Landfriedensbruch, Widerstand gegen Vollstreckungsbeamte, Verstoß gegen das Aufenthaltsrecht, Diebstahl, Körperverletzung und Beleidigung – doch der Rechtsstaat tauchte lieber ab.

Die Folgen sind verheerend. Das CDU-Präsidiumsmitglied Jens Spahn warnt mittlerweile im Ton der Verzweiflung: „Wir erleben in vielen Bereichen eine Art Staatsversagen". Seine Analyse: *„Die Grenze kann nicht gesichert, Recht nicht durchgesetzt, Tausende von Asylanträgen nicht bearbeitet werden."* Und weiter: *„Keine Gesellschaft erträgt es, wenn nicht definiert ist, wer unter welchen Bedingungen ein Teil von ihr werden kann. Deutschland als komplexe moderne Gesellschaft mit den höchsten Sozialleistungen der Welt kann nicht funktionieren, wenn sich quasi jeder durch Betreten des Staatsgebietes selbst Sozialleistungen zuweisen kann."*

Die Migrationspolitik hat uns mittlerweile in ein Stadium der Auflösung des Rechts gebracht. Die staatlichen Behörden wissen im wahrsten Sinne des Wortes nicht mehr, wer unsere Grenzen überschreitet. Immer mehr Menschen erleben täglich, dass im Umgang mit Migranten Sonderrechte gelten und dass mit zweierlei Maß gemessen wird. Wenn nach den unerträglichen Massenübergriffen auf Frauen die Kölner Oberbürgermeisterin ernsthaft empfiehlt, Frauen sollte *„auf Armlänge Distanz"* zu Männern gehen, dann ist das eine Bankrotterklärung des Staates.

Abb. 231: Das Handelsblatt online vom 8.1.2016

Die Stimmung der Deutschen beim Thema Flüchtlinge hat sich verändert. Eine Mehrheit fürchtet nun, dass Deutschland die große Zahl der Flüchtlinge nicht verkraften kann. Das zeigt das aktuelle ZDF-Politbarometer. Mittlerweile ist eine Mehrheit auch unzufrieden mit der Flüchtlingspolitik der Bundeskanzlerin.

Abb. 232: ZDF, Heute, vom 16.1.2016

Heiko Maas: *„Das gesellschaftliche Klima mache es nötig, dass die „Schweigende Mehrheit" endlich hinter den Gardinen hervortritt und Haltung gegen rassistisch motivierte* (verbale) *Gewalt zeigt. Gruppenbezogene Menschenfeindlichkeit ist keine Meinung, sondern asozial und kriminell. Dagegen anzukämpfen ist Aufgabe der "gesamten Zivilgesellschaft"".*

Abb. 233: Bundesjustizminister Heiko Maas in ARD, Anne Will, vom 5.6.2016

> Briten stimmen für EU-Austritt: 51,9 Prozent für den Brexit. ... Ungarns Ministerpräsident Viktor Orban hält die Flüchtlingskrise für den entscheidenden Faktor beim Votum der Briten für einen Austritt aus der Europäischen Union. Die Briten seien mit der EU-Flüchtlingspolitik unzufrieden. Sie hätten eine Antwort auf die Frage gesucht, wie man die "*moderne Völkerwanderung*" aufhalten und wie sie "*ihre Insel erhalten*" könnten, sagte der rechtspopulistische Politiker in einem Interview des ungarischen Staatsrundfunks.

Abb. 234: Der Focus online vom 24.6.2016

> Berlin wird von einer seit vielen Jahren nicht dagewesenen linken Gewaltwelle durchgeschüttelt. Man könnte dies als Herausforderungen verbuchen, wie sie die Republik schon viele überstanden hat. Doch etwas ist neu: Die linken Extremisten werden im Namen des „Kampfes gegen Rechts" nicht nur mit Samthandschuhen angefasst, sie erhalten sogar nicht selten mehr oder minder direkt staatliche Förderung. Und noch etwas ist anders, nämlich das Verhalten weiter Teile des Bürgertums. Seit Jahrzehnten standen die Bürger der Bundesrepublik fast einhellig an der Seite ihres Staates. Diese Einhelligkeit aber hat tiefe Risse erlitten, die ihr insbesondere von der politischen Elite zugefügt wurden. Folge: Mehr Bürger denn je wenden sich ab. Die Kaskade an Rechtsbrüchen bei der Euro- und Asylpolitik, die Bürgerenteignung per Zins ebenso wie die Hetztiraden von Politikern gegen besorgte „Wutbürger" haben hier eine verheerende Wirkung gezeigt.

Abb. 235: Preußische Allgemeine online vom 13.7.2016

Die schlechtesten Nachrichten des Jahres waren die zahlreichen Anschläge in Deutschland, oft mit „*Allahu akbar*" Rufen, von Tätern, welche mit dem *Islamischen Staat IS* sympathisieren:

27.2.16: Im Hauptbahnhof von Hannover greift eine 15jährige, Mitglied des IS, mit einem Messer einen Polizisten an und verletzt ihn schwer.

16.4.16: In Essen zünden zwei Mitglieder des IS eine Bombe am Sikh Tempel, 3 Verletzte.

14.7.16: Der IS bekennt sich zu einem LKW-Anschlag in Nizza mit 86 Toten und 434 Verletzten.

18.7.16: In einem Regionalzug bei Würzburg greift ein minderjähriger Flüchtling „Allahu akbar" rufend mit einer Axt Fahrgäste an und wird erschossen. 5 Schwerverletzte.

24.7.16: Bei einem Musikfestival in Ansbach zündet auf Anordnung des IS ein Syrer eine Rucksackbombe. 1 Toter, 4 Schwer-, 11 Leichtverletzte.

26.11.16: Ein für den IS gebauter Sprengsatz von einem 12 jährigen Jungen explodiert Gott-sei-Dank auf dem Weihnachtsmarkt von Ludwigshafen nicht.

5.12.16: Desgleichen auf dem Rathausplatz von Ludwigshafen.

19.12.16: Der islamistische Terrorist Anis Amri fährt mit einem schweren LKW auf den Berliner Weihnachtsmarkt. 11 Tote, 55 Verletzte.

Die diesjährigen *Olympischen Sommerspiele* fanden in Rio de Janeiro statt. Es gab nur wenige herausragende Sportler. Hierzu gehörten *Laura Ludwig* und *Kira Walkenhoerst* mit ihrer Goldmedaille im Beach-Volleyball sowie *Fabian Hambüchen* mir seiner Goldmedaille am Reck.

2016 und die Folgejahre gab es keine Lieblingslieder des Jahres mehr für mich.

Tabelle 38: Beliebteste Singles, Alben und Filme in 2016 gemäß chartsurfer.de

Singles	Titel	Interpret/Bemerkung
1	Human	Rag'n'Bone Man
2	Faded	Alan Walker
3	Don't be so shy	Imany
Alben		
1	Stärker als die Zeit	Udo Lindenberg
2	Soungtrack Mädchen gegen Jungs	Soundtrack
3	Seelenbeben	Andrea Berg
Kinofilme		
1	Rogue One – A Star Wars Story	Science Fiction Film
2	Findet Dorie	Animationsfilm
3	Zoomania – Ganz schön ausgefuchst	Computeranimationsfilm

7.8 2017

Als Höhepunkt meines Berufslebens war ich 2017 General Chairman der *Electrostatics* Konferenz in Frankfurt, die ich selbst organisierte, leitete und hierbei auch erfolgreich mehrere Vorträge von erkrankten Rednern selbst hielt.

In der Politik gab es 2017 drei personelle Veränderungen: Nach dem Rücktritt von *Sigmar Gabriel* wurde *Martin Schulz* neuer Kanzlerkandidat und Parteivorsitzender der SPD. *Frank-Walter Steinmeier* wurde Bundespräsident (seit 2017) und *Donald Trump* Präsident der USA (seit 2017). Die Terroranschläge des vergangenen Jahres führten zu zahlreichen Sicherheitsmaßnahmen, z.B. Betonpfosten und Betonpoller, um die Bürger vor weiteren Anschlägen zu schützen.

Das herausragende politische Ereignis des Jahres war die Öffnung der Ehe durch die Einführung einer „*Ehe für alle*", d.h. einer Eheschließung unabhängig vom Geschlecht der Partner, die zum 1.10.2017 wirksam wurde. Zur Begründung dieses eigentlich gegen das Grundgesetz verstoßenden Gesetzes erklärte Bundesjustizminister *Heiko Maas* Anfang Juli 2017: „*Wir sehen einen Wandel des traditionellen Eheverständnisses, der angesichts der Gestaltungsfreiheit des Gesetzgebers die Einführung der Ehe für alle verfassungsrechtlich zulässt.*"

Nach der Flüchtlingskrise waren die Umfrageergebnisse für *Angela Merkel* und ihre CDU stark gefallen und unterschritten im Februar 2017, d.h. zu dem Zeitpunkt, als die

Kanzlerkandidatur von *Martin Schulz* bekannt wurde, sogar die der SPD. Nach mehreren öffentlichen Auftritten von *Schulz* und seinem Eintreten für gemeinsame europäische Schulden („Eurobonds") und Flüchtlinge sank jedoch dessen Beliebtheit, und im Fernsehduell mit *Merkel* am 3.9.2017 wirkte er nicht wie ein Herausforderer, sondern eher wie ein Bewunderer von *Frau Merkel*.

Nach diesem Auftritt wurde bei der Bundestagswahl am 24.9.2017 die CDU unter *Angela Merkel* die deutlich stärkste Partei, doch lehnte *Schulz* eine große Koalition aus CDU/CSU/SPD ab. Wegen der großen Stimmengewinne der AfD reichte es diesmal aber nicht mehr für eine CDU/CSU/FDP-Koalition. Der Versuch von *Angela Merkel*, eine CDU/CSU/FDP/Grüne Koalition zu bilden, scheiterte jedoch an der FDP. Nach Aufforderung durch Bundespräsident *Steinmeier* gab es daraufhin Sondierungsgespräche für eine erneute Große Koalition, die erfolgreich waren: *Angela Merkel* wurde nach fast einem halben Jahr am 14.3.2018 erneut zur Bundeskanzlerin gewählt.

Derweil blieben die aktuellen Probleme ungelöst, und als Folge davon kam es zu Beschimpfungen und Beleidigungen von Volk und Regierung, vor allem in den sozialen Medien und bei Auftritten von Politikern. Daraufhin wurde am 1.10.2017 das *Netzwerkdurchsetzungsgesetz*, das von Netzwerkanbietern die Löschung von rechtswidrigen Inhalten (z.B. Hasskommentare) und die Herausgabe der Stammdaten der betreffenden Person verlangt, in Kraft gesetzt.

> Die geschäftsführende Bundesregierung lässt es an Beschwichtigung und Schönreden der aktuellen Probleme nicht fehlen, wohl aber an beruhigenden Taten. Damit facht sie Zorn, Angst und Protest erst recht an. Die AfD ist nicht Ursache, sondern Resultat einer Politik, die ihr Versagen billigend in Kauf nimmt, ja sogar zuschaut, wie Normen und Regeln gebrochen werden. Die Kanzlerin, gestern noch als mächtigste Frau der Welt gefeiert und bewundert, lässt das Geschehen gewissermaßen mit verschränkten Armen vor sich ablaufen, als sei sie Zuschauerin und nicht die verantwortliche Bundeskanzlerin. In Deutschland steigt die Angst auf, dass niemand mehr die bestimmenden Ereignisse vorauszusehen, zu lenken und anzuhalten weiß, obwohl es derzeit nie dagewesene gesellschaftliche, kulturelle und soziale Umbrüche gibt. Die deutsche Politik bestraft die Deutschen gewissermaßen mit ihrem Wegschauen hinsichtlich der aktuellen Probleme und betreibt Rassismus gegen das eigene Volk, indem sie den ankommenden Flüchtlingen mehr Rechte als den eigenen Bürgern einräumt. ... Mit welchem Recht wurde den Deutschen ihre bisherigen Lebensumstände genommen und wie können diese wiederhergestellt werden? Beide Fragen werden derzeit nicht beantwortet und sogar vorsätzlich verhindert. ... Auf der dahintreibenden „MS Deutschland" ist das Donnern der kommenden Stromschnellen für jeden Bürger laut hörbar.

Abb. 236: Die Welt online vom 25.1.2018

Tabelle 39: Beliebteste Singles, Alben und Filme in 2017 gemäß chartsurfer.de

Singles	Titel	Interpret/Bemerkung
1	Despacito	Luis Fonsi feat. Daddy Yankee
2	Shape of You	Ed Sheeran
3	Thunder	Imagine Dragons
Alben		
1	Helene Fischer	Helene Fischer
2	÷	Ed Sheeran
3	We got love	The Kelly Family
Kinofilme		
1	Fack Ju Göhte 3	Mit Katja Riemann und Uschi Glas
2	Ich – Einfach unverbesserlich 3	Computeranimierte Filmkomödie
3	Fifty Shades of Grey	Erotikfilm

7.9 2018

2018 merkte ich, dass meine Kräfte krankheitsbedingt nachließen. Nach mehreren hundert Dienstreisen, 13 Fachbüchern/Reporten und 123 wissenschaftlichen Publikationen wurde ich daher Ende 2018 pensioniert.

Politisch gesehen blieb 2018 die Beschimpfung von Gegnern der Flüchtlingspolitik von *Angela Merkel* durch deutsche Politiker und umgekehrt bestehen.

> **Niedersachsens Ministerpräsident**
>
> # Weil: „Deutschland hat ein Rassismus-Problem"
>
> Deutschland | 06. August 2018 | JF | 💬 32 Kommentare
>
> HANNOVER. Deutschland hat laut dem niedersächsischen Ministerpräsident Stephan Weil (SPD) ein Rassismus-Problem. Die Mehrheitsgesellschaft dürfe das „nicht länger ignorieren oder verharmlosen", forderte er im Gespräch mit dem *Tagesspiegel*. Als Beleg führte der Politiker die MeTwo-Debatte auf der Kurznachrichtenplattform Twitter an.

Abb. 237: Junge Freiheit online vom 6.8.2018

Die gegenseitigen Beschimpfungen erreichten ihren ersten Höhepunkt, als es am Rande des Chemnitzer Stadtfestes am 26.8.2018 zu einer Messerstecherei mit einem Toten und zwei Schwerverletzten durch mindestens einen Asylbewerber kam.

Der schwarze Sonntag von Chemnitz: Messerstecherei, Hetzjagd, Kontrollverlust

Auf eine Messerstecherei mit einem Toten folgt in Chemnitz eine rechtsextreme Demonstration, bei der die Polizei völlig überfordert ist. Die deutsche Regierung wendet sich gegen jeden Versuch von «Selbstjustiz». Am Montagabend kommt es bei Demonstrationen zu weiteren Verletzten.

Benedict Neff, Berlin / dpa / afp 28.08.2018, 08.30 Uhr

Am frühen Sonntagmorgen ist es in der ostdeutschen Stadt Chemnitz zu einer Messerstecherei gekommen. Ein Deutscher erlag seinen Verletzungen im Spital, zwei weitere Männer wurden zum Teil schwer verletzt. Noch am selben Tag rief die Gruppierung «Kaotic Chemnitz» zu einer Demonstration durch die Innenstadt auf – «Lasst uns zusammen zeigen, wer in der Stadt das Sagen hat!», so der Aufruf der rechtsextremen Fussballhooligans auf Facebook. 800 Menschen, darunter viele Jugendliche, aber auch Familien mit Kindern, zogen durch die Stadt. Aus der Menge wurden Parolen wie «Ausländer raus», «Wir sind das Volk» und «Das ist unsere Stadt» gerufen. Die Polizei war anfangs nur mit zwei Einsatzzügen vor Ort und mit der Situation völlig überfordert. Ihre Versuche, mit den Demonstranten zu reden oder ihnen den Weg abzuschneiden, scheiterten. Sie wurden überrannt und mit Flaschen beworfen.

Augenzeugen berichten, dass Menschen mit ausländischem Aussehen von Demonstranten gezielt attackiert wurden. Videos im Internet dokumentieren zum Teil die Szenen. Bei der Polizei gingen bisher vier Anzeigen ein, zwei wegen Körperverletzung, eine Anzeige wegen Bedrohung sowie eine Anzeige wegen Widerstandes gegen Vollstreckungsbeamte.

Am Sonntagabend gab die Polizei über die Herkunft der mutmasslichen Täter der Messerstecherei noch keine Auskunft. Am Montag hat die Staatsanwaltschaft dann Haftbefehle gegen zwei Tatverdächtige wegen gemeinschaftlichen Totschlags beantragt. Es handelt sich um einen 23-jährigen Syrer und einen 22-jährigen Iraker. Sie seien «dringend verdächtigt», «ohne rechtfertigenden Grund» mehrfach auf den 35-jährigen Deutschen eingestochen zu haben, wie die Behörde mitteilt.

Abb. 238: Neue Zürcher Zeitung online vom 28.8.2018

Bundeskanzlerin *Angela Merkel* berichtete daraufhin über die Vorgänge im Fernsehen: „*Wir haben Videoaufnahmen darüber, dass es Hetzjagden gab, dass es Zusammenrottungen gab, dass es Hass auf der Straße gab, und das hat mit unserem Rechtsstaat nichts zu tun.*"

Der Präsident des Bundesamts für Verfassungsschutzes *Hans Georg Maaßen* widersprach *Merkel* in der *Bild-Zeitung*: „*Die Skepsis gegenüber den Medienberichten zu rechtsextremistischen Hetzjagden in Chemnitz werden von mir geteilt. Es liegen dem Verfassungsschutz keine belastbaren Informationen darüber vor, dass solche Hetzjagden stattgefunden haben*", und wurde für diese Illoyalität in den einstweiligen Ruhestand versetzt, obwohl ihm *Horst Seehofer*, aber auch Sachsens Ministerpräsident *Michael Kretschmer* zustimmte: „*Es gab keinen Mob, keine Hetzjagd und keine Pogrome*".

Bereits wenige Tage später gab es den nächsten toten Deutschen durch einen Flüchtling:

> **NACH SCHLÄGEREI IN KÖTHEN (SACHSEN-ANHALT)**
>
> **Deutscher (22) starb an Herzversagen**
>
> **Zwei Flüchtlinge festgenommen +++ Einer der Tatverdächtigen sollte abgeschoben werden**

Abb. 239: Bild online vom 9.9.2018

Immer mehr Bürger in Deutschland waren danach mit der Politik der Bundeskanzlerin nicht mehr zufrieden. Als Folge davon ging die Landtagswahl in Hessen für die CDU verloren. Daraufhin erklärte *Angela Merkel* am 29.10.2018, alle ihre politischen Ämter niederzulegen und lediglich als Kanzlerin noch bis 2021 zur Verfügung zu stehen. Als Nachfolgerin schlug sie die in der Öffentlichkeit bislang wenig bekannte *Annegret Kramp-Karrenbauer* vor, die dann auch am 7.12.2018 als Parteivorsitzende der CDU gewählt wurde.

Ein weiteres wichtiges Thema in 2018 war die Luftverschmutzung in den deutschen Städten. Die *Deutsche Umwelthilfe DUH* erzwang gegen die Länder Baden Württemberg (27.2.2018) und Berlin (9.10.2018) gerichtlich ein Fahrverbot für ältere Dieselfahrzeuge für Stuttgart und Berlin. Die Stadt Wiesbaden kam mit einem 49 Punkte Plan um ein *Dieselfahrverbot* herum.

Das Jahr 2018 war geprägt durch eine monatelange extrem heiße und trockene Wetterperiode. Dies führte zu einer zunehmenden Sympathie für die Grünen, die sich gegen den Klimawandel einsetzen.

Tabelle 40: Beliebteste Singles, Alben und Filme in 2018 gemäß chartsurfer.de

Singles	Titel	Interpret/Bemerkung
1	In my Mind	Dynoro & Gigi D'Agustino
2	One Kiss	Calvin Harris & Dua Lipa
3	500 PS	Bonez MC & RAF Camora
Alben		
1	Helene Fischer	Helene Fischer
2	÷	Ed Sheeran
3	Kopf aus – Herz an	Eloy de Jong
Kinofilme		
1	Phantastische Tierwesen	Fantasyfilm
2	Bohemian Rhapsody	Biografie von Freddy Mercury
3	Der Junge muss an die frische Luft	Biografie von Hape Kerkeling

Die *olympischen Winterspiele 2018* fanden in *Pyeongchang* statt. Besonders in Erinnerung geblieben sind mir *Laura Dahlmeier* (2 Goldmedaillen im Biathlon), *Eric Frenzel* (2 Goldmedaillen in der Nordischen Kombination) und *Tobias Arlt* (2 Goldmedaillen im Rennrodeln).

7.10 2019

Als Pensionär kümmere ich mich jetzt mehr um meine Hobbies Klavierspielen, Musik hören, alte Filme anschauen oder Ausflüge mit meinem Mercedes 170S. Häufig fliege ich in den Wintermonaten nach Teneriffa, da die Wärme meiner Gesundheit gut tut. Ferner durfte ich 2019 das führende Elektrostatiklehrbuch von *Günter und Sylvia Lüttgens* (Wiley Verlag, 2020) mit meinen Kenntnissen als Co-Autor aktualisieren.

Im Februar 2019 wurde ein Videoclip bekannt, auf welchem der Kasseler Regierungspräsident *Walter Lübcke* bereits am 14.10.2015 die Bürger über eine geplante Erstaufnahmeeinrichtung für Flüchtlinge wie folgt informierte:

„Es lohnt sich, in unserem Land zu leben. Da muss man für Werte eintreten, und wer diese Werte nicht vertritt, der kann jederzeit dieses Land verlassen, wenn er nicht einverstanden ist. Das ist die Freiheit eines jeden Deutschen."

Daraufhin gab es aggressive Reaktionen, die schließlich sogar zu seiner Ermordung am 2.7.2019 führten.

Abb. 240: Streik von FridaysForFuture am 25.1.2019 Helene Marlin

Die hohen Durchschnittstemperaturen der letzten Jahre, insbesondere 2018, führten zur Gründung von *FridaysForFuture FFF*, einer internationalen Gruppe von Schülern, welche regelmäßig am Freitag gegen die Klimapolitik ihrer Regierungen streikten. Insbesondere sollen durch die Streiks Maßnahmen zum Klimaschutz und die Einhaltung des Übereinkommens von Paris sichergestellt werden, denn „wir haben momentan eine Klimakrise".

> **Klimaforscher: Zusammenbruch der Zivilisation ist der wahrscheinlichste Ausgang**
>
> 13. Juli 2020 von Nadja Ayoub   Kategorien: Umweltschutz
>
> Bild: Pete Linforth auf Pixabay (CC0 Public Domain)
>
> Die Klimakrise droht, katastrophale Konsequenzen für die Menschheit zu haben. Einige Entwicklungen lassen sich kaum mehr aufhalten, warnen Klimaforscher*innen. Die Welt müsse den „planetaren Notstand" als solchen behandeln.

Abb. 241: Utopia online vom 13.7.2020

Als Reaktion auf die Streiks von *FFF*, die *Angela Merkel* ausdrücklich gut fand, aber auch wegen der Forderung der Grünen und einer eingesetzten Kohlekommission nach einer Beendigung der Kohleverstromung, setzte *Angela Merkel* neben der Abschaltung der Kernkraftwerke auch die Abschaltung der Kohlekraftwerke für Deutschland durch: Am 3.7.2020 beschloss der Bundestag die Abschaltung der Kohlekraftwerke bis 2038 gegen eine Zahlung von 44 Milliarden € als Entschädigung.

Nachdem keiner der zur Europawahl 2019 angetretenen Spitzenkandidaten eine Mehrheit als Kommissionspräsident erringen konnten, wurde die deutsche Verteidigungsministerin *Ursula von der Leyen* am 2.7.2019 von *Angela Merkel* und *Emmanuel Macron* für dieses Amt nominiert und am 16.7.2019 vom europäischen Parlament gewählt. Daraufhin schied *von der Leyen* am 17.7.2019 als deutsche Verteidigungsministerin aus. Ihre Nachfolgerin wurde *Annegret Kramp-Karrenbauer*.

Zur Gewährleistung des unbehinderten Geldflusses zwischen Staaten mit der gemeinsamen Währung Euro war in den europäischen Verträgen vereinbart worden, dass bei einer Überweisung von Staat A nach Staat B ein Zahlungspflichtiger in A seinen Betrag an die lokale Notenbank in A überweist und die lokale Notenbank in B den gleichen Betrag an den Zahlungsempfänger in B überweist. Sofern es mehr übertragene Gelder von A nach B als umgekehrt gibt, muss die Notenbank in A den entstandenen *Target2-Saldo* der Notenbank in B gelegentlich durch Überweisung des Betrags ausgleichen.

In den Verträgen ist jedoch kein Zeitpunkt angegeben, wann die Beträge ausgeglichen werden müssen, und deshalb haben bis heute keine entsprechenden Ausgleichszahlungen stattgefunden. Als Folge davon hat Deutschland bis heute einen *Target2-Saldo* von mehr als 1000 Milliarden € angesammelt, d.h. Deutschland gibt anderen EU-Ländern diesen Betrag quasi als Kredit ohne Zinsen und Rückzahlungsgarantie. Der damalige Präsident der Deutschen Bundesbank *Jens Weidmann* und der damalige Präsident des ifo-Instituts *Hans-Werner Sinn* warnten daher vor wachsenden Risiken im Target-System.

Abb. 242: Brand von Notre-Dame in Paris am 15.4.2019 LeLaisserPasserA38

Die unerfreulichste Nachricht des Jahres war der Brand der Kathedrale Notre-Dame in Paris am 15.4.2019. Gemäß Wikipedia konnte eine genaue Brandursache bis heute nicht festgestellt werden.

Tabelle 41: Beliebteste Singles, Alben und Filme in 2019 gemäß chartsurfer.de

Singles	Titel	Interpret/Bemerkung
1	Dance Monkey	Tones and I
2	Roller	Apache 207
3	Old Town Road	Lil Nas X
Alben		
1	Herz Kraft Werke	Sarah Connor
2	Rammstein	Rammstein
3	Tumult	Herbert Grönemeyer
Kinofilme		
1	Die Eiskönigin II	Computeranimationsfilm
2	Der König der Löwen	Computeranimationsfilm
3	Das perfekte Geheimnis	Deutsche Tragikomödie

8. Die 2020er Jahre

Es ist unglaublich, aber wahr: Von Mitte Mai bis Ende Juli 2020 träumte ich fast jede Nacht, dass ich in die Bibliothek Lichtwiese der TU-Darmstadt ging und dort jeweils ein Kapitel dieses Buches las und mir merkte. Daraufhin entschloss ich mich, die geträumten Texte aufzuschreiben und die geträumten Bilder einzufügen. So entstand das vorliegende Buch ohne große Recherchen in der Rekordzeit von nur 70 Tagen.

Nach einer optimistischen Neujahrsansprache der Bundeskanzlerin begann das Jahr 2020 mit der Diskussion des *European Green Deal* vom 19.12.2019 von EU-Kommissionspräsidentin *Ursula von der Leyen*. Gemäß diesem Konzept soll bis zum Jahr 2030 die Kohlendioxid-Emission des europäischen Kontinents gegenüber 1990 um 50-55 % und 2050 ganz auf null reduziert werden und damit Europa der erste klimaneutrale Kontinent auf der Erde werden. Dies soll durch zahlreiche Maßnahmen auf unterschiedlichen Gebieten (niedrigere Abgasgrenzwerte für Autos; Verschmutzungszertifikate für Schiffe und Flugzeuge; höhere Preise für Gas, Kraftstoff, Kohle, Heizöl; stärkere Aufforstungen; nachhaltige Landwirtschaft, Förderung nachhaltiger Wirtschaftstätigkeiten) erreicht werden. Hierfür sollen 1000 Milliarden €, davon 100 Milliarden € für besonders betroffene Länder, bereitgestellt werden. Mit dem *European Green Deal* soll der Klimakrise erfolgreich entgegen gewirkt werden.

Doch die Diskussion hierüber endete schon bald wegen der *Corona Krise*. Zum ersten Mal hörte ich davon, als Bundesgesundheitsminister *Jens Spahn* am 23.1.2020 in den Tagesthemen der ARD zum Corona Virus sagte *„Der Verlauf hier, das Infektionsgeschehen, ist deutlich milder, als wir es bei der Grippe sehen."*

Am 8.3.2020 starb dann der erste Deutsche an Corona – ein 60jähriger Mann, der nach Ägypten gereist war. Erst jetzt begann man, den Corona-Virus ernst zu nehmen und verbot am 10.3.2020 alle Großveranstaltungen. Da die Infektionszahlen weiter explodierten, wurden alle Hochschulen, Schulen und Kindergärten sowie alle nicht lebensnotwendigen Geschäfte ab 17.3.2020 geschlossen, und das Verweilen von mehr als drei (ab 22.3.2020 zwei) Personen im öffentlichen Raum untersagt. Am 18.3.2020 begann die Bundesregierung mit der Rückholaktion deutscher Touristen aus dem Ausland. Seit dem 27.4.2020 war das Tragen von Alltagsmasken und ein Abstand von 1,5 m in allen Räumen Pflicht. Als daraufhin im Mai die Infektionszahlen wieder sanken, erfolgte am 11.5.2020 die Wiedereröffnung der Friseure und Fitnessstudios, ab 18.5.2020 auch der Restaurants und Hotels, jeweils unter Hygieneauflagen.

Dennoch kam es im Oktober zu einer zweiten Grippewelle mit einem erneuten Schließen von Restaurants, Hotels sowie Sport- und Freizeiteinrichtungen ab 2.11.2020. Mit diesen Maßnahmen gelang es, die Anzahl der Coronatoten unter der Anzahl der Grippetoten der Grippeepidemie von 2018 mit damals 25.100 Toten zu halten. Die Zustimmung zu Bundeskanzlerin *Merkel* stieg deshalb wieder stark an. Ein Ende der derzeitigen Hygienemaßnahmen ist jedoch noch nicht absehbar. Die *olympischen Sommerspiele* 2020 in Tokyo wurden deshalb coronabedingt abgesagt.

Ende Mai glaubten die Deutschen, die Coronakrise weitgehend überstanden zu haben, da kam schon die nächste Krise: die Rassismuskrise in Deutschland, insbesondere bei der Polizei:

Saskia Esken wirft deutscher Polizei Rassismus vor - und wird scharf kritisiert

Update vom 8. Juni 2020: Nachdem **SPD-Chefin Saskia Esken** vor dem Hintergrund des Todes von **George Floyd in den USA** auch der deutschen **Polizei Rassismus** vorgeworfen hat, haben sich die Grünen und die Linke der Forderung nach einer unabhängigen Beschwerdestelle angeschlossen.

Rassismus bei der Polizei – auch in Deutschland ein Problem? 18.06.2020

Nach dem Tod von George Floyd protestieren nicht nur in den USA Menschen gegen Polizeirassismus. Auch in Deutschland gibt es schon lange die Forderung, die Polizei besser zu kontrollieren.

Körting und Chebli

SPD-Politiker warnen vor breitem Rassismusproblem in Deutschland

Der frühere Berliner Innensenator Ehrhart Körting (SPD) hat der deutschen Gesellschaft ein Rassismusproblem attestiert und das Berliner Antidiskriminierungsgesetz verteidigt. „Rassistische Vorbehalte gibt es bei uns bis in Teile der Mitte der Gesellschaft. Und sie reichen in alle Berufsgruppen und Bildungsschichten." Sawsan Chebli beklagte, sie könne nicht mehr frei sein.

weiter

JF   17 Kommentare   -   24. Juni 2020

> **„Black Lives Matter"-Debatte**
>
> # Ex-Bundespräsident Wulff beklagt Rassismusproblem in Deutschland
>
> Deutschland | 30. Juni 2020 | JF | 💬 39 Kommentare
>
> BERLIN. Der frühere Bundespräsident Christan Wulff hat Deutschland ein gravierendes Rassismusproblem bescheinigt. Er sei fest davon überzeugt, „daß sich Deutschland ehrlich machen und einsehen muß, welche gravierenden Defizite weiterhin bestehen und wie Menschen in unserer Gesellschaft immer noch ausgegrenzt werden", sagte Wulff in der *Neuen Osnabrücker Zeitung*.
>
> Die durch die „Black Lives Matter"-Proteste ausgelöste Diskussion um Rassismus kratze bislang immer noch nur an der Oberfläche. Es müsse ein schonungsloser und offener Diskurs in der Gesellschaft um Ausgrenzung und Diskriminierung stattfinden, forderte Wulff. Hier gebe es immer noch eklatante Defizite.
>
> **„Vielfalt ist ein Gewinn"**
>
> Jede Einzelne müsse sich immer wieder verdeutlichen, „daß es nicht nur normal, sondern ein echter Gewinn ist, daß in unserem Land Menschen unterschiedlicher Herkunft, Religion und Orientierung gut auf dem Boden unseres Grundgesetzes zusammenleben". Diese Vielfalt sei ein Gewinn und kein Problem. Zwar sei Vielfalt manchmal auch nicht einfach, aber das Gegenteil sei Einfalt. „Und wer will schon einfältig sein?", fragte der Altbundespräsident.

Abb. 243-246: Der Merkur online vom 8.6.2020, Deutsche Welle online vom 18.6.2018, Junge Freiheit online vom 24.6.2020 und 30.6.2020.

Die Krise begann am 27.5.2020 mit dem vermeidbaren Tod des dunkelhäutigen *George Floyd* während seiner Verhaftung durch die US-Polizei und führte zu massiven Rassismusvorwürfen an die deutsche Polizei und die deutschen Bürger durch deutsche Politiker.

Doch damit nicht genug. Als Folge dieser Krisen betrachteten immer mehr Menschen strafbare Handlungen gegen Sachen und Personen, insbesondere Polizisten, als ihr gutes Recht zum zivilen Ungehorsam. Es kam daraufhin zu den Sommernachtskrawallen, z.B. in Stuttgart (12.7.2020), Frankfurt (19.7. und 31.10.2020) und Köln (26.7.2020), mit hunderten randalierenden Jugendlichen, welche die Polizei mit Flaschen und Steinen bewarfen. Hierfür hatten viele Politiker Verständnis.

In der Nacht zum 23.9.2020 wurden sogar in Gießen über 70 hochwertige Autos von Linksextremen mit aufgesprühten roten Kreuzen als *„Freigabemarkierung zum Abfackeln der Dreckschleudern"* markiert. Es entwickelte sich offensichtlich immer mehr eine Gesellschaft, bei der die Konsequenzen des eigenen Handelns für andere Personen ausgeblendet wurden. Und immer häufiger wurden mit der sogenannten *Cancel Culture* Personen mit vom Mainstream abweichenden Meinungen oder wegen „Kontaktschuld" aus ihrem Job entlassen oder mit Auftrittsverboten ausgegrenzt.

26. Juli 2020, 18:45 Uhr

Dreyer löst mit Äußerung zu Krawallen Oppositions-Kritik aus

Direkt aus dem dpa-Newskanal

Mainz/Berlin (dpa/lrs) - Mit einer Interview-Äußerung zu den Sommernachtskrawallen in Stuttgart und Frankfurt hat die rheinland-pfälzische Ministerpräsidentin Malu Dreyer (SPD) heftige Kritik der Opposition auf sich gezogen. Der CDU-Spitzenkandidat für die Landtagswahl im März 2021, Christian Baldauf, erklärte am Sonntag, er sei "erschüttert über die Äußerungen" zur Polizei. Es könne nicht sein, "dass durch Politiker der Eindruck erweckt wird, man müsse den Bürger vor der Polizei schützen".
Den Zeitungen der Funke Mediengruppe hatte Dreyer am Samstag gesagt: "Es ist wichtig, dass die Polizei in solchen Fällen präsent ist, und sie sollte den Weg der Deeskalation gehen." Bei den Ausschreitungen in Stuttgart und Frankfurt gehe es "vor allem um eine Gruppe von Menschen, die unzufrieden sind, weil sie wegen Corona nicht feiern können. Da hat sich Frust angestaut und auch Hass auf Behörden und die sogenannte Obrigkeit." In Frankfurt und Stuttgart war es in den vergangenen Wochen an Wochenenden zu Krawallen gekommen. Gruppen überwiegend junger Menschen, viele mit Migrationshintergrund, randalierten und verletzten Polizisten.

Abb.247: Süddeutsche Zeitung online vom 26.7.2020.

Flaschen auf Beamte

Köln: Aggressive Jugendliche attackieren Polizei

Deutschland I 27. Juli 2020 I JF I 3 Kommentare
KÖLN. Die Polizei in Köln ist am Wochenende von einer großen Gruppe Jugendlicher attackiert worden. Nur mit Verstärkung gelang es den Beamten, die Situation unter Kontrolle zu bringen. In der Nacht zu Sonntag wurde die Polizei gegen 2.30 Uhr wegen einer Ruhestörung in Köln-Deutz gerufen. Die Beamten trafen dort auf eine 150-köpfige Personengruppe von Jugendlichen, die lautstark feierten. „Die vor Ort eintreffenden Polizisten bekamen sofort eine hohe Aggressivität und Distanzlosigkeit zu spüren. Aus der Gruppe heraus beleidigten einige die Einsatzkräfte in Fäkalsprache und bewarfen sie mit Flaschen", teilte die Polizei am Sonntag mit. Als weitere Polizisten zur Verstärkung eintrafen, flüchteten die Störer und Pöbler. Zur Herkunft der Nationalität der aggressiven Jugendlichen machte die Polizei keine Angaben.

Abb. 248: Junge Freiheit online vom 27.7.2020.

Befeuert durch den Amoklauf von Hanau, bei dem am 19.2.2020 neun Ausländer und die Mutter des Täters von dem Täter erschossen wurden, führte die Rassismuskrise auch zu rassistischen Beschuldigungen verstorbener großer Männer, darunter auch Martin Luther, mit Denkmalzerstörungen und kuriosen Umbenennungen.

> Umbenennung der Station „Onkel Toms Hütte" 13.07.2020, 18:45 Uhr
>
> ## Profi-Basketballer fordert neuen Namen für Berliner U-Bahnhof - wegen Rassismus
>
> Die Debatte um rassistische Namen von U-Bahn-Stationen geht weiter. Nach der Mohrenstraße geht es nun um einen Bahnhof und eine Straße in Zehlendorf.

Abb. 249: Der Tagesspiegel online vom 13.7.2020

Darüber hinaus gab es auch 2020 noch durchweg milde Urteile für schwerkriminelle Asylbewerber, und am 16.7.2020 sogar ein flüchtlingsfreundliches Gerichtsurteil des EuGH (C-517/17). Hiernach muss Deutschland auch den Flüchtlingen Asyl gewähren, die bereits in einem anderen EU-Staat Asyl gewährt bekamen. Dieses Urteil entspricht dem von *Angela Merkel* initiierten *UN-Migrationspakt* von 2018, wonach Migration ein Menschenrecht ist und jeder Mensch das Recht hat, sich den Staat seiner Wahl auszusuchen.

> **02.07.2020 - 15:12 Uhr**
>
> Aue (Sachsen) – **Milde Strafen für den Syrer Mohamad K. (54), seinen Sohn Alaa K. (17) und den Libanesen Ayman Z. (22)!**
>
> Sie hatten an Heiligabend im Gemeindeamt bei der Geschenkausgabe auf ein syrisches Paar eingeschlagen. Als Helfer Mike Weller (51) dazwischen ging, rammte ihm der 17-Jährige ein Messer in die Lunge – Not-Op!
>
> **Am Mittwoch das Urteil: Der Messerstecher kassierte wegen Körperverletzung ein Jahr auf Bewährung, sein Vater sechs Monate Knast – bereits abgegolten durch die U-Haft. Der Libanese wurde freigesprochen.**
>
> In der Erklärung des Gerichts heißt es dazu: „Im Ergebnis der Beweisaufnahme hat die Kammer beim jugendlichen Angeklagten keinen Tötungsvorsatz feststellen können. Zum Vater des jugendlichen Angeklagten war nicht feststellbar, dass dieser von dem Mitführen des Messers durch seinen Sohn Kenntnis hatte."

Abb. 250: Bild Zeitung online vom 2.7.2020

Die Coronakrise führte zu einem von der EU beschlossenen *Coronahilfspaket* von 750 Milliarden € zusätzlich zu den bereits genannten 1000 Milliarden € vom *European Green Deal*. Der Ökonom *Prof. Hans-Werner Sinn* warnte deshalb am 21.7.2020:

„Wenn wir jetzt alles über Staatsschulden finanzieren, die am Ende wie schon in den letzten Jahren mit frisch gedrucktem Geld abgelöst werden, besteht die Gefahr, dass sich die Geschichte wiederholt und wir zur Beseitigung des mittlerweile riesigen Geldüberhangs, ähnlich wie nach dem Ersten Weltkrieg und der Spanischen Grippe, eine heftige Inflation kriegen."

Eine Folge dieses Geldüberhangs, aber auch der Zuwanderung in den letzten Jahren, sehen wir bereits heute an den stark gestiegenen Immobilienpreisen: Gemäß *F+B Wohnpreisindex 2020* von 2008-2020 im Bundesdurchschnitt +80 % für Einfamilienhäuser und +60 % für Eigentumswohnungen. Allein in diesem Jahr stiegen die Hauspreise im Bundesdurchschnitt um +9 %. Somit ist der Traum einer eigenen Immobilie nur noch durch eine hohe Erbschaft oder größere Geldgeschenke realisierbar.

Illusionen eines überdimensionierten Sozialstaats

Stand: 24.07.2020 | Lesedauer: 4 Minuten

Die Vorstellung vom Staat als Mischung aus Gelddruckmaschine, Geldautomat und Großspender für alles Mögliche hat sich in der Corona-Krise verstärkt. Die sogenannten „Rufe" nach mehr Geld für die Länder im Süden, für die Autoindustrie, für kaum besuchte Kulturfestivals und – damit es rundläuft – auch noch für bedrohte Medien, die das dann freudig kommentieren (sollen) – diese Rufe nähren ein groteskes, falsches Bild von der Wirklichkeit. Dieses Geld kommt nicht von einem großzügigen Souverän oder Leviathan, sondern von uns, den steuerzahlenden Bürgern. Und die haben kaum eine Lobby, verglichen mit den Selbstrührungskommandos der Sozialindustrie und der darin verstrickten Medien.

Abb. 251: Kommentar von Ulf Poschardt in Welt online vom 24.7.2020

Damit nicht genug gab es 2020 auch ein Wiederaufflackern der Flüchtlingskrise. Es begann am 28.2.2020 mit dem Transport tausender Flüchtlinge an die griechisch-türkische Grenze durch den türkischen Präsidenten Erdogan. Nach einer von der NGO *Seebrücke* am 7.9.2020 organisierten Demonstration *„Wir haben Platz"* mit Stühlen vor dem Reichstag in Berlin und anderen Großstädten zündeten am 9.9.2020 Flüchtlinge ihr Lager *Moria* auf der griechischen Insel Lesbos an und wurden hierdurch obdachlos. Daraufhin erklärte sich Deutschland am 15.9.2020 bereit, 2750 Flüchtlinge aufzunehmen, obwohl zu diesem Zeitpunkt nur Luxemburg und Frankreich bereit waren, weitere 250 Flüchtlinge, und auch nur Kinder und Jugendliche, aufzunehmen.

Das Jahr 2020 endete mit zahlreichen islamistischen Anschlägen:

- 18.08. Berlin, Stadtautobahn (mehrere Schwerverletzte);
- 04.10. Messerattacke in Dresden (1 Toter, 1 Schwerverletzter);

- 16.10. Enthauptung eines Lehrers bei Paris;
- 29.10. Enthauptungen in Notre Dame, Nizza (3 Tote, 6 Schwerverletzte);
- 29.10. Ein Toter bei einem Attentat in Avignon;
- 02.11. Massaker in Wien (5 Tote, 22 Schwerverletzte).

Die weitere Entwicklung dieser und der anderen genannten Krisen ist derzeit noch nicht absehbar.

9. Nachwort

„Etwas lernen, etwas leisten, gut verdienen, anständig und ehrlich seine Steuern bezahlen, ordentlich was auf die hohe Kante legen, und im Übrigen das Alles nicht übertreiben". Das war mein Lebensmotto, das mir Bundeskanzler *Helmut Schmidt* 1974 auf meinen Lebensweg gegeben hatte. Ich habe mich immer daran gehalten und bin damit gut gefahren, auch wenn ich zwischendurch einmal finanziell abgebrannt war.

Umseitig: Abb. 252: Luisenplatz in Darmstadt im Juli 2020. Im Gegensatz zu früher sind jetzt Menschen aus zahlreichen Ländern zu erkennen. Viele tragen Schutzmasken.

Die Welt hat sich seit 1950 massiv verändert. In meinen Erinnerungen waren es früher der beschränkte Wohnraum, das beschränkte Angebot an Nahrungsmitteln sowie die Wahl des eigenen Verkehrsmittels, was die Menschen beschäftigte. Deshalb habe ich diesem Problemkreis auch am Anfang dieses Buches einen großen Raum gegeben. Heute sind es hingegen die aktuellen Krisen, welche die Menschen verunsichern. Hierzu gehört inzwischen auch wieder die Wohnungsnot, da im Gegensatz zu früher ein Ansparen für eine Immobilie mit normalen Verdiensten nicht mehr möglich ist.

Ein Blick auf die Straßen zeigt ebenfalls drastische Veränderungen: Die Menschen auf der Straße sind vielfältiger und dicker geworden, und mit der Kleidung nimmt man es heute nicht mehr so genau. Viele Jugendliche schmücken sich heute mit Tatoos, Piercings, und farbigen Haaren. Autos sind nicht mehr selten, sondern allgegenwärtig, haben dreimal so viele PS wie früher und teilweise sogar Elektroantrieb. In den Innenstädten gibt es jetzt Fußgängerzonen und Parkhäuser statt Trümmergrundstücke.

Auch in meinem Haushalt gab es Veränderungen: Statt 4 Elektrogeräte in einer zwei Zimmer Wohnung mit Kohlebrikett-Heizung besitze ich jetzt 85 Elektrogeräte (ohne Beleuchtung) in meinem gasbeheizten Reihenhaus: vom Akkuschrauber über einen Laptop, ein Smartphone bis hin zur elektrischen Zahnbürste. Die durchschnittliche Raumtemperatur hat sich von 15°C auf 23°C erhöht. Herzinfarkt, Schlaganfall und viele Krebskrankheiten sind nicht mehr ein sicheres Todesurteil, so wie einst. Was für ein gewaltiger technischer und medizinischer Fortschritt!

Diesem Fortschritt steht jedoch eine Explosion der Erdbevölkerung von 2,5 Milliarden Menschen in 1950 auf 7,8 Milliarden in 2020 entgegen. Hierdurch kommt es zu einem höheren CO_2- und Müllausstoß wegen der Bereitstellung von Lebensmitteln, Wasser, Wohnraum, Heizung, Strom, Verkehr und medizinischer Versorgung für die zusätzlichen Erdbewohner, welche die Umwelt und das Klima belasten.

Doch wie wird es jetzt weitergehen? Durch die Bevölkerungsexplosion, aber auch durch politische Entscheidungen sind inzwischen zahlreiche Krisen eingetreten, die bisher noch nicht endgültig gelöst wurden:

- Werden die zukünftigen Sommer immer wärmer oder bleibt die Durchschnittstemperatur der Erde auf hohem Niveau konstant?

- Werden die nächsten Grippeviren aggressiv sein und zu einer medizinischen Dauerkrise führen oder sind sie beherrschbar?

- Wird die Geldschwemme der EZB zu einer Hyperinflation mit Massenarmut führen oder bleibt der Geldwert halbwegs stabil?

- Wird das Abschalten vieler Kraftwerke zu langen Stromausfällen führen oder bleibt die Stromversorgung in Deutschland sicher?

- Wird die massive Kritik am Verbrennungsmotor zu einem Zusammenbruch der deutschen Automobilindustrie führen oder wird sie sich behaupten?

- Wird Deutschland muslimisch geprägt werden oder bleibt die christliche Kultur die Leitkultur in Deutschland?

- Wird die Polizei trotz zahlreicher Kritik noch Recht und Ordnung aufrechterhalten können oder wird Deutschland zu einem Bürgerkriegsland?

- Wird ein Großteil der Deutschen in Deutschland bleiben oder wird Deutschland zu einem Auswanderungsland für die Einheimischen?

Fragen über Fragen, die ich leider nicht beantworten kann. Ich weiß nur eins: Die Franzosen sind stolz darauf, dass auch in der dunkelsten Stunde der Not immer ein Retter zur Stelle war. Warum sollen wir Deutschen nicht auch auf das Auftreten eines Retters vertrauen, wenn wirklich einmal ganz schlechte Zeiten kommen sollten?

10. Verzeichnis der Literatur

Für dieses Buch wurde die folgende Literatur des Autors verwendet:
1. Autos 1947 – 1962, 1. Auflage 1964, 2. Auflage 2015, unveröffentlichte Privatdrucke.
2. VW Käfer – Ein Auto schreibt Geschichte, Autovision Hamburg, 1994.
3. Mein Musikbuch, unveröffentlichter Privatdruck, 2016.
4. Sammlung von Zeitungsausschnitten des Autors seit 2014.
5. Diverse Lebensläufe des Autors.

Die Daten wurden überprüft und ergänzt mit www.wikipedia.de und www.chartsurfer.de.

11. Verzeichnis der Abbildungen

Bei Bedarf wurden die angegebenen Bilder zugeschnitten, geschärft und hinsichtlich ihrer Tonwerte optimiert. Sofern nichts anderes angegeben, wurden sonstige Veränderungen nicht vorgenommen.

Titelseite,Rückseite,2-12,14,17-18,22-24,26-27,30-33,35,44-47,50-53,55,57-59,65,67,70,71,73-75,79-82,86,89,95,101,106,107,111,116,120-124,126,128,131,134-137,140-141,142-145,156,160,162,163, 165,167-169,173,174,177,178,180,183,184,186,189,190,192-196,203-205,207,208,216,218,229,252.
Privataufnahmen des Autors.

1,16,20,25,68
Stadtarchiv Darmstadt, unbekannte Fotografen.

13
https://www.bundesarchiv.de/DE/Content/Virtuelle-Ausstellungen/Die-Ara-Adenauer/die-ara-adenauer.html, abgerufen am 21.5.2020, BArch B 285 Plak 022-011, kein Fotograf angegeben.

14
Ansichtskarte von Haus Gerda, Kampen, Wattweg.

15
www.wikipedia.de, Stichwort Konrad Adenauer, abgerufen am 21.5.2020, Bundesarchiv, B 145 Bild-F078072-0004, Fotografin Katherine Young, CC-BY-SA 3.0 DE.

19
HÖR ZU Heft 22/1952.

21
www.wikipedia.de, Stichwort Bundestagswahlkampf 1953, abgerufen am 21.5.2020, Archiv für Christlich-demokratische Politik (ACDP), KAS/ACDP 10-001: 411, Fotograf unbekannt, CC-BY-SA 3.0 DE.

28
Pressefoto der ARD.

29
www.wikipedia.de, Stichwort Fußballweltmeisterschaft 1954, abgerufen am 21.5.2020, nachbearbeitet (Größe, Kontrast und Schärfe), gemeinfrei.

34,60,61,63,64
Vom Autor gezielt ausgewähltes Einzelbild einer Fernsehsendung des BR.

36
https://www.bundesarchiv.de/DE/Content/Virtuelle-Ausstellungen/Die-Ara-Adenauer/die-ara-adenauer.html, abgerufen am 21.5.2020, BArch Plak 005-026-036/B, Fotograf unbekannt.

37,38,76,77,83,84,91,94,96,97,99,104,110,112,119,127,132,139,148,154,158,161,166,181
Vom Autor gezielt ausgewähltes Einzelbild einer Fernsehsendung des NDR.

39
https://www.bundesarchiv.de/DE/Content/Virtuelle-Ausstellungen/50-Jahre-Romische-Vertrage/50-jahre-romische-vertrage, abgerufen am 21.5.2020, Bundesarchiv, Bild 146-1977-035-06/unbekannt/dpa/epu, Fotograf unbekannt.

40
www.wikipedia.de, Stichwort Keine Experimente, abgerufen am 21.5.2020, Archiv für Christlich-demokratische Politik (ACDP), KAS/ACDP 10-001: 642, Fotograf unbekannt, CC-BY-SA 3.0 DE.

41
www.wikipedia.de, Stichwort Wohlstand für alle, abgerufen am 21.5.2020, Bundesarchiv, B 145 Bild-F004204-0003, Fotografin Doris Adrian, CC-BY-SA 3.0.

42
www.wikipedia.de, Stichwort Sputnik, abgerufen am 21.5.2020. NSSDC, NASA
http://nssdc.gsfc.nasa.gov/database/MasterCatalog?sc=1957-001B, gemeinfrei.

43
www.wikipedia.de, Stichwort Laika, abgerufen am 21.5.2020, gemeinfrei.

48
https://www.bundesarchiv.de/DE/Content/Virtuelle-Ausstellungen/Die-Ara-Adenauer/die-ara-adenauer.html, abgerufen am 21.5.2020, Bundesarchiv, Bild 145 Bild F015892-0010, Fotograf Ludwig Wegmann, CC-BY-SA 3.0 DE.

49
Funk und Fernsehillustrierte Heft 2/1958.

54
Werksprospekt des Graetz Burggraf F241.

56
https://www.bundesarchiv.de/DE/Content/Virtuelle-Ausstellungen/Die-Ara-Adenauer/die-ara-adenauer.html, abgerufen am 21.5.2020, BArch Bild 173-0765, Fotograf Helmut J. Wolf.

62
Bravo Heft 20/1961.

66,100
Autogrammkarte(n)

69
www.wikipedia.de , Stichwort Kurt Georg Kiesinger, abgerufen am 21.5.2020, Bundesarchiv, B 145 Bild-F015320-0001, Fotografin Renate Patzek, CC-BY-SA 3.0.

72,90
Vom Autor gezielt ausgewähltes Einzelbild einer Fernsehsendung des SWR.

78,93,98,105,113,114,117,118,153
Vom Autor gezielt ausgewähltes Einzelbild einer Fernsehsendung des ZDF.

85,115
Vom Autor gezielt ausgewähltes Einzelbild einer Fernsehsendung des RB.

87
Werksprospekt des Telefunken Magnetophon 301.

88
www.wikipedia.de, Stichwort Kurt Georg Kiesinger, abgerufen am 21.5.2020, Bundesarchiv, B 145 Bild-F024017-0001, Fotograf Jens Gathmann, CC-BY-SA 3.0.

92,133
Vom Autor gezielt ausgewähltes Einzelbild einer Fernsehsendung des WDR.

99
Vom Autor gezielt ausgewähltes Einzelbild einer Fernsehsendung des HR.

102
Bonn, Haus der Geschichte (Museumsmeile, Willy-Brandt-Allee 14, 53113 Bonn), Exponat der Dauerausstellung: Willy Brandt auf einem Wahlplakat der SPD zur Bundestagswahl 1972, vom Autor abfotografiert.

103
www.wikipedia.de, Stichwort Apollo 11, NASA, Great Images in NASA, The Apollo 11 Prime Crew - GPN-2000-001164.jpg, abgerufen am 7.6.2020, gemeinfrei.

108,109
www.wikipedia.de, Stichwort Straßenverkehrsordnung, Quelle Straßenverkehrsordnung, abgerufen am 7.6.2020, gemeinfrei.

125
www.wikipedia.de, Stichwort Ölpreiskrise, abgerufen 25.7.2020, Kein Autoverkehr auf der Kreuzung Westring und Eckernförder Straße in Kiel am 25.11.1973, Fotograf Friedrich Magnussen, Stadtarchiv Kiel, Kiel 55.959.jpg, CC-BY-SA-3.0.

129
www.wikipedia.de, Stichwort Helmut Schmidt, Bundesarchiv, B 145 Bild-00018198, Fotograf Hans Schafgans, abgerufen am 13.6.2020, CC-BY-SA 2.0.

130
www.wikipedia.de, Stichwort SR-50, Fotograf Arnold Reinhold, abgerufen am 21.5.2020, CC-BY-SA 3.0.

138
www.wikipedia.de, Stichwort Mercedes-Benz Baureihe W123, Fotograf Beck, Wiesbaden, abgerufen am 7.6.2020, CC-BY-SA 3.0.

146
www.wikipedia.de, Stichwort 1980, aufgerufen am 25.6.2020, Bundesarchiv, B 145 Bild-F065187-0022, Fotograf Engelbert Reineke, CC-BY-SA 3.0.

149
www.wikipedia.de, Stichwort Mystery House, abgerufen am 29.6.2020, gemeinfrei.

150
https://www.nationaalarchief.nl/onderzoeken/fotocollectie/ad8ac9c8-d0b4-102d-bcf8-003048976d84, abgerufen am 30.6.2020, Fotograf Rob Bogaerts / Anefo, 10.10.1981, Massale vredesdemonstratie in Bonn tegen de modernisering van kernwapens, Fotocollectie Anefo, Nummer toegang 2.24.01.06, Bestanddeelnummer 253-8610, Nederlandse Nationaal Archief, CC-0.

151
https://www.spiegel.de/spiegel/print/d-14347006.html, Der Spiegel, Saurer Regen 16.11.1981, abgerufen am 29.6.2020.

152
www.wikipedia.de, Stichwort IBM PC, abgerufen am 30.6.2020, gemeinfrei.

155
www.wikipedia.de, Stichwort Punk, abgerufen am 30.6.2020, Fotograf Axel Hindemith, gemeinfrei.

157
www.wikipedia.de, Stichwort Helmut Kohl, abgerufen am 30.6.2020, Konrad Adenauer Stiftung, KAS/ACDP 10-030: 200, Fotograf unbekannt, CC-BY-SA 3.0 DE.

159
Screenshot des Autors vom Computerspiel Digger von Windmill Software, 1983.

164
www.wikipedia.de, Stichwort Schwarzwaldklinik, abgerufen am 30.6.2020, Fotograf Matze Trier, CC-BY-SA 3.0 DE.

171,172
www.sierrawallpaper.com, Screenshots Larry Laffer 1 taken by Clint, Sierra On-Line, gemeinfrei.

175
www.wikipedia.de, Stichwort Montagsdemonstrationen, abgerufen am 8.7.2020, Bundesarchiv, Bild 183-1989-0922-002, Fotograf Friedrich Gahlbeck, CC-BY-SA 3.0.

176
www.wikipedia.de, Stichwort Berliner Mauer, abgerufen am 8.7.2020, Fotograf Lear21, CC-BY-SA 3.0.

179
www.wikipedia.de, Stichwort Helmut Kohl, abgerufen am 30.6.2020, Bundesarchiv, Bild 183-1990-1003-010, Fotograf Peer Grimm, CC-BY-SA 3.0.

182
www.wikipedia.de, Stichwort Vertrag von Maastricht, abgerufen am 30.6.2020, Fotograf Daniel Kaneider, CC-BY-SA 3.0.

185
Der Spiegel, Heft 9/95 vom 27.2.1995, S.174.

187
Bilddatei Startbildschirm Windows 95, Microsoft Corporation.

188,200
Braunschweiger Zeitung vom 24.3.2005, S.32.

191
www.wikipedia.de, Stichwort Gerhard Schröder, abgerufen am 30.6.2020, von SPD Schleswig-Holstein, www.flickr.com/photosspd-sh3922991180, Bad Schwartau 2009, bearbeitet (Ausschnitt, Hintergrund verdunkelt), CC-BY-SA 2.0.

197
https://www.flickr.com/photos/99829373@N00/239262070, abgerufen am 19.7.2020, Fotograf Michael Foran, freigegeben vom Autor unter CC-BY-SA 2.0. Freigabe wurde bestätigt am 14.10.2010 von FlickreviewR.

198
Ausschnitt einer Bundestagsrede von Angela Merkel am 13.9.2002, https://www.youtube.com/watch?v=dd_Ss6Sze2M, abgerufen am 27.7.2020.

199
Ausschnitt aus dem CDU Programm 2002, Seite 62.

201
www.wikipedia.de, Stichwort Darmstadt, abgerufen am 19.7.2020, Fotograf Heidas, CC-BY-SA 3.0.

202
www.wikipedia.de, Stichwort Angela Merkel, abgerufen am 19.7.2020, Fotograf Armin Linnartz, Ausschnitt, CC-BY-SA 3.0.

206
Bild Saarland, 9.4.2008, Seite 3.

209
https://www.spiegel.de/politik/deutschland/hypo-real-estate-rettung-bundesregierung-nimmt-grossbanken-in-die-verantwortung-a-582268.html, Der Spiegel online vom 5.10.2008, abgerufen am 20.7.2020.

210
www.sueddeutsche.de, Süddeutsche Zeitung online vom 17.5.2009, abgerufen 18.5.2009.

211
Braunschweiger Zeitung vom 27.4.2010, Seite 19.

212
Bild Zeitung (Druck) vom 3.5.2010.

213
Protokoll des Deutschen Bundestags vom 19.5.2010.

214
https://www.spiegel.de/politik/deutschland/integration-seehofer-und-merkel-befeuern-leitkultur-debatte-a-723466.html, Der Spiegel online vom 15.10.2010, abgerufen am 20.7.2020.

215
www.wikipedia.de, Stichwort Lena Meyer-Landrut, abgerufen am 20.7.2020, Fotograf Vincent Hasselgård, Oslo, www.flickr.com/people/38029120@n05, CC-BY-SA 2.0.

217
Manuskript für den Jahresbericht der Physikalisch-Technischen Bundesanstalt, Braunschweig, 2013.

219
www.handelsblatt.de, Das Handelsblatt online vom 8.7.2014, abgerufen am 8.7.2014.

220
www.welt.de, Die Welt online vom 8.2.2014, abgerufen am 8.2.2014.

221
https://www.zeit.de/politik/ausland/2015-08/fluechtlinge-dublin-eu-asyl, Die Zeit online vom 25.8.2015, abgerufen am 8.7.2020.

222
ZDF, Berlin direkt vom 6.9.2015.

223
https://www.bild.de/regional/muenchen/fluechtling/kommen-aus-ungarn-am-bahnhof-an-42466626.bild.html, Bild online vom 5.9.2015, abgerufen am 8.7.2020.

224
https://www.stern.de/politik/deutschland/so-herzlich-heisst-deutschland-die-fluechtlinge-willkommen-6437006.html, Der Stern online vom 6.9.2015, abgerufen am 8.7.2020.

225
www.tagesspiegel.de, Der Tagesspiegel online vom 15.9.2015, abgerufen am 16.9.2015.

226
www.welt.de, Die Welt online vom 16.9.2015, abgerufen am 16.9.2015.

227
www.n24.de, N24 online vom 14.10.2015, abgerufen am 15.10.2015.

228
https://www.focus.de/politik/videos/spd-chef-spricht-klartext-gabriel-attackiert-rechte-fluechtlingshetzer-pack-und-mob-das-eingesperrt-werden-muss_id_4899288.html, Focus online vom 24.8.2015, abgerufen am 25.8.2015.

230
www.wikipedia.de, Stichwort Sexuelle Übergriffe in der Silvesternacht 2015/16, abgerufen am 8.7.2020, Polizei NRW (Inhalt und Polizei-Logo) / Twitter (Layout und Twitter-Logo), gemeinfrei.

231
www.handelsblatt.de, Das Handelsblatt online vom 8.1.2016, abgerufen am 8.1.2016.

232
ZDF Fernsehen, Heute, vom 16.1.2016.

233
ARD Fernsehen, Anne Will, vom 5.6.2016.

234
www.focus.de, Der Focus online vom 24.6.2016, abgerufen am 25.6.2016.

235
www.paz.de, Preußische Allgemeine online vom 13.7.2016, abgerufen am 13.7.2016.

236
www.welt.de, Die Welt online vom 25.1.2018, abgerufen am 26.1.2018.

237
https://jungefreiheit.de/politik/deutschland/2018/weil-deutschland-hat-ein-rassismus-problem/, Junge Freiheit online vom 6.8.2018, abgerufen am 6.8.2018.

238
https://www.nzz.ch/international/chemnitz-messerstecherei-hetzjagd-kontrollverlust-ld.1415023, Neue Zürcher Zeitung online vom 28.8.2018, abgerufen am 8.7.2020.

239
https://www.bild.de/regional/sachsen-anhalt/sachsen-anhalt-news/zwei-tatverdaechtige-festgenommen-deutscher-bei-streit-mit-auslaendern-getoetet-57148804.bild.html, Bild online vom 9.9.2018, abgerufen am 8.7.2020.

240
www.wikipedia.de, Stichwort Fridays for Future, FridaysForFuture Deutschland - 20190125 Fridays for Future Berlin, Fotografin Helene Marlin, CC-BY-SA 2.0.

241
https://utopia.de/zusammenbruch-zivilisation-klimakrise-prognose-klimawandel-193842/, Utopia online vom 13.7.2020, abgerufen am 26.7.2020.

242
www.wikipedia.de, Stichwort Kathedrale Notre-Dame de Paris, abgerufen am 28.7.2020, Incendie Notre Dame de Paris am 15.4.2019, Fotograf LeLaisserPasserA38, CC-BY-SA 4.0.

243
https://www.merkur.de/politik/saskia-esken-spd-polizei-rassismus-usa-george-floyd-polizeigewalt-proteste-kritik-umfrage-zr-13791186.html, Der Merkur online vom 8.6.2020, abgerufen am 9.6.2020.

244
https://www.dw.com/de/rassismus-bei-der-polizei-auch-in-deutschland-ein-problem/l-53741721, Deutsche Welle online vom 18.6.2020, abgerufen am 19.6.2020.

245
https://jungefreiheit.de/politik/deutschland/2020/spd-politiker-warnen-vor-breitem-rassismusproblem-in-deutschland/, Junge Freiheit online vom 24.6.2020, abgerufen am 24.6.2020.

246
https://jungefreiheit.de/politik/deutschland/2020/ex-bundespraesident-wulff-beklagt-rassismusproblem-in-deutschland/, Junge Freiheit online vom 30.6.2020, abgerufen am 30.6.2020.

247
https://www.sueddeutsche.de/leben/gesellschaft-mainz-dreyer-loest-mit-aeusserung-zu-krawallen-oppositions-kritik-aus-dpa.urn-newsml-dpa-com-20090101-200725-99-920563, Süddeutsche Zeitung online vom 26.7.2020, abgerufen am 27.7.2020.

248
https://jungefreiheit.de/politik/deutschland/2020/koeln-aggressive-jugendliche-attackieren-polizei/, Junge Freiheit online vom 27.7.2020, abgerufen am 27.7.2020.

249
https://www.tagesspiegel.de/berlin/umbenennung-der-station-onkel-toms-huette-profi-basketballer-fordert-neuen-namen-fuer-berliner-u-bahnhof-wegen-rassismus/25997008.html, Der Tagesspiegel online vom 13.7.2020, abgerufen am 14.7.2020.

250
https://www.bild.de/regional/chemnitz/chemnitz-news/aue-milde-strafen-fuer-messerangriff-an-heiligabend-71633972.bild.html, Bild online vom 2.7.2020, abgerufen am 3.7.2020.

251
https://www.welt.de/debatte/kommentare/plus212108293/Armut-Mindestlohn-Illusionen-eines-ueberdimensionierten-Sozialstaats.html?promio=81757.1558302.19&r=6716755683669002&lid=1558302&pm_ln=19, Kommentar von Ulf Poschardt in Die Welt online vom 24.7.2020.